顺来吉往
——顺德吉安关系简史

王茂浪 著

南方传媒
广东人民出版社
·广州·

图书在版编目（CIP）数据

顺来吉往：顺德吉安关系简史 / 王茂浪著. —广州：广东人民出版社，2023.9

ISBN 978-7-218-16719-0

Ⅰ.①顺… Ⅱ.①王… Ⅲ.①顺德区—地方史—研究 ②吉安县—地方史—研究 Ⅳ.① K296.54 ② K295.64

中国国家版本馆 CIP 数据核字（2023）第 118350 号

SHUNLAI JIWANG——SHUNDE JI'AN GUANXI JIANSHI
顺来吉往——顺德吉安关系简史
王茂浪 著

版权所有 翻印必究

出 版 人：肖风华

策划编辑：汪　泉
责任编辑：姜懂懂
责任技编：吴彦斌

出版发行：广东人民出版社
地　　址：广州市越秀区大沙头四马路 10 号（邮政编码：510199）
电　　话：（020）85716809（总编室）
传　　真：（020）83289585
网　　址：http://www.gdpph.com
印　　刷：广州市岭美文化科技有限公司
开　　本：787 毫米 ×1092 毫米　1/16
印　　张：20.5　　字　　数：250 千
版　　次：2023 年 9 月第 1 版
印　　次：2023 年 9 月第 1 次印刷
定　　价：78.90 元

如发现印装质量问题，影响阅读，请与出版社（020-85716849）联系调换。
售书热线：（020）87716172

荣誉编委会

荣誉出品：顺德江西商会

　　　　　小熊电器股份有限公司

　　　　　佛山市顺德乐星汽车科技有限公司

荣誉指导：项兆伦　　丘洪松　　肖居孝　　刘智勇

荣誉顾问：王　名　　谭五昌　　陈伍华　　李一峰

　　　　　招汝基　　胡秋根　　张　鹏　　饶林海

荣誉编委：周康怡　　胡秋雷　　曾小京　　杨少林

　　　　　李　晨　　聂织锦　　吴福清　　高广亮

　　　　　黄苏凤　　李粹银　　李国春　　王晓俊

　　　　　刘　奎　　何洪生　　谢汉仁　　胡美玲

　　　　　丘展文　　钱传彪　　李珍珍　　何春荣

　　　　　吕纯敏（排名不分先后）

【序】

爱得深沉

◎ 招汝基

熟悉王茂浪的人都叫他阿浪,他近几年写了好几本介绍顺德的书,比如《顺德的水》《播洒爱心的顺德三捐》《顺德的山和树》《顺德的桥》等。每次新书出版,他都要送给我,所以对他印象很深,觉得他是一个对顺德有着一种特殊感情的外地人,是比顺德还顺德的"外来工"。

最近,阿浪又给我送来一本书稿,这次是一本叫《顺来吉往——顺德吉安关系简史》的书稿,还要我为这本新著写个序言。我本来正想祝贺他的新作,但要我写序却使我为难起来。我推托再三,最后因为盛情难却,答应待读过书稿再说。结果今年我的五一节假期成了"读书节"了。

阿浪所写《顺来吉往——顺德吉安关系简史》,主要研究的是从宋朝开始,江西吉安地区出现了原住民为了逃避战乱,南迁入粤的现象，其中不少移民在顺德落籍、繁衍、发展，开启了吉安顺德两地之间几百年的密切交往、相互影响、相互促进的历史。据史料记载，我国在秦王朝建立的第二年，曾派出50万大军远征岭南。后来，这50万大军留下来开发南粤。应该说这是我国历史上最早的由政府主导的移民行动。此后历代王朝，由于战乱或自然灾害等原因也出现过几次北方人口"南迁"的现象。人口的大规模迁徙一般是从开发较早、经济文化相对先进的地方向边远的开发较迟的地方迁移，从客观上说这不但使后开发地区人口劳动力资源迅速增长，还带去了相对先进的生产技术和文化，有力促进了新开发地区的进步。我国从南朝时候大约2000万人口，发展到如今14亿多人口，和民族和谐相处、经济繁荣、欣欣向荣的国家人口的流动、文化的融合、传承有着极大的关系，历史学家对此已有过深入研究。改革开放后我们的亲身经历和体验，也使我们更容易理解人口大流动给社会进步带来的巨大促进作用。

阿浪没有离开自己阅历的实际去研究全国性的人口迁徙这个大题目，而是从自己是吉安人，又在顺德工作、生活了二十几年这一实际出发，充分发挥自身优势，紧紧抓住吉安、顺德这两个地方几百年来的人口迁徙流动的线索，展开两地在经济、文化等各方面的密切交往，互促互补、共同发展的历史研究。所以在这本书里我们看不到广角镜下全国的景象，却有一组组聚焦微距的实景。比如说人口迁徙的路线，他带着我们去追寻古代偏僻而崎岖不平的梅岭古道，又带着我们去体验京九铁路、京广高铁、粤赣高速、深赣高速等通衢大道。为了让我们了解两地文化融合的情况，他又带着我们逐村去考察、一个族姓一个族姓去探访，诸如仓门、天连、吉安、永丰、水口、万安、马冈、红星、吉水等地以及欧阳姓、胡姓、刘姓、文姓、陈姓、曾姓等姓尤其是顺德一些族姓，每年重阳节由族长带领前往吉安祭祀祖先的风俗使人倍感温馨，在吉安吃到顺德美食双皮奶可见两地水乳交融的关系。

民俗风情的相互影响让人感到温馨，文化层面的相互吸收融合，影响更为深远。比如北宋后期一些大家族"南迁"顺德各处，他们建书院、办教育，形成顺德重教风尚。在短短两百年间，顺德共诞生进士318名，其中状元3名。

顺来吉往，德邦安交。顺德、吉安两地的经济相互促进可以说是我国经济发展史上的一个典型。江西吉安地区的开发比岭南要早，尤其是水稻栽培技术先进，使吉安地区成为我国闻名的粮仓。地处珠三角的顺德，地处冲积平原、雨量充足，农业发展条件十分优越，北方的移民大量迁入后，新旧顺德人继承和发扬中国农民吃苦耐劳、善于创新的传统，将两种优势发挥到极致，使顺德在最近的一二百年里，迅速成为富饶的鱼米之乡。在经营好水稻生产、淡水鱼养殖的同时，创造性地经营起种桑养蚕。在十九世纪末二十世纪初，跟随工业革命的步伐，发展起缫丝业，一时成为世界驰名的南国丝都。二十世纪下半叶，在开放改革的推动下，顺德从农业经济向工业经济转型，顺德又迎来了新一波的移民高潮。这个历时几十年的移民潮有一个来回互动的特点：新的移民经过几年的磨炼，观念发生了变化，眼光开阔，创业精神增强，他们不少人踏上了"打道回府"创业之路，使他们的家乡也走上转型发展之路。阿浪在他的新作里，对这一新特点给予了充分的关注，展现了两地关系的新阶段、新篇章。

阿浪，吉安人，1998年8月才到顺德工作，可以说是"外来务工者"。其实我跟阿浪也是一个"外来务工者"，只不过我比他早来了40年，我在顺德生活、工作了60多年，有一个深刻的感受，就是一些外来的新顺德人，成了"比顺德人还了解顺德的外来人"。到了顺德，他们就爱上了这片热土，爱上了包容、创新、勤奋、务实、求实的顺德品格，他们都愿为这块土地作出自己的贡献。我认为阿浪就是其中的典型，对他的热情和勤奋工作，我很是佩服。这些"外来务工者"为什么愿意为顺德作出奉献呢？我忽然想起著名诗人艾青的一句诗：

"为什么我的眼里常含泪水？因为我对这土地爱得深沉。"

是为序。

（作者为原顺德市政协主席、《顺德县志》主编、《顺德文丛》主编，本文写于2022年五一国际劳动节）

【前 言】

顺，始见于西周金文，本义是指朝同一个方向，也指事情进行顺利，合乎心意。

吉，最早见于甲骨文，本义是吉祥、吉利，后引申为善、贤、美等意思。

德，始见于商代甲骨文，德的古字形从彳（或从行）、从直，以示遵行正道之意，本义是登上、升，"德"是美好的，故又引申有恩惠、感恩，在古代文献中也与"得"通，表示得到。

安，最早见于甲骨文，本义是平静，即《说文解字》所谓的"静也"，由此引申出静止、舒适、稳妥、没有危险、使……稳定、使……有合适的位置、乐意等含义。

上下五千年，纵横九万里。

知从所来，明将所往。

顺德与吉安古往今来，文化同源、人缘相亲、民俗相近。两地自古往来历史悠久，人文荟萃，穿越两千年风云，积淀下厚重的文化和商贸底蕴。

顺德，是广东省佛山市下辖区，取"顺天明德"之意，是珠三角广府文化腹地，自古经济发达、商业繁荣、文教鼎盛。顺德位于珠江三角洲平原中部、粤港澳大湾区核心区，广佛同城的西南边界、广佛肇经济圈的南部，是佛山市与广州市联系的重要核心区域之一，是岭南文化、广府文化集聚地。

吉安，是江西省地级市。古称庐陵、吉州；元初，取"吉泰民安"之意改称"吉安"。境内有佛教圣地——青原山，产生了禅宗青原派，吉安因此名扬海内外。吉安位于江西省中部，赣江中游，西接湖南省，南揽罗霄山脉中段，为富饶的吉泰平原，是江西建制最早的古郡之一，是赣文化发源地之一。

由此可见，吉安的庐陵文化、顺德的岭南文化都是中华文化的重要支脉。

"庐陵"，这两字出现在了顺德不少祠堂的大门楹联当中。

顺来吉往，德邦安交。顺德、吉安，都是水的故乡，水是两地的宝贵财富。

作为岭南水乡、鱼米之乡的顺德，西江、北江的水不但能养育一方人、养活万千鱼儿、滋润一方沃土，还濡染、鲜活了一方人的灵性，滋养了一方淳朴的民风，造就了闻名中外的"世界美食之都"。

赣江，吉安的母亲河。它自南向北千里奔腾，却被古城景致所吸引，于是穿城而过，将后河这条风姿绰约的"金腰带"，轻挽古城这个美人之身。还有禾水、恩江、泸水、蜀水、龙江、沙坪河、乌江、富水、孤江、桐水、龙盘江……一条条赣江的支流交汇，润泽出吉安千年的丰饶。

当代著名散文家王剑冰在《吉安读水》一文中写道："吉安是水带来的城市，古人依水而居，富足的水才会有富足的都市。"

我，一名吉安人，在《顺德的水》一书中写道："顺德到处是水光接天，碧波荡漾，曲折迂回有不尽之感觉，岭南古村格局犹存，古屋、古树、古道、古桥纵横，绿树成荫、鸟语花香，一派诗情画意。"

万井千家绕郭门，轩轩新筑间颓垣。
可因戎马惊鹅鹳，其奈簪缨化鹤猿。
行露未晞聊假息，清江难浣是师言。
尚怜信国风流在，燕市遥招柏府魂。

这是明代被誉为"岭南前三家"之一、深具民族气节，擢升兵部职方司主事后，派往赣州参与军事的顺德人陈邦彦，书写的《经吉安郡城有感》。

城南千尺驾虹桥，桥下江声旦暮潮。
云际何来双玉笋，雨馀忽对两霞标。
地灵终古文成象，词客高秋赋屡招。
倚槛天风吹万里，即看鹏翼共扶摇。

这是明代进士左迁江西藩幕、累官至贵州布政司参议的广东南海郡人卢龙云，书写的《寄题顺德双塔》。

山势遥连泽潞长，楼台高壮压龙冈。
冈头定有寒泉伏，改井随宜也不妨。

这是明代江西吉安泰和上模乡上模村人、弘治六年（1493）进士科探花，官至南京吏部尚书的罗钦顺创作的七言绝句《次顺德》。

监郡多闲见吏能，安成山水最堪称；
黄牛石出疑巫峡，白鹭洲横似秣陵。
客至高斋悬榻下，诗成燕寝异香凝；
明年地主应携我，骑马青原更一登。

这是明代顺德陈村人、47岁时以岁贡生资格,试于大廷。考官展卷阅览,惊叹其为一代之才,特荐御览的欧大任创作的诗歌《送徐别驾赴吉安》。

路通有往来

顺德与吉安的古往今来,陈邦彦、卢龙云、欧大任的诗文只是一个缩影。

史载,秦始皇为统一中国,发兵50万向南方推进,其中一支沿长江溯赣江而上,打通了赣粤交界处的大庾岭。从此,赣江水道得以开发利用。

唐玄宗于开元四年(716),命张九龄率军民拓宽从大庾到南雄的陆路,开凿梅岭驿道,终于把崎岖山路修成一条当时可行五部车子的坦途,并沿途设置凉亭与客栈。

进入宋代,朝廷为加强管理、保证水道畅通,在北面鄱阳湖入赣江口设南康军(治所在今庐山市),以控江湖咽喉;在

粤赣交通线上的一座废弃的古凉亭。(胡美玲 摄)

南面章水与大庾岭梅关驿道，设南安军，以扼航道与驿道交接口。至此，中原到岭南的交通大动脉，已经形成。

要研究顺德与吉安的古往今来，得从梅关古道说起。公元前221年，秦始皇统一六国。次年，他组建了一支50万人的大军，兵分数路，把目光投向遥远的东南沿海，经吉泰平原，跋山涉水，挥师岭南。连绵不绝的五岭山脉，是岭南与中原之间巨大的屏障。最终，秦军在五岭之东的梅岭，发现一处较为低矮的山谷，稍加修整后，一条在梅岭中曲折前行的军事通道初现端倪。顺德早在先秦时期已有先民活动痕迹，属于百越之地。后来秦朝统一岭南，设置南海郡。自汉代以来，大量的北方移民陆续来到顺德生活、繁衍，造就独特的风土人情。

这条秦道出现800年后，中国进入大唐王朝。彼时的岭南，经过数百年的开发，早已不再是荒蛮之地。尤其是广州与顺德，已经成为海上运输的物资集散地，是当时中国最重要的

梅岭是顺德与吉安绕不开的地方。（《珠江商报》提供）

港口。"水陆联运"的梅关古道，自然成为岭南与中原之间的最佳通道。从汉至唐，梅岭只有"岭"之称，而无"关"之名。宋嘉祐年间建关楼后，南雄历代州县均有修葺关楼，使梅岭关楼保存至今。梅关古道从梅岭向南北两边蜿蜒而下，北接江西章水，南连广东浈水，像一条纽带，把长江、赣江和珠江、顺德水道连接起来。

提及梅岭，人们自然会联想到陈毅元帅的《梅岭三章》。那是战争年代留下的烙印。中央红军长征之后，陈毅留了下来，与他的战友转战在梅岭一带，出生入死。很多的留守者长眠在崇山峻岭之间，不见尸骨，也不见名字。梅岭见证了一段血与火的历史。陈毅是坚毅的，也是幸运的。陈毅一次又一次走过梅岭古道，一次又一次将生死置之度外。为了一种信仰，为了一个目标，他随时可能牺牲。他的部下、毛泽东的弟弟毛泽覃就牺牲在这片土地上。我的爷爷王俊伦，也是在梅岭参加战斗时，与陈毅同志被敌人打散了。

由人民邮电出版社、江西省邮电管理局邮电史编辑室于1987年10月编辑出版的《苏区邮电史料汇编》分上下册。其中，下册的第82至83页为江西省邮电管理局职工黄新生等人，于1985年10月18日记录整理的《王俊伦谈赣西南赤色邮政总局情况》一文说"红军长征后是曾山、陈毅领导我们东奔西跑打游击，1935年我们被冲散了，与部队失去联系后回到家里的"。

苍苔掩映，古梅护道。粤汉铁路通车之后，梅关古道便失去要塞的地位。近代人向岭南迁移，则以除广东之外的乡村的年轻人，尤其是吉安等地的江西人，乘坐火车，涌入顺德等珠三角的工厂。进入新时代，粤赣高速公路、粤赣高速铁路、粤港之间的机场，以及正在做前期准备的赣粤大运河的开发，都是两地畅通的前提。

吉安作为革命老区，为中国革命作出了巨大牺牲和贡献，全市有名有姓的革命烈士就达5万余名，是中华人民共和国诞生开国将军数量最多的地级市之一。1927年秋，毛泽东、朱德等老一辈无产阶级革命家在吉安井冈山创建了第一个农村革命根据地，为中国革命开辟了一条以农村包围城市最后夺取胜利的正确道路，因而井冈山以"革命摇篮"的盛誉，载入中国革命的光辉史册。井冈山被朱德称为"天下第一山"，井冈山的竹子被誉为"革命的竹子"。现在很多人第一次知道井冈山、第一次知道井冈山毛竹，都是通过中学时代的语文课本上作者袁鹰的散文《井冈翠竹》。山因革命而高，地因人杰而灵。漫步井冈山，每一座山峰都是一部英雄史诗，每一条小径都凸显一种沉着和坚毅，每一杆竹子都是中国革命的见证，每一阵风吹过都是先烈的呼唤和叮咛。走在井冈山上，俨然是在读一部红色经典。进入新时代，顺德人通过梅岭来到吉安，从革命根据地井冈山运来数百根竹子，在北滘镇黄龙村鲤鱼沙公园，建起了"滨水竹廊"。在水面的倒映下，竹廊融入波光之中，成为黄龙村新的网红景点。整个建筑都是采用井冈山的毛竹等材料编织而成，也预示着红色文化传承生生不息。

2021年6月，我应邀与粤港澳湾区的媒体记者，到江西省赣州市大余县等地采访一周；10月，我应邀到河源市连平县等吉安、顺德两地文人的作品。

地寻访三日。在粤赣交汇处采访的10天里，我知道了很多江西与广东、吉安与顺德之间的故事、人物。秦汉至明清时期，粤赣之间拥有十多条纵横交错的古驿道，它们或为兵家要道，或为经商通衢，贯通粤赣两省。

五岭北来峰在地，九州南尽水浮天。枕山襟海的独特地理位置，孕育了别具一格的岭南文化。

人来人往靠交流，除了路，语言也很重要。

吉安话别称庐陵方言，属于赣语吉茶片。赣语吉茶片主要分布在赣江中下游地区。吉安话可分两个小片：吉安小片包括吉州、青原、吉安县、吉水、峡江、泰和、万安和永丰；永新小片包括遂川、安福、永新、莲花、井冈山市以及湖南省的攸县、茶陵、炎陵县。

在吉安，客家话主要分布在永丰县潭头、龙冈、君埠等乡镇；吉安县天河镇、前岭、官田、敖城、指阳、东固、富田等乡镇；泰和县桥头、碧溪、老营盘、上圮、中龙、小龙、水槎、沙村等乡镇；万安县顺峰，涧田、宝山、武术等乡镇，占全县人口40%左右；遂川县除泉江镇、瑶厦、珠田、年源、雩田、枚江、盆珠等乡镇说赣语以外，全县其余20多个乡镇都说客家话，客籍人口占全县人口的2/3；井冈山市黄坳、下七、长坪等乡和罗浮垦殖场的大井、朱砂、罗浮3个分场，客籍人口约占全市人口的40%；主要分布在永新县坳南、曲江乡和原宁冈县的睦村、茅坪、大陇、白露、荷花等乡镇。

顺德方言是粤方言的一支，从大体上讲，顺德话与广州话同属粤方言中的"粤海片"。顺德方言可分为五区：大良话、陈村话、桂洲话、龙江话、均安话。各镇街之间的顺德话大同小异，但是其中的不同之处主要体现在语音上。

顺德话口音还因为受普通话、广州话、客家话等影响，顺德话越来越多地带有普通话、广州话、客家话口音。改革开放后，顺德吸引了大量异地务工人员，普通话的使用范围随着流动人口的增加而不断扩大。随着普通话在广东粤方言区的普遍使用以及粤方言创造力的下降，"北语南下"的现象逐渐加强。人口流动是造成方言语音变化的重要动因。方言语音的演变，在离开户籍地到达异地时便会发生。职业与语音变化也存在着一定的关系，这种关系还受制于工作地域、学历和回到家乡的语境变化等相关因素；学历越高，变读概率应该越大，对普通话及异地语言环境的适应力应该越强。方言变化的基本特点是：以适应交际为变化动力，以稳中渐变为基本特征，以向普通话靠拢为变化方向，以逐步削弱为基本态势。语言、语音选择问题很大程度上受交际影响，并不是外来人口来到顺德就一定要学习使用顺德话，也有可能是本地人要与外来人口交际从而要学习使用普通话。

跨域人口流动这一因素是如何影响顺德话发展变迁？不同人有不同的看法，但其中不变的是，跨域人口流动是影响顺德话发展变迁的重要因素之一。我在考究中发现，在顺德的吉安人基本都会说粤语，个别人不会说，但起码听得懂顺德话。

人文有交往

吉安，是孕育庐陵文化的人文故郡。这里文化昌盛，以"三千进士冠华夏，文章节义堆花香"而著称于世。古城庐陵历史悠久，苏东坡曾作诗云："巍巍城郭阔，庐陵半苏州。"

庐陵府不但考取天下第一多的进士和数量众多的状元，而且在明代建文二年（1400）庚辰科和永乐二年（1404）甲申科中鼎甲三人均为吉安人，这种"团体双连冠"现象在中国科举史上绝无仅有，因而吉安有"一门九进士，父子探花状元，叔侄榜眼探花，隔河两宰相，五里三状元，九子十知州，十里九布政，百步两尚书"的美誉。

在漫长的历史长河中，吉安沉淀出了以书院文化、宗教文化、农耕文化、手工业文化、商贾文化等为主的厚重庐陵文化，并成为"赣文化"的重要支柱，在中华民族文化史册中具有相当重要的历史地位。

文化如水，润物无声，连接着过去、现在和未来。

翰林多吉水，朝士半江西。吉水县是江西历史上的人文圣地，诞生了欧阳修、杨万里、文天祥、解缙、胡广等历史名人。

说到欧阳修出生地，吉水人就不高兴：

文天祥为欧阳氏撰写的文章。

"欧阳修功成名就之前，是吉水县人；欧阳修成名之后，就是永丰县人。"说到文天祥出生地，吉水人也是不高兴："《宋史》明确记载文天祥是吉水人，结果被吉安县换走了。"说到胡广出生地，吉水人还是一肚子意见："胡广高中状元的时候，是吉水县人；现在的胡广，成了青原区天玉镇人。"

吉水人不高兴是有历史原因的。

隋朝大业年间，隋炀帝划水东十一乡，设立了吉水县。当时的吉水县，辖区包括今天的吉水县、永丰县全境，吉州区、青原区、乐安县部分地区。

吉水县的发展，一直顺风顺水，结果成了庐陵领头羊。1054年，宋仁宗下诏，把吉水县的永丰乡升级为永丰县。古吉水县的辖区，由吉水县和永丰县平分。欧阳修的家乡沙溪，被分给永丰县。于是乎，欧阳修就从吉水人，变成了永丰人。

《宋史》记载，文天祥是吉水人。吉水县在历史上，跟庐陵县有一次辖区互换。吉水县送给庐陵县一块地方，庐陵县送给吉水县一块地方。在这次公平交易中，文天祥的家乡青原区富田镇，被换到了庐陵县。庐陵县后来改名吉安县，文天祥就成了吉安县人。文天祥的纪念馆，因此建在吉安县。

1400年，明朝建文帝第一次、也是最后一次开科取士。明朝大臣、文学家、南宋名臣胡铨的十二世孙、吉水县士子胡广高中状元，建文帝对胡广说："北元猖獗，岂能胡广？朕赐汝名胡靖。"建文帝一声令下，吉水县的新科状元就由胡广变成胡靖。朱棣打进南京，建文帝不知所踪。朱棣成了明成祖，胡靖因此又变回胡广了。中华人民共和国成立前，吉安市区设在石阳镇，吉水的河东乡、天玉镇被划入吉安市区。胡广也罢，胡靖也好，反正这位状元、内阁首辅，在史书上都是吉水人。经过这次区划之变，胡广就成了吉安市人。

青原区成立的时候，吉安市区划出河东乡、天玉镇；吉安县划出了文陂乡、云楼乡、富田乡、值夏镇、新圩镇、东固镇；吉水县划出了富滩镇。

吉安市，古称庐陵郡、吉州，后来取吉水县、安福县两个大县的第一个字。吉水县在经过一系列区划调整之后，现在的辖区面积，排在吉安市第五位。

以上是吉安人王福星根据《江西通志》《吉安府志》《吉水县志》《永丰县志》等史料得出的结论。

"江西行省"出现在了《顺德县志》。

而我在考究中发现，江西与广东都在至元十四年（1277）建立的行中书省。行中书省为直属元朝中央政府的一级行政区，简称"省"，江西在当时民间多简称为江西省、江西行省。至元二十二年（1285），福建部分地区并入江西等处行中书省。后来，江西等处行中书省统有18路，后改为13路和2直隶州，辖境包括今长江以南的江西省大部、湖南省部分、广东省大部分。直到明朝洪武二年（1369），江西行省管辖广东一大部分被重新划分出来并与其他地方合并，并改广东道为广东等处行中书省，将海北海南道改隶广东，广东成为明朝的十三行省之一。

也就是说，包括南海郡在内的广东大部分区域，在1277年至1368年之间属于江西管辖，而那时的南海郡还没有"顺德"这个地方。直到明正统十三年至景泰元年（1448—1450），在勒流爆发了黄萧养起义，明王朝为强化统治，于景泰三年（1452），将南海的东涌、马宁、鼎安、西淋4都37

堡和新会的白藤堡划出设县，取"顺天明德"之意，"顺德"地名由此而来。建县后直至清末，顺德均属广州府管辖。辛亥革命后隶属粤海道，顺德于1925年，废道后直属广东省。关于江西行省，1996年出版的《顺德县志》有关岭南诗宗孙蕡的简介里有这样一段记载：孙蕡（1338—1394），字仲衍，号西庵。生于县境平步堡，长于省城广州。自幼机警敏悟，博学深思，所为诗文驰誉州府。青年时与好友王佐、赵介、黄哲、李德相聚于广州南园抗风轩，共组诗社，广交省内外文士，人称"南园五先生"。江西行中书省（元代行政区划，含今广东省，治所在广州）首席长官何真慕名聘为幕僚，颇为倚重。1368年，朱元璋灭元立国，派遣征南将军廖永忠远征广东，孙蕡力劝何真顺时归降。何真接受建议，委命孙蕡草拟降表。廖永忠接管政权后，爱重孙蕡才华，委任掌管广州府文教事务。

通俗一点理解顺德与吉安的关系，可以这样说"没'顺

> **10　欧阳氏宗谱　卷五　艺文荟萃**
>
> **河源船圳老围祖祠联**
> 横匾：亭　侯　世　家
> 龙枕马鞍地灵人杰家声远
> 门朝虎峰水秀山明世泽长
> 庐陵世泽文章贵
> 吉水流风姓字香
> 念先人立身登朝不外文章经世
> 嘱后裔继志述事毋忘道学遗风
>
> **顺德陈村文溪公祠联**
> 加阳加欠本是姓　嘉树植堂前喜见枝枝竞秀
> 居州居县一同流　碧江横户外须知滴滴朝宗
>
> **翁源玉秀公祠联**
> 庐陵旧地家声远
> 翁邑新基世泽长
>
> **吴川(雷州)博铺莲庄公祠联**
> 基山启茂山大启千秋土宇
> 闽水通潘水会通百代源流

吉安人欧阳修后代在顺德《欧阳氏宗谱》书写两地情怀。

顺来吉往——顺德吉安关系简史

德'之前，顺德与吉安同属江西行省，也就有文天祥、胡铨等吉安人为了民族、为了正气来到这里"。事实上，在远古时期，顺德绝大部分的陆地被海水覆盖。距今约2500年至5000年时，由于河流的沉积作用，杏坛、勒流、龙江逐渐成为陆地。春秋战国时期，居住在今粤北和粤中一带、来自吉安等地的"南越"人来到顺德，他们是顺德的第一批居民。秦始皇三十年（公元前217年），秦统一岭南后，大批中原人移居顺德，带来了中原的重农意识、铁器和牛耕，顺德经济呈现渔猎活动与农业并重的特点。但是，一直到唐宋时期，顺德依然人烟稀少。直至南宋末年，民众随同朝廷逃难至此，顺德人口才得以快速增长。顺德归属问题，历程曲折，自秦始皇统一岭南，设置郡县；至南北朝，顺德属南海郡番禺县；隋代起，顺德属番禺县分出南海县；五代南汉时属南海县分出咸宁县；宋代又重新并入南海县；顺德建县以前，属南海、新会两县。

也就是因为这样的关系，现今的顺德有很多"吉安印记"，比如吉安村（社）、吉安变电站、吉安道、吉水乡、顺

吉安社在顺德有着300多年历史。

顺德不少路名与顺德、吉安两地有关。

吉路、德安路，万安村、永丰村、新圩坊、万安街、吉水流芳巷、永新路等。同样，顺德的状元张镇孙也就如同吉水的文天祥等名人一样，成为南海的名人。如今，吉水还是吉安市下辖的一个县，南海与顺德都是佛山市下辖的区。

循着历史的足迹，抚近怀远，更能感受到顺德与吉安文化交流之厚重。南宋末年政治家、文学家、抗元名臣、民族英雄文天祥，是我的同乡吉安人，与我还同是富田镇人。他在福州参与拥立益王赵昰为帝后，又自赴南剑州聚兵抗元，于南宋景炎二年（1277）再攻江西，终因势孤力单败退广东，后在海丰五坡岭被俘。在这个过程中，文天祥的两个女儿从江西翻越梅岭古道进入广东地界，不久病逝于连平县，而文天祥的其他后人则埋名隐姓在顺德的一座荒岛存活下来。

南宋名臣、文学家、庐陵"五忠一节"之一，在管辖顺德新州（今江门市新会区）的吉安人胡铨，就将自己的血脉在顺德延续，胡姓遍布今天的容桂、均安、杏坛、龙江、大良等镇街，唯有文姓祖祖辈辈只在今天的容桂街道马冈村一个地方赓续不辍。文天祥自小崇拜欧阳修、杨邦乂、胡铨的忠义，他还为顺德等众多《胡氏族谱》作序。欧阳修的后人也是从吉安来到顺德安居乐业，繁衍不息。

在古代的官场，江西、吉安与顺德就有着密切的关联。《顺德县志·清咸丰、民国合订本》记载，顺德第三任知县就是江西清江人崔瑀，在之后漫长的岁月里，先后12名江西人来到顺德就任知县，其中就有吉安泰和县人曾宪。

在广东省人民政府地方志办公室副主任丘洪松帮助下，

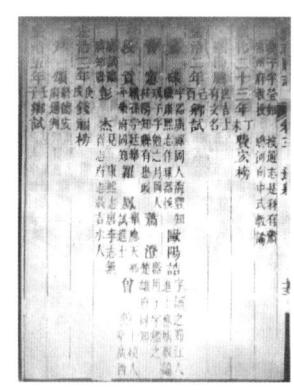

吉安人在顺德等地的任职记录。

方志办的同仁在方志馆查找到了有关曾宪的资料。同治《泰和县志》卷十二记载:"宏治二年(乙酉)乡试:曾宪,瑀子,字勉之,月冈人,桂阳知县,有惠政。"嘉庆《桂阳县志》卷四职官志记载:"曾宪,江西泰和举人,正德六年任。"康熙十三年《顺德县志》卷四记载:"曾宪,江西泰和人,举人,正德三年任,寻谪教谕。"

根据这些记载,可知:曾宪,曾瑀的儿子,字勉之,江西省泰和县月冈人,明弘治二年(1489)参加江西省乡试考中举人,正德三年(1508)任广东顺德知县,后降职任顺德县教谕,正德六年(1511)改任湖南桂阳知县,在桂阳知县任上政绩良好。

根据《顺德县志·卷九》的记载,在顺德担任县丞、教谕、训导、四司巡检、典史等文职以及武职的江西人超过100人。其中,吉安万安县人刘汝循、吉安永丰县人张麟先后在顺德担任县丞;吉安吉水县人刘景福、吉安泰和县人陈雍、吉安永新县人刘宗孟均担任过顺德教谕,刘景福还是顺德建县后第

吉安的一些信息出现在了顺德机关早年的简报里。

一任教谕，陈雍的简介保留在《顺德县志·清咸丰、民国合订本》；吉安庐陵人刘坎常、江西吉水人罗溥就任顺德训导，罗溥还从顺德升迁至清远县任教谕；在巡检的官职上留有吉安安福县人周瓒、吉安永丰县人郑梦张、江西吉水人何芳、裴哲，吉安永新县人周大经、吉安泰和县人易居邦等人名字；吉安泰和县人钟周担任顺德典史。

倪尚忠于明万历二十六年至三十二年（1598—1604）任顺德知县，他以勤政爱民、多行善举而备受顺德民众爱戴，尤其是他带头捐钱修建顺德青云塔、太平塔，更使顺德文运昌盛。倪尚忠也因为政绩突出，从顺德调往了江西，官至吉安府同知。倪尚忠离任后，顺德人还为他建造生祠，此后多年祭祀不辍。而倪尚忠之子、时任太常博士的倪仁祯，于1639年奉皇帝之命出使两粤。完成任务之后，他专程来到顺德——这里是他童年时代生活过的地方。他的到来令顺德人无比振奋："思君侯不可见，见之似君者喜可知也。"倪仁祯是在父亲到顺德就任前出生，他的妹妹倪仁吉是父亲到任吉安后出生，这一前一后，紧紧地把顺德与吉安联系在了一起。

位于广州的状元坊可以见证顺德、吉安人喜爱读书。

2020年6月27日，顺德举行状元张镇孙像揭幕。（《珠江商报》提供）

顺德人在实行科举考试制度的千百年里，学子都要途经吉安进京赶考，而梅关古道等又是顺德与吉安之间最重要的通道。

顺德是远离中原的岭南小县，因历代科举人才的涌现而备受瞩目，大批科举英才在报效祖国、奉献国家的同时，更深情回眸家乡、建设故土，有力促进其稳定而快速的发展，令顺德逐渐成为实力雄厚、文采风流的岭南壮县。闻名遐迩的广州"状元坊"，纪念的是广东宋代唯一的状元、爱国英雄张镇孙，而他的祖籍正是顺德伦教。《顺德县志》记载："张镇孙号粤溪，今伦教熹涌人，自小在广州长大成才。"

文运同国运相牵，文脉同国脉相连。北宋后期开始，南迁大家族陆续定居顺德各处。他们建书院、设讲座、请名师，青灯苦读，闻鸡起舞，在短短两百年间，共诞生进士19名。明代，顺德进入围垦高潮。顺德经济稳定繁荣，人们积财有余，开始潜心教育，家塾、社学、书院遍布各处，顺德迎来科举鼎盛第一个高峰。清代顺德是基塘农业重地。顺德掀起"弃田筑塘，废稻种桑"热潮。社会资本快速积累后，宗族利用资金建祠堂、修书院、请名师、供学子、考科举，形成百折不挠、读书致仕的社会风气，顺德进入科举时代丰盛的收获季节。

广东历史上出现了9位状元，令人瞩目的是其中5位状元出自富饶自足的南海、顺德两地，可见经济的支撑不可忽视。但从状元的单纯数量而言，顺德为广东最多。在科考年代，顺德涌现出众多参加科考的优秀人才，考取功名的顺德人更是竭力服务国家和社会，取得重大成就。

文化释顺德

一方水土养一方人。顺德人秉承水之灵性，自古人文昌盛，文化底蕴深厚。这里是粤曲、粤剧的发源地之一，是中国曲艺之乡。顺德还是众多历史名人、贤才杰士的摇篮。北宋至清末出过状元四名，进士数百，还孕育了清代诗书画三绝的黎简和画坛怪杰苏仁山，以及国际武打巨星李小龙等杰出人物。这些都是岭南文化、广府文化的代表。

郭子章（1542—1618），字相奎，号青螺，吉安泰和县冠朝乡冠朝村人。郭子章于隆庆五年（1571）考中进士，历任福建建宁府推官、南京工部主事、广东潮州知府、四川提学佥事、两浙参政、山西按察使、湖广右布政、福建左布政、兵部尚书兼都察院右副都御史。他在《郡县释名·广东卷》一书中记载：顺德县"曰顺德者，以去逆得名，取顺化归德之义也"。

这是吉安人用文化解释顺德的记录。

叶春及（1532—1595），字化甫，号石洞，明代广东惠州归善县人，嘉靖三十一年（1552）举人。叶春及万历十九年（1591）受荐为官，后为户部员外郎，随转江西司郎中。万历十二年（1584），叶春及受邀编纂《顺德县志》，将在《惠安政书》的制图方法运用在了《顺德志·舆图》之上。他在序言中称："余尝仿罗太史图惠安，今以施于《顺德志》，则地理、建制、赋役、祠祀、官师、流寓、人物、选举、杂志，凡九篇。"志书修成于万历十三年（1585），可惜如今所见的版本已无地图传世。据叶春及序言称："夺邑中士大夫权是惧，故居其半，亦杀青矣……吴西公遂重锓梓，而图别行。"可知当时因怕得罪邑士绅的缘故，《图经》于是另行出版，这也是如今在万历《顺德县志》看不到《图经》的缘故。然而叶春及主持绘制的《图经》并未散佚，康熙年间重修的《顺德县志》完整地沿用了叶志的地图。如今我们可以凭此观看到叶志《图经》的面貌。《图经》与当时方志地图最大的区别在于地图均打上方格，标注有"每方十里""每方一里"给读者参考。绘图舍弃了取某一定点为中心的传统绘图方式，能将县境大致轮廓勾勒出来，而且除了《顺德县总图》《县城图》外，还附有四十幅都堡图，按"每方二里"比例绘制，将地图精度精确到县境以下都堡一级。

叶春及修纂《顺德县志》时，效仿了罗洪先《广舆图》

的计里画方形式，并运用了在惠安任上的实测经验为顺德志绘图。具体绘图者为曾仕鉴、叶永和、马中奇，此外还提及"会弓田告竣，叶子乃令署人总其都里田亩多寡，与隆庆、万历之籍而赢缩较度之"，说明绘图时曾大量参考了有效的地方田亩数据。所谓"弓田告竣"，是指万历八年至九年张居正主政下进行的全国田土清丈，这使当时绘制地图拥有了丰富的实测依据。在此基础之上，再"与隆庆、万历之籍而赢缩较度之"，可知当时绘图还利用了较为新近的户籍黄册资料。考对志书内的分堡图，每幅堡图后都有注明堡内图甲所在，很可能就是当时引用户籍档案的痕迹。

罗洪先（1504—1564），字达夫，号念庵。明代吉安府吉水黄橙溪（今吉水县谷村）人。嘉靖五年（1526），罗洪先参加乡试中举人，嘉靖八年（1529）乙丑科会试，殿试时第一，授修撰。罗洪先一生的主要成就在理学和地图学方面，在文学方面也有一定的造诣。尤以地图学贡献卓著，他精心绘制的两卷《广舆图》，是我国历史上最早的分省地图集。罗洪先在绘制地图方面的建树，不但为我国地图的绘制和地理科学作出了贡献，而且为国际同行所瞩目，在世界地图绘制方面占有一席之地。

这是一段顺德与吉安的文化往来史。

从晚明到早清一代，黄儒炳在顺德龙江是个家喻户晓的人物，连妇孺都晓得他是有血性的忠臣孝子。黄儒炳自幼聪颖，十岁能文，博闻强记。万历三十二年（1604）成进士，选庶吉士，授翰林院编修，累官至礼部侍郎、吏部侍郎兼侍读学

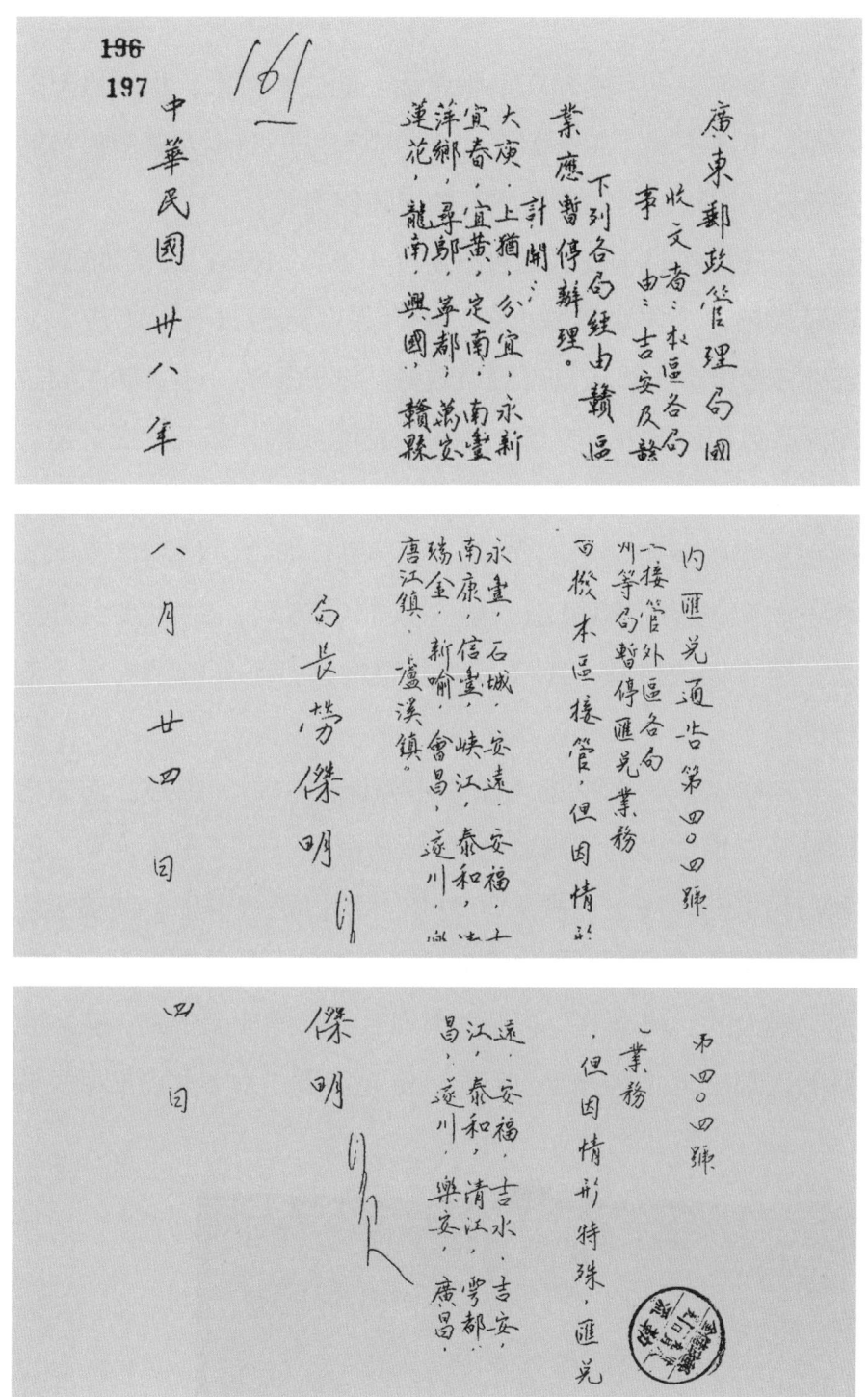

顺德区档案馆保存的与吉安相关的文件。

士、纂修神宗光宗两朝实录副总裁。他处事待人，也一贯出以公心，不欺不罔，忠于职守。他力荐有才干而不为皇帝喜欢的邹元标、冒险营救触怒权奸的御史陈保泰等。

邹元标正是吉安人。邹元标（1551—1624），字尔瞻，别号南皋，今吉水县城小东门邹家人。万历五年（1577），邹元标考中进士，入刑部观察政务。邹元标的一生，除主要致力于政务和讲学外，文学上也有一定的成就。邹元标在文学上创作较多的是诗歌，他现存的近200首诗作中即有不少佳作，特别是那些写景记游的作品，写得很有情趣。他刚直不阿、方正耿直的精神和思想一直在人们中传颂，在他家乡吉水县，至今仍流传着"割不尽的韭菜地，打不死的邹元标"的歌谣。

由中国国家图书馆（国家古籍保护中心）主办、佛山市顺德图书馆协办的"珠还合浦 历劫重光——《永乐大典》的回归和再造"线上巡展于2021年7月9日正式推出。成书于明永乐之初的《永乐大典》，是我国古代最大的一部类书，被称为"最大的百科全书"。顺德大良有条街道叫太艮路，来到大良的人都感觉非常有趣。因为相传大良是"太字之点加于艮头

吉安人在顺德发展数百年获得的功绩。

而易名大良"，民间盛传：大良本名太艮，因地处"古太艮峡"而得名。顺德建县后上官醉眼看花，误将"太"字的一点加于"艮"字之顶，入了皇家簿册，谬误也成正确。此说法目前在民间拥有较高的认同度。不过，古时的顺德，是南越人聚居之地。当时的南越人，含现在的壮族、黎族、苗族和疍家的先祖。其中壮族人分为黑、白、红、花、黄五个种类。黑壮人被称为乌蛮、乌浒蛮、良壮，因而，在他们居住过的地方，不少便以"乌""良"字开头，如广州的乌龙岗、中山的乌石、顺德的乌洲、东莞的良边、顺德的良村等。黄壮人的活动范围最广。"良"则表示黄壮人，明代学者邝露的《赤雅》也指出"大良与壮同类"。司徒尚纪在2009年发表的《岭南地名文化的区域特色》一文中也表示，顺德大良即黄族居地之意。《永乐大典》所记是"大良"而非"太艮"。《永乐大典》成书于明初，比顺德建县还要早得多，也就是说，"大良"之名早于传说中的"太艮"之名。因此，更能说明顺德县城是"大良"而非"太艮"。《永乐大典》是由明成祖朱棣先后命解缙、姚广孝等主持编纂的一部集中国古代典籍于大成的类书，而解缙就是吉安人。解缙（1369—1415年），字大绅，一字缙绅，号春雨、喜易，江西吉安府吉水（今江西吉水）人，明代大臣，文学家。

这又是吉安与顺德人文关系的一个重要表征。

寻祖到吉安

2000年以来，每年重阳前夕，来自广西、海南，广东化州、廉江、鹤山以及东南亚的欧阳氏后人700多人，齐聚顺德区均安镇仓门村的欧阳公祠，一同搭乘100多辆车前往江西省吉安市泰和县马市镇浩西村（今群爱村）祭祖。均安欧阳氏的宗族长老欧阳国兆说，2001年均安欧阳氏开始重修族谱，当时恰逢吉安欧阳氏倡导此事，他当时作为族人代表，就与吉安欧阳氏一起去完成这项意义重大的工作。经过努力，2003年开始族谱的定稿工作，并确定均安仓门欧阳一族的直系祖先为宋南雄太守荣可公，他是南宋驸马爷。

在研究中，我发现均安镇仓门、天连、新华、三华等村落欧阳氏的祖籍来自吉安，容桂街道马冈村的文姓来自吉安，均安、容桂、龙江、杏坛等地的胡姓来自吉安，乐从、北滘、

吉安举行纪念欧阳修的活动。（何玉苹提供）

杏坛、勒流、容桂、陈村等地的曾姓来自吉安。说到姓氏与先辈，顺德人都会拿出族谱，跟我说祖辈来自与江西交界处的南雄珠玑巷。当我一说是江西人或者吉安人时，他们就会说"我们祖辈的先辈都是从你们那边来的，吉安来的"。乐从镇的曾氏老者说得最多的就是"我们是吉水县兰溪人"。

2020年春天，新冠肺炎疫情暴发后，我到乐从镇的25个村居、35个自然村调研，并写了一本名为《乐从记忆——一座古建筑轻触的历史》的书。走访中，我翻阅了很多村志、族谱，其中记载最多的就是"从吉安府迁出，后徙南雄""系出南雄珠玑巷"。比如顺德的周姓与河源市连平县内莞镇横水村的周姓，族谱都有提及"来自吉安"。又如龙江镇赖姓，不少是宋代风水大师、江西人赖布衣的后代。清代咸丰年间《顺德县志》记载："宋赖文俊（布衣）……好相地之术……宋嘉定中南游来广，今龙山赖姓繁衍，布衣实其鼻祖。"此外，顺德不少姓氏都来自不同省份，龙山排沙左姓来自江西、桂洲陈姓来自浙江宁波、冲鹤潘姓来自福建、陈村的云姓甚至是蒙古族的后裔。

考究中，我发现被灭于新会崖门的南宋朝廷中散落的皇室和朝臣后人，有不少隐居顺德，龙山的赵姓人家，就有一部分是赵光义的血脉；北滘碧江人苏刘义成功突围，带着死里逃生的1000多人回到都宁岗，还在队伍中找到一位叫赵旦的宋皇室孩子作号召，在山上结寨以图复宋。我在《顺德的山和树》一书就有介绍，如今在都宁岗山脚建有一座念宋亭。红砖绿瓦的念宋亭中，立有由北滘著名企业家苏耀明题写的"念宋亭"

宁都有一支本吉水族，明时由吉①吉徙于南昌，盖十五师之后也。兵火之余，谱牒已烬，竟忘其先世名次。其在国初，有若讳士望，号躬奄者，前代宿儒也。抱高乐道，不求显达，作诗文浑噩雄迈，有幽并老将气。时宁都魏伯子兄弟以文鸣海内，号曰"三魏"，江涛海浪无以敌，然必就正于躬奄。延致于家，遂为宁都人，有集行世。子庠士崇泰。孙揆，康熙壬子孝廉，今为吉水学博仁文书院山长，学行醇优，皆

〔译文〕宁都有一支本属于吉水的族亲，明朝时由吉州迁移到南昌，应该是十五师的后裔。因为经历过兵火之乱，谱牒已经被烧为灰烬，无法记住他们先祖的世次。在清朝初年，有一个有名望的人名叫士望，号躬奄，是明朝的宿儒。抱负高远，崇尚道义，不求显达，写诗歌或作文章，浑厚严正，英雄豪迈，有幽州、并州老将的气度。那时候宁都魏伯子兄弟以文章闻名海内，号称"三魏"，江涛海浪都无法与相匹敌。然而"三魏"都一定要执学生之礼请求士望给予润色修改，聘请士望到他们家中。于是彭士望便成为宁都人，也

叙者，欲后嗣深思之下，得性情之正也。吾祖家豫章，抵颖身，数百余年。若夫吉、赣、瑞、临、抚、建、袁、饶、九江、广康、南安诸府，以及宁、池、徽、太、闽、楚、川、陕、云、贵、鲁、粤、燕齐诸省，皆吾祖之支裔也。将欲联一本之情，合其离而聚其涣，明统系以继先人之志也，不亦难乎。幸文献足征，故倍录先德，贻我后人，以俟仁人孝子贤智之辈，知所考证焉。

朝议大夫、清徽阁大学士、奉勅封豫章开国郡公、食邑三千户企生公之十八世孙罗颖大宋太宗开宝元年仲春月吉旦（监利老派支谱）

四、大成谱序 宋·罗立行

水之流派之同，而各不源；木之枝候不

五、黎和阙城罗氏族谱序 宋·文天祥

家之有谱古也！谱图之作非古也！谱之冬其始，出于世降俗失忧时之君子扶世立教而始作之者乎！古人之意莫重于族，亦莫严于谱。谱者，推其祖之所出，合其族之所由，分谱之所存义之所存也，其谓之古也固然宜然古之谱也，以为常之图也以为异以为常者，人皆由于义也。古之谱图，虽仅存于后世而视古之意则有间矣。其谓之非古也，亦宜窃惟先王制礼，而明宗为大务，是以有大宗、小宗之别，使其派有所统而不紊，又重之以岁时蜡祭之会冠婚丧祭之礼，乡村燕尔之仪，若此者，盖所以习其揖逊逊长幼之节，隆其亲亲老老之恩，厚其睦姻慈爱之义，使人人知有忠敬孝友而无浇薄之风。三代圣人所以涵养，人心渐摩治化，用此道也。三代

顺德区档案馆存的与吉安相关的历史资料。

三字的石碑，石碑两旁的墙壁上镶嵌着顺德知名书法家伍学孔题写的"都宁堡三忠庙祀文张陆秀扎地而传"。

顺德区北滘镇碧江村泰和路。

同时，一直隐居马冈村的文天祥后人也印证了近千年前水银四泻，百官星散的情景。根据马冈文氏族谱的记载，文天祥的尸骸后来由亲人偷偷埋葬在江西吉安，而其儿子为避免家族被灭，迁往当年荒凉隐秘的顺德马冈岛。直到2002年，有关部门发现了文天祥后代的墓群，后经顺德民政部门审查核实，确认了文天祥后代在马冈的这段历史。目前，生活在马冈的文天祥后代有150多人。按文氏族谱记载，当时文天祥生有二子，"长子景贵在新会潜外籍"，不知所终，"次子景宗在顺邑（即顺德）"。而顺德的文氏因为这段惨痛历史，一直比较低调，近年来通过多家媒体的报道，世人才知道文天祥的直系有一支在顺德，才开始有文氏后人来顺德寻亲问祖。其中中国当代艺术家、设计家遥远教授（文天祥第二十四代传人）就曾在2009年专门来顺德，当看到文氏墓园内一块墓碑上刻着"大明六祖考庆宜文公、妣吴氏安人合葬"的繁体楷书以及相关铭文时，感慨万千。文天祥的第二十四代后人文耀和老人说，让文氏后人在马冈"不露声色"是祖训。

顺来吉往——顺德吉安关系简史

文天祥后人墓群是吉安与顺德两地古往今来最重要的研究起源。

因此，一直以来，文氏后人在马冈也没有组织祭拜文天祥，就连文天祥后人的扫墓也是很低调地进行。

南宋末年从珠玑巷迁移到大良的罗姓，在清代出了位罗敦衍，他后来官居户部尚书、工部尚书兼武英殿总裁，他官高职贵，但端谨勤勉，因此罗家也颇为显赫。其后人罗瘿公，历任总统府秘书、参议、顾问，他扶掖程砚秋成才扬名，力荐徐悲鸿留法深造，更精通京剧门类，自度曲目，有力促进了京剧发展。而他的堂兄罗复堪出自康有为门下，擅长章草，当年袁世凯的银币"壹圆"就是出自他的手笔。

在我的家乡吉安，有个叫永和镇西坑村的村子，位于赣江西岸，隔江北与神岗山、青原山、东与七姑岭相望，是文化古村，古称瑞源、西溪，罗姓村子。之所以形成西坑如此地貌，传说源于一场大地洪荒。东西方都有《山海经》"大禹治水"和"诺亚方舟"的传说。谢灵运的《三月三日侍宴西池诗》记载："详观记牒，洪荒莫传。"然观西坑的地形酷似大地这次洪荒的缩影印迹。据西坑罗氏族谱记载，相传汉神爵年间，西坑泉水从地隙中涌出，于是形成西坑大井。因井泉清洁，周围长满了灵芝草。宋时苏东坡和永和清都观道长谢易庵老先生结伴寻过此地，为西坑胜地叹服。谢易庵常言："西坑大井盖由瑞气所钟，所以都以瑞井源相称。"然而，历代地名志上都没有记载，只是乡人代代相传了过来。

明洪武至永乐年间，吉州隐士罗子凤前来此地定居。子凤公乃唐魏博节度使兼长沙郡王罗宏信第二十一代孙，子凤公家本住吉郡城里，早年投学于永和清都观谢易庵门下。先生本性仁让，贯通四书、五经、六艺，只因厌恶城里的纷华，弃六艺而来西坑山庄隐居。是年，子凤公同长兄子仁一道徙居在西坑上村庄老屋。此间，子凤公一心想择另一块地方定居。一日，子凤公在庄上安歇，忽然梦见一位白发山神对他说："近地田垄大井坛上是家宅地，可徙居此地，我奉天命守护了数百年。"醒来后，他便往山处详细寻找，果然找到了如山神所说的地方，便让子仁兄约定共分而居。子仁嫌其泥湿而没有迁移过来。

西坑除以瑞井源相称之外，又因小溪，也冠名西溪。子凤公十分羡慕西溪山水形胜，认为是幽栖的好地方，修来此，乐其地。于明永乐六年（1408）卜吉日创居于此，取名瑞源。从此西溪瑞源之中，成为罗家的起居宫地，瑞源之土，长出罗家的衣食庄稼，瑞源之泉流，成了罗家洗涤健身之好去处。想来子凤公创业之初，常常不辞辛苦，经风霜、雨露、秋实、冰雪，时而行路在幽芳与乔木之中，时而约哲士仰而望山。他们也时常回想当年的苏轼、谢易庵、刘司寇、谢司训、邓太常、王铨谏等历代名人，谁不夸此为真胜境地。

西坑物华天宝，罗氏族人舆德。村子的沿山清水秀，古樟古柏笼罩民居四宇。这里的农作物以大米为主，黄豆、油菜次之，西瓜、棉花、甘蔗、花生、车前子、红薯等又次之。明宣德至弘治年间，应瑞公，讳昌，号西溪，于明正统十四年（1449），创大厅一所，因灵芝瑞，遂题曰：瑞草堂。将西岗子凤公创之厅为西溪一支小宗祠，日聚子孙讲学问业且孝悌。明朝著名学者、地理学家罗洪先、称念庵（彦庵）先生问谱系至西溪，感罗氏祖德，书其匾曰：顺德堂。罗氏在顺德堂的光耀下，更加繁荣昌盛。而顺德的罗姓更是大姓之一，在大良就有"龙罗不分家"的民间传说。

《欧阳氏族谱》卷五。

《王宪副顺德堂》是明代诗人吴与弼创作的一首七言绝句:"钱塘江上接珠玑,顾我何堪顺德题;思遍古人无健笔,断云残照画桥西。"吴与弼,明江西崇仁人,初名梦祥,字子傅,吴溥子。19岁即决心专治程朱理学,不应科举。天顺元年(1457)以石亨荐,授左谕德,固辞不拜。所著《日录》,悉言生平所得。胡居仁、陈献章、娄谅等均为其弟子。学者称康斋先生,有《康斋文集》。就如吉安人胡铨虽颠沛流离,半生岭海,但志苦心劳,好学不厌。对经史百家之学均有所得,而且通晓绘画艺术。他推崇韩愈、欧阳修,主张以文传道。他的文章,内容丰富,驰骋古今,多长篇大论。同为吉安人的杨万里曾为他的集作序,说道:"先生之文,肖其为人。其议论闳以挺,其叙记古以则,其代言典而严,其书事约而悉。"后来,为了纪念胡铨,人们把他与欧阳修、杨邦义、周必大同誉为"庐陵四忠",并修有胡忠简公祠、五公祠等。

除此之外,顺德、吉安不断出现在《珠玑巷丛书之七:珠玑巷古今》一书中。这本书中的《珠玑巷名考》一文提及的19种姓氏,都是顺德、吉安两地的大姓,这跟两地的很多族

低田村字辈:
时际泰运盛泽、暨祉蕃衍谟烈、传家本诗礼、华国重文章、廉静安心法、和平处四方、承先启迪后、道义乐乡邦。
11. 兴国县枫边乡罕溪村字辈:
隆鸿衍均森俊仁氏发珠璜嘉会崇显登圣之合礼
12. 修水县太清字辈:
朝尚万丹　九大一可　民良中正
治宗其先　思承经训　才德宜全
文垂雅颂　世习家传　敦本崇实
志学希贤　功成名立　福履绵延
13. 吉安市芗城字辈:
吾祖肇伟基　贤嗣诰广继　诗书映伦理
才华焕彩彰　刚直弘扬远　忠厚泰运升
博爱劲震奋　勋猷奕彪炳
14. 吉水县西岭新村字辈:
正仪来上国　建策左良仕
15. 兴国县南风头字辈:
龙天魁相宗　上锡昌世　承先怀孝友
辅国重贤良

顺德族谱。

谱、家谱记载都相同，其中欧阳、王、郭、曾、董、杨等5种姓氏来自江西。同时，这本书《珠玑巷人南迁氏族及当今两地姓氏、人口分布资料》一文，对73种姓氏的记录，也涉及吉安、顺德等地。

贸易通世界

古庐陵正处在赣江中游，从此，舟楫穿行，帆樯竞发，赣江始成"黄金水道"。它也被誉为"咽喉荆粤，唇齿淮浙"，成为连接湖南、湖北、广东、浙江等省的重地。宋代，这里还是造船业基地，制造了占全国1/6的大型漕运粮船。

凭借赣江，庐陵商贸日益兴盛。这里的矿产、木材、茶叶、陶瓷、粮食、水果等，源源不断运往各地。《寻找中行粤赣千年盐米古道》一文说，千百年前，广东缺粮，江西产粮；广东产盐，江西缺盐。粤赣两地客家人，挥洒着汗水，用坚实的脚步，踩出一条条盐粮贸易之路。

广东省梅州市平远县中行镇的"行"这个字在当地念"坑"，至于这个"行"字为什么这么念，目前还没有确切的说法。不过，由于毗邻江西省，该镇的边界贸易自古以来就较为发达，"盐上米下"也让中行镇早在几百年前就出现了"成行成市"的贸易环境，有人认为，中行的"行"也就得名于此。而说起成行成市的"中行"，便让人想到了当地的古盐道。为了挑盐上江西，挑米下广东，中行镇甚至衍生出了"挑夫"这个行当。中行古盐道起址为该镇一个叫盐布潭的小村

番顺县陈村公社粮食所发展史。

落,当年从广东运往江西的盐和布都要在村里的一个小码头进行一次中转,这个村也因此得名叫做盐步潭。

如今,穿越盐步潭这条古道,千年风流逝去,多处古道已在风尘中废弃、湮灭,而当年的驿站、当铺现在早已荒废,唯有位于金穗生态园内的几处"石碣路""石桥"和两棵苍松及香火不断的祈福台,向世人诉说当年的辛酸和曾拥有的繁华……据传当年两省古代商人走客以此为中转地,南北往来人马必在此短暂休憩,并在两棵苍松脚下的祈福台上香祈拜,祈求上苍保护平安发财。

《珠玑巷丛书之七:珠玑巷古今》一书中的《商业繁荣的珠玑街》一文记载:广东行销吉安等地的盐每年有2000万

吉安水稻种植在大山里。

斤。同时，大量的吉安粮食销往顺德等地。

　　进入二十一世纪，在粮食产需缺口逐年加大的背景下，顺德区政府就与吉安市青原区政府签署粮食产销合作协议，青原承诺优先向顺德供粮。当时，我工作所在的《珠江商报》是这样进行报道的：江西省吉安市素有"赣中粮仓"的美称，是江西省粮食主产区，而青原区是"赣中粮仓"的重要组成部分，也是江西省重要粮食和优质稻生产基地，粮源充足，量大质优；顺德与江西吉安建立了长期的、良好的产销合作关系和频繁的友好往来。其实，我的舅舅罗富志从二十世纪八十年代末到二十一世纪的前十年，就长期驾驶大货车行驶在吉安到顺德的105国道上，将吉安的稻谷源源不断地运输到位于伦教街道三洲的粮库。我曾于2005年至2008年多次到三洲的粮库探望跑运输的舅舅。同时，在顺德到吉安的105国道两旁，无数的吉安饭店、顺德家具城、顺德家电等带有两地标签的招牌与建筑，彰显了两地密切的贸易往来。

顺德古时称为"岭南壮县""南国丝都""广东银行"，现在为"中国家电之都""中国燃气具之都""中国家具商贸名镇"。

吉安是中国外贸百强城市、中国地级市百强品牌城市。唐宋至明清，吉安科举进士近3000名，状元、榜眼、探花52位（其中状元20位）。

1998年以来，我在与顺德企业打交道过程中，发现这些企业的文化传播主管、经理或新闻发言人多数是江西人，特别是吉安人。吉安与顺德自古以来有着紧密的联系与人缘，2001年以后，随着高考改制，高校毕业生的增加和国家相关政策的放宽，来广东发展成为潮流，吉安人也逐渐成了顺德企

吉安人在顺德创业、行善的报道。

业的骨干,他们当中很多都是顺德区政府引进的人才。《科龙人》《美的》《万家乐人》《康宝人》《格兰仕人》《万和报》《蚬华科技》等企业内刊的主编或编辑,都是吉安人。在江西人中,其先民很多也是因逃避战乱,为寻求安宁的环境才南迁至此,渴望和平、安居乐业的心态影响到后裔。而长期受儒家忠义思想及道家的无为理念熏陶,使诚实守信的烙印很深,这恰是广东企业老板需要的人才标准之一。

2020年春天,吉安人、72岁的企业家、顺德区赛恩特实业有限公司董事长、共产党员杨义贵,向北滘慈善会捐赠了200万元,用于支持新冠肺炎疫情的防控工作。杨义贵曾在北滘的威灵钢铁开料厂担任厂长4年,后来又在广州和顺德两地从事中日合资汽车制造方面有关工作。直至2003年,这位毕业于华中科技大学的老工程师退休后,怀着对北滘的深厚感情,壮心不已的他决定在顺德创业。

同样毕业于华中科技大学的吉安人肖俊承,1999年创办了伊戈尔电气股份有限公司并长期从事管理工作,现任伊戈尔电气股份有限公司董事长,他在顺德、吉安分别建立分厂,其中顺德生

吉安市安福县老一辈在顺德创业开办的企业。

吉安人在顺德创办的小熊电器上市消息"登陆"北京、上海、广州、深圳等国内九大城市地标。（小熊电器提供）

产基地在顺德区北滘镇，吉安生产基地在吉安县工业园。

说到北滘，还要提到的就是2004年评选的北滘镇十佳优秀外来务工青年当中，十个获选者就有两名来自吉安，包括来自蚬华多媒体有限公司的我本人和锡山家具厂的厂长肖建文。

这里要说的还有小熊电器股份有限公司董事长李一峰。2019年8月29日的《井冈山报》刊发了《永新籍企业家创办企业深交所挂牌上市：成为创意小家电第一股》的新闻报道。文章说："8月23日，永新籍企业家李一峰在深交所为自己创办的小熊电器，敲响开市宝钟，从此诞生了'创意小家电第一股'。上午9时30分开盘后，股价瞬间涨停，临时停牌之后在10时牢牢定格在首日新股最大涨幅的44%，市值达到59.18亿元，完成在A股市场的'闪亮登场'。李一峰的母亲和几十位乡亲亲临现场一起分享上市的喜悦。"

吉安的新闻媒体这样写道:"李一峰,吉安永新人,祖籍广东梅州,现常居广东佛山,1970年出生。"

李一峰以法定代表人的身份于2017年在吉安市永新县禾川镇湘赣大道时代广场成立了永新县吉顺资产管理合伙企业(有限合伙)。从"吉顺"这个名字,人们自然会想到吉安与顺德。同时,永新县万年山农业开发有限公司与李一峰也有关联。

进入数字经济时代,更多的吉安人与顺德有着千丝万缕的关联。乐琳是吉安泰和人,从事高端服装定制。从澳门回到吉安创业时,她最大的感受就是:"我发现广东顺德的电商做得特别好,于是利用自己的资源,跟顺德电商商会进行了沟通,希望能带上吉安想做好电商的创客们去交流学习。"

在吉安也可以吃到顺德双皮奶。(《珠江商报》提供)

当然,还有很多吉安人创业、就业,也有很多顺德人在吉安做生意与生活。比如,顺德是"世界美食之都",而在吉安很多地方都可见"顺德双皮奶""顺德美食"的招牌,在吉水县还曾有顺德双皮奶专卖店,顺德中华名小吃在吉安竟然可以随时品味到。同时,用吉安稻米做成的陈村粉、伦教糕等顺德美食更是成为了广大顺德美食吃货的首选。

吉安从唐代开始由城堡内向城外西南方向扩展,就是现在的沿江路、永叔路和文山路、田侯路、中山东路一带,逐步形成两大片。到清末民初时,有纵横交错的街巷149条,店铺连绵,商贸和手工业、加工业种类齐全。明代名人彭华,用"商贾负贩遍天下"来评说家乡庐陵。光绪《吉安府志》也记载了这里发达的商业:"商贾交易聚西南二关两街,起南门,达南塔寺,铺舍稠密,烟火万家。"

如今,位于吉安市赣江西岸的一棵大榕树,虬枝横溢,亭亭如盖,为一名商人在明万历年间所种。"榕不过吉",这株中国纬度最北的古榕树,成为吉安的地理坐标。就在这棵大榕树下的赣江段,自古以来,就密布众多商贸码头。大榕树见证了岁月的风风雨雨,听惯了赣江之滨商旅的嘈杂喧闹,也目睹了庐陵历史的沧桑巨变。

如今,我在这棵大榕树所在的吉安找到了吉顺商行、吉顺驾校、吉顺金店、吉顺鞋业、顺吉汽车运输有限公司、顺吉建材工程有限公司、顺吉商务服务有限公司、顺吉工程机械有限责任公司、顺吉米厂、德安米厂、德安汽车美容服务中心、德安生态环境工程有限公司等与顺德、吉安有关德个体户、经销商、企业等。

如今，我也在满街都是榕树的顺德找到了顺吉车行、吉顺购、顺吉城运货运部、顺吉货运代理服务部、顺吉制衣厂、顺吉电气有限公司、顺吉副食店、顺吉餐饮店、顺吉物流有限公司、顺吉日杂店、顺吉投资咨询服务中心、顺吉堂药店、顺吉建材租赁有限公司、中国农业银行顺德德安支行、德安消防工程有限公司等单位。

这些单位、个体户基本与顺德、吉安两地或多或少都有一定关系。

结语

一滴水可以折射太阳的光辉，一个地方可以反映一个国家的变化。从上述这些案例的研究，我们不难发现顺德与吉安的古往今来是密切的，更是中国各方面建设取得历史性成就、实现历史性变革的一个生动缩影。

顺来吉往，德邦安交。

目 录

【第一篇】

路 通

003· 第一章　粤赣驿道顺来吉往
028· 第二章　105国道吉安往来顺德
038· 第三章　顺德有吉安道与吉安社
059· 第四章　赣粤运河吉安水通顺德

【第二篇】

人 缘

073· 第五章　倪尚忠从顺德升迁吉安
087· 第六章　欧阳修后人均安展宏图
107· 第七章　胡铨后代容桂建文塔

132· 第八章　文天祥后裔马冈乐安居

154· 第九章　延安给顺德派来吉安人

【第三篇】

贸易

178· 第十章　青原稻米保障顺德吃饭

204· 第十一章　企业家润泽顺德与吉安

224· 第十二章　吉安能品味顺德双皮奶

238· 第十三章　顺德江西商会小熊乐星

245·　后记一

267·　后记二

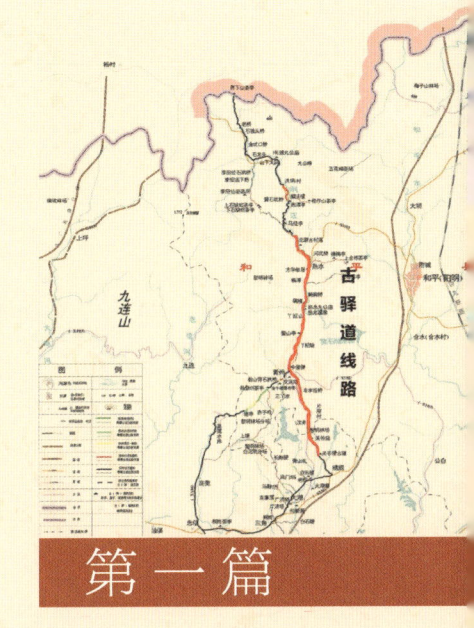

第一篇

路 通

在历史的长河中，古驿道是用于传递文书、运输物资和人员往来的重要通路，因石砌驿道平整，减少了泥泞险阻，所以在驿道上走路或骑马都非常快捷方便。

一条古道应为民间的商贸通道，曾经起到过地区间移民、商贸交流、文化交流的作用。古代有一些商道，在特定的历史阶段，对通商是有巨大价值的。但随着当地经济社会的发展以及行政区域的重新划分等，作用大大降低了，也就逐渐废弃了。

明代成化年间进士，曾任顺德知县、广东布政使吴廷举赋《大庾岭路松》，诗曰："十年两度手栽松，大者遮头小并胸；官府肯严樵牧禁，明里载启大夫封。"明朝弘治十八年（1505），吴廷举受命知松江府（今上海西南），到任数月，兵部尚书马文升、方伯刘大夏荐吴廷举可用，遂命为兵部佥事，协助总督潘蕃管南海兵事，后兼屯田、盐法道职。他掌管盐法道就是与连接顺德、吉安的梅关古道、粤赣古驿道有关。

梅关古道、粤赣古驿道犹如现在的粤赣之间的高速公路或者105国道，源源不断地将中原的商品、文化、人才输送到南方，也将岭南文化源源不断地传至内地。

第一章　粤赣驿道顺来吉往

古驿道，也称驿道，是中国古代陆地交通主通道，同时也是重要的军事设施之一，主要用于运输军用粮草物资、传递军令军情的通道。如著名的丝绸之路，古代的湖广驿道、杭徽驿道、青蒿驿道、梅关古驿道等。

古驿道上每隔五里设置一阁，十里设置一亭，三十里设置一驿，驿驿相接，纵横网络，以京师为中心，向四方辐射；再以地方首府为重点，逐级扩展，星罗棋布，形成网络。古驿道既是历史上一个地区对外经济往来、文化交流的通道，又是当地经济社会发展的重要缩影和文化脉络的延续。

古代驿道主要用于中央政府与地方的各种政务、经济、军事等公文信息传递、物资运输、军队调动、军队后勤补给和官员出差、调任与巡视，也是中央政府对边疆地区进行政治上控制的重要手段。而驿站是沿驿道设立的负责官方接待、信息传递、道路管理和军队供给的机构。驿道和驿站合称为驿传系统，作用相当于今天的邮政电讯、政府招待所和兵站。驿是古代对行省区驿传设置的称呼。台、站则指在边疆地区的驿传设置。

作为清代驿传系统主体的驿站，在功能上与以往历朝历代的驿站均有所不同。在以前，驿站并不同时具备文报传递、官员接待、物资运输三项功能，清代的驿站则是集三项功能于一身。由于驿传系统在全国统治中的重要地位，所以历朝历代都是由朝廷兵部直接进行管辖。

古代的人类居住沿着江河小溪而行，这也构成了古代交通路线，长江、黄河、珠江等主要河流以及众多的支流成为古代最早的"国道"网络。中原和西北的交通网到达湖北的汉江、武汉后，有十条左右路线往南，其中在九江，通过鄱阳湖到南昌、赣江、吉安、赣州、大余，转陆路梅关古道或粤赣古驿道，到南雄或河源转水路到韶关、广州、顺德、珠海、深圳、香港、澳门。

乾隆二十二年（1757），清政府实行海禁，广州成为唯一通商口岸，全国各地商品都要集中在广州出口，梅关古道更趋繁荣。民国时期，梅关古道仍是粤赣省际贸易往来的中枢。随着粤汉铁路、雄余公路的开通，梅关古道完成了南北主要交通孔道的历史使命。

广义的粤赣古驿道，是指位于广东省东北部、古代连接起赣粤两省的通道，包括水路和陆路，官道和民间古道。狭义的粤赣古驿道，特指2017年新发现的河源市通往江西省的古道。2017年11月，广东省颁布的《广东省南粤古驿道线路保护与利用总体规划》明确表示，要在2025年底前完成粤赣古驿道的线路重建，粤赣古驿道沿线各地的人文自然景观将被重新挖掘，并重焕它的生机。

第1节

文天祥过梅关经顺德到珠海

碎石小道静静延伸,梅关古道在初夏梅雨的尽头,湿漉漉的鹅卵石在雨后阳光中发亮。古道宽不过两米,石板缝中长了青苔,老梅树护道,密密匝匝的枝叶把驿道遮了个严实。这是中国保存最完好的古驿道之一——梅关古道,通往南粤第一雄关。

山巅雄关独踞,青砖关楼门上面写着"南粤雄关"四个大字,旁边巨石上大大的"梅岭"二字,爬满的青苔诉说的都是沧桑。穿过关楼,就是江西,通过赣州就到达我的家乡吉安,这里至今仍然是"一关跨两省"之地。

这里曾经是岭南与中原之间的第一要道。广东、江西之间的越城岭、都庞岭、萌渚岭、骑田岭和大庾岭被称为"五岭",五岭是岭南与中原的障碍。开凿于大庾岭的梅关古道在历史上扮演了重要角色。

对梅关古道的记载始于秦汉。《淮南子》说秦朝分五路平南越,"一军守南野之界"就是指梅岭,当时开山筑关,叫秦关。梅关古道的历史可以追溯到秦朝。公元前221年,秦始皇统一六国。次年,他组建了一支50万人的大军,挥师岭南。最终,秦军在五岭之东的梅岭上,发现一条曲折前行的通道,这就是梅关古道。

这条通道出现800年后，中国进入唐王朝。

如此重要的道路，在当时仍只是一条羊肠小道。唐开元四年（716），身为韶关曲江人的张九龄向唐玄宗李隆基奏请开凿大庾岭新路。两年之后，拔得千仞、危崖百丈的梅岭山隘成了一条"坦坦而方五轨，阗阗而走四通"的官方驿道，告别人苦峻极、翻山越岭的时代，大山路可并行两辆马车，两旁还移植大量的梅花。它北接江西章水，南连广东浈江，通过我家乡的赣江，把长江和珠江连接起来，也把吉安与顺德联系在了一起。

修建后的梅关古道真正成为沟通南北的商贸通道，从此，大唐丰饶的物产，尤其是享誉世界的丝绸、茶叶、药材、工艺品等经这里运往港口，漂洋过海走进南亚、中东直至遥远的欧洲。与此同时，来自各国的香料药材、珠贝宝石运抵岭南后，也从这条通道驰往中原，直接推动了海上丝绸之路的繁荣。这些变化，顺德、吉安是最直接的受益者。

公元前223年，另一路由赵佗率领的秦军取道连州顺头岭下连江，赵佗的军队在顺头岭披荆斩棘、开山凿石，打通秦汉古道，从而进军岭南重地番禺。与番禺一江之隔就是顺德。通过秦汉古道，中原和岭南进行了广泛深入的物资与文化交流，商贾贩卒熙熙攘攘，往来不绝，连州成了中原进入岭南的门户、通衢和水路中转枢纽。除了农具外，岭南还从相邻的长沙国引进玻璃的制作技术，在广东的南越国墓葬中，出土了平板玻璃、玻璃珠、玻璃璧等。

梅关古道作为岭南与中原之间的第一要道，必然是要留些名人足迹的。如今踏上梅关古道,"接岭桥""驿馆""将军祠""憩云亭""关楼""云峰寺""六祖庙"等,每一处遗迹都有古老的渊源。

苏轼贬谪岭南又大赦返京都经过梅关古道,在此赋诗"梅花开尽百花开,过尽行人君不来";汤显祖途经梅关,听闻知府女儿因情而逝,触动内心写出《牡丹亭》;朱熹、文天祥、戚继光也在梅岭上留下诗篇。文天祥就是吉安人,他从吉安到达伶仃洋,就要途经梅岭、顺德。文天祥也在粤赣交汇的九连山下、地处珠江口的顺德,留下了他的两个女儿。

五岭之南是河海汇聚的口岸,淤积成滩的三角洲,吸引来自中原的南迁汉民族。《汉书·地理志》这样描述岭南宏观的经济地理优势:"处近海,多犀、象、毒冒、珠玑、银、铜、

顺德文天祥后人居住地的"始平道"。

果、布之凑,中国往商贾者多取富焉。"梅关古道隶属的珠玑镇,名字自有"玄机"。中原汉民族南迁有几次高潮,尤其是战乱时期。从南粤第一关到"岭南第一巷",珠玑古巷就是南迁汉民族的第一处落脚地。出梅关,十几公里就到了珠玑古巷。1500米的古巷,鹅卵石铺成的石路被岁月磨得锃亮,小巷有179个古老的姓氏祠堂。珠玑古巷自古以来就是中原文化与岭南文化汇聚之地,其名字并非因产美玉而得名,据说与唐敬宗的珠玑赏赐有关。珠玑巷内族人张兴七世同堂,唐敬宗赏赐珠玑绦环,改名珠玑巷,沿用至今。而在广府文化里,至今都有"顺德祠堂南海庙"的说法。

由此向南,南粤8400千米的海岸线,及至南中国海之外的异国他乡,古老的宗祠、里社、巷陌、诗书人家,处处流露出中原士大夫文化在岭南的遗风与余韵。问及先人来时路?无不称南雄珠玑。珠玑巷俨然是姓氏博物馆。有学者统计,从珠玑巷迁出,到珠三角开枝散叶的共有175个姓氏,子孙后代已累计繁衍了千万人,包括祖籍为吉安的众多顺德人。

第2节

文天祥赞赏粤赣古驿道

芳草萋萋,树木苍翠,群山连绵,微风吹来山野特有的泥土气息,让人心旷神怡。古道向顺德、吉安延伸,青石路面上的马蹄印,仿佛在向世人讲述着这里远去的繁华。这是2021年

10月4日下午,我来到连平县内莞镇横水村后一座座大山里。

粤赣古驿道最早为南宋时期隶属河源县大湖乡石马村的谢志鸿带领商队踩出了一条贸易通道,后为了便与外地连接,由他斥资、官府承名,修筑了大湖至和平县青州镇、热水镇、浰源镇连接江西省龙南县,再分叉转道定南县、赣州、吉安和湘南等地的古道。宋度宗时期,文天祥被委任为赣州知州,对谢志鸿修筑古道、推动粤赣商贸发展之举大加赞赏。明朝弘治至正德年间,出自浰源的池仲容带领农民起义,常常洗劫商队,"劫富济贫",该古道一度中落无人敢走。后池仲容遭到时任南赣巡抚王阳明率兵进剿,在古道上留下了一个又一个有关王阳明"破山中贼"的故事。

到了清朝乾隆年间,由江西庐陵(现为吉安)吉阳乡(《一统志》认为"吉阳乡即吉水县也")迁居广东连平大湖寨(现为连平县大湖镇湖东村)曾颢公的后裔曾敖专营商道,家业日隆。富裕后的曾敖经常出钱在当地铺路搭桥。据当地流传的说法,有一年,曾敖的女儿要远嫁江西龙南县城,为让女儿体面地出嫁,加上想修筑南宋商人谢志鸿踏出的泥土赣粤古驿道,曾敖一掷万金,雇人从连平县大湖镇盘石村的屎凹脚下开始,沿着北上江西的山脉,用石块、青石板重新修缮了和平县与连平县通往江西的古驿道,并在途中的和平县热水镇阿髻缺山岭、和平县浰源镇各修了一座茶亭驿站,其中热水镇阿髻缺茶亭驿站里面还设有房间、厨房、马厩,目的在于方便女儿出嫁时休憩和便利于今后来往赣粤的客商与挑夫。

事实上,连接吉安与顺德的粤赣古驿道由北至南的完整

顺来吉往——顺德吉安关系简史

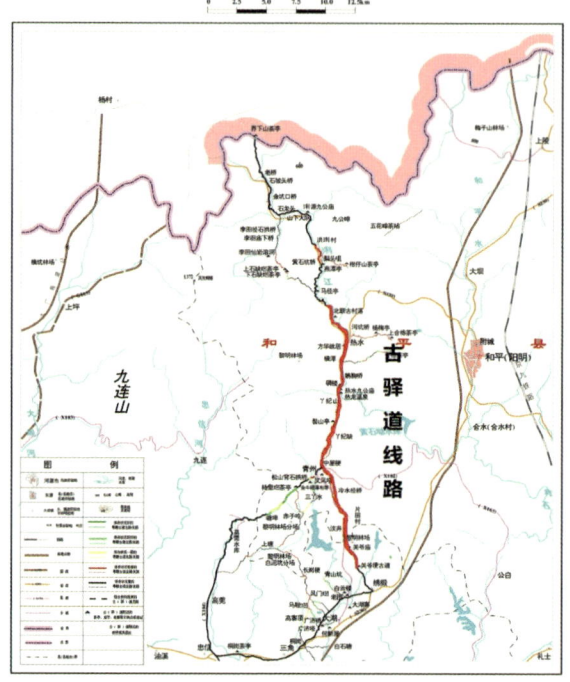

连接顺德与吉安的古驿道地图（广东档案管理部门提供）。

线路为：从和平县的浰源镇通往热水镇、青州镇，向南通往连平县绣缎镇、大湖镇、三角、高莞、忠信等地，穿越东源县顺天、涧头、双江等镇，直至河源市区茶山公园，与水域相贯通，主道总长约150千米，直抵顺德。此外，粤赣古驿道的支道众多，呈网状分布。

古时的驿道必定有驿站或茶亭，茶亭供行人歇脚休息，驿站供客商住宿过夜。在粤赣古驿道上，和平县热水镇阿髻缺和浰源镇也都设有茶亭。从和平县青州镇往热水镇一直往北，在和平县浰源镇还有一处茶亭，叫"界下山茶亭"，亭匾额上书"赣粤第一关"，亭联则书"赣岭万商云集奇峰堪注目，粤界千关跋涉辛劳且宿肩"，以证此处是粤赣省界。河源古语中有"挑盐卖药到江西，担米卖鸡到香港"，由此可见粤赣古驿道是古代陆路连接水上丝绸之路的一条通道，也是北连江西、湖南，南接广东河源、惠州、深圳以及香港等地的千年古道。我的祖辈就曾挑着吉安的山茶油换岭南的盐，行走在这条通道上。

至2018年4月，经广东省核工业地质局二九二大队的两次调查，共挖掘了主道支道共332.2千米，最终确认其中保存好、较好、一般的（即本体资源）共有38.3千米，可修复利用的（含本体资源）104.5千米。沿途还新发现了大量茶亭、古桥等文物。

二九二大队调查成果显示，粤赣古驿道北段在和平县、连平县县志上没有记载，南段主道则与源城区、东源县县志记载的西北路完全一致，即"自县城过龙津渡口，经狗比沥、香车、南湖、斗背、桥头、东坝、顺天、二龙江、石塘水至连平县忠信"。从文史资料看河源至江西的主道至少有6条，支道更多，因此粤赣古驿道还有大量资源有待挖掘。

2017年11月，广东省颁布的《广东省南粤古驿道线路保护与利用总体规划》明确表示，要在2025年底前基本完成全省六条南粤古驿道（将粤赣古驿道列入其中）的线路建设，古驿道线路、发展节点、特色镇村互通互联，成为"一带一路"的文化品牌和经济发展走廊。

2018年3月，粤赣古驿道东源县新港镇至双江镇、连平县大湖镇至和平县热水镇两段入选2018年南粤古驿道重点线路，河源市将对其进行重点保护和修复利用。

2018年10月南粤古驿道定向大赛第6站也将在河源市大湖镇举行。

第3节
黄士俊沿古道经吉安上京赶考

2021年4月底，万绿湖水位线已下降至20多米，为新丰江水库建库后50多年来的历史水位最低点，湖面下众多的古建筑遗址以及各朝代的文物纷纷浮出了水面。东源县双江镇寨子村村民根据多本源自清代、民国和近年延续编修的《双江黄氏族谱》记载，在两处名叫"黄蛇抢蛤"和"黄蛇听蛤"的水下山头上，先后发现了两座明代官宦古墓，并及时告知了粤北文物考古工作站（河源站）。考古队员前来进行田野文物考古调查。

两座明代官宦古墓就在粤赣古驿道上。中国当代文博专家、中国考古学会会员、河源市博物馆原馆长黄东称，古墓葬能及时找到和发现，当地一直有"明代状元黄士俊"的民间传说却无文物佐证，现在无疑又找到了一处人文历史的实物依据。

两座明代古墓仅为一山之隔，为两父子墓地，除西边的一座古墓墓碑被湖水长年侵蚀或由于其他原因有残缺而难以完整辨认字迹外，其中东边一座古墓墓碑的字迹依稀可辨，墓碑上刻有"明始祖诰封翰林院侍读内阁学士""同治十三年××月

××吉日重修"等字样,当地人黄欢荣随后对照清朝光绪三年（1877）编修的《黄氏家乘》、民国二十七年（1938）编修的《桥头黄氏族谱》延续记载的内容,得知此墓地系双江黄氏四世祖黄顺和之墓;另一墓地则是黄氏五世祖、黄顺和长子黄宗政之墓。根据该族谱记载,黄宗政生圭、总（匆）、旬三子,其子孙全部迁居顺德县"黄林鉴竹",由此可证实顺德杏坛甘竹黄氏后人系从河源迁入。

在东源县双江镇以及龙川县田心镇等地均有多种版本的有关"明代状元黄士俊"的民间传说及神话故事,其中在龙川县还留有黄士俊题写的"巫氏大宗祠"的笔迹。在东源县双江镇,民间流传的"顺德明代状元黄士俊祖籍在河源"的故事传说就有好几个,其中被编入《河源民间故事集》（第一集）的《黄士俊的故事》讲到,在古时的封建社会,要想参加科举会试考取功名,祖上是否有状元是十分重要的标志,传说考状元

顺德区杏坛镇右滩村黄氏大宗祠碑林。

而没有状元地（坟墓）还要冒着被杀头的风险。黄士俊在知道自家祖上有状元地的情况下，于明朝万历三十五年（1607）赴京参加会试，会试后榜上有名，并在殿试时，又获得丁未科殿试第一甲第一名，被钦定为状元候选人，黄士俊时年37岁。接着，京城派官员来广东考察黄士俊是否有状元地，黄士俊的祖父黄廷玑对来自京城的考察官员说："我们家族的状元地在河源，葬在河源南湖约小地名南木洞截坑。"考察人员随后由当地向导引路实地查看后，对当年河源南湖的秀美山水、人杰地灵的风貌以及当地淳朴的民风，认定状元地在河源。此后，黄士俊经过会试、殿试和考察等必要程序，才真正获得状元名号。其后，他入仕为官，直到入阁成了当朝宰辅，在广东历史上的状元中，最终能做官至极位的只有他一人。

"双江镇是河源市有名的西瓜之乡。"东源县双江镇政府的干部说，在双江镇还有一个有关黄士俊的民间故事，相传明朝万历年间，黄士俊从顺德沿着粤赣古驿道，经过吉安赴京赶考，途经东源双江时因脱水中暑晕倒在路边，当地乡民见状将其救起，并拿出地里采摘的西瓜让黄士俊解渴，使其转危为安。后来，黄士俊高中状元后，当地乡民遂将双江西瓜改名为"状元瓜"。

对于古墓的发现，佛山市江夏文化研究会、顺德江夏文化研究分会常务副会长黄河超率顺德甘竹黄氏后裔一行5人，专程赴东源县实地考查顺德明代状元黄士俊与先祖的存属关系。黄河超经过考察后说，从双江镇万绿湖畔发现的古墓碑文碑刻来看，载明该明始祖翰林侍读内阁学士，应与黄士俊是同僚关系,或与广东老乡有关,目前只能证实是明代宦官古墓。至于是否与黄士俊祖墓有关,必须要有充足的史料证据和出土文物佐证才行。黄河超查阅了清代的地图,发现《双江黄氏族谱》记载有关"黄宗政的子孙全部迁居顺德县'黄林鉴竹'",其中顺德"黄林鉴竹"应该是客家语谐音,黄河超猜测其后裔应迁至顺德"黄连甘竹",但这个地方的黄氏先民与黄士俊暂无关联。

不过,从碑刻采用的红砂材质和祥云图案来看,这两座浮出万绿湖水面的古墓,与双江镇历代《黄氏族谱》记载的有关"状元地"的说法有一定的关联,且碑刻有"诰封"一词,印证古时只有朝廷或皇帝准许方可碑刻,另外朝廷"诰封"的对象,可以是宦官本人,也可以是宦官的祖上,而根据当地《黄氏族谱》记载,古墓主人中的黄顺和及黄宗政父子俩均未在朝廷任过职,猜测应是黄顺和及黄宗政的后裔在朝廷任官,才会有此古墓的"诰封"。

根据顺德与东源双江两地黄氏后裔的考察和有关族谱对接,发现顺德明代状元黄士俊祖上的第八代先祖名字与东源双江的《黄氏族谱》记载的名字相吻合。这些考古实物的发现,对今后深入考究和丰富河源的人文历史具有重要的文物考古价值与意义。但至于历代编撰的《双江黄氏族谱》为何没有出现顺德明代状元"黄士俊"名字?黄东为此猜测当年编修族谱的先民是否带着未捐款修谱的私心而忽略编著或与当年的交通不便难与迁居顺德的先民沟通有关,值得各级文物考古专家作出进一步考究和探讨。

黄士俊铜像摆放在杏坛镇右滩村黄氏大宗祠。

如今，在顺德区杏坛镇右滩村象山脚下，伫立着一座青砖灰瓦的大型古祠——黄氏大宗祠，这座宗祠始建于明代，是明末状元黄士俊的家祠，也是顺德状元文化博物馆。明万历三十五年（1607），黄士俊殿试一举夺魁，成为顺德景泰三年（1452）建县后第一位文状元，他也是明代岭南三状元中官位最为显赫的一个。黄士俊有高中状元改变自身以及家族命运的传奇一面，有为官耿介、刚直不阿的清正之气，也有"耄不能决事"的晚年悲歌。他在朝廷任职颇多，且不断升迁，从国史馆修撰、太子洗马、春坊官，再从事詹事府詹事、侍读学士做到玉牒馆总裁、礼部尚书、太子太保，最后一度入阁担任宰辅，领太子少傅兼文渊阁大学士衔，成为明代官位最高的顺德人。黄士俊一生著述颇丰，可惜几乎散失殆尽。现仅存《李方麓去思碑》《鼎建连州治碑记》《前顺德县倪公遗爱碑记》。他于崇祯十七年（1644）书写的"乾坤正气"四字，曾存于顺德大良西山庙内。

提起黄士俊，就不得不说一下北宋著名文学家、书法家、江西诗派开山之祖黄庭坚。他是江西九江人，36岁就成为吉安泰和的知县。在泰和期间，他坚持平易宽简施政理念，关注民生疾苦，呵护百姓利益，倡导"当官莫避事，为吏要清心""不以民为梯，俯仰无所怍"的从政为官主张，深受百姓爱戴，并亲书《戒石铭》用以自警。历史上称黄庭坚于宋崇宁四年（1105）在宜州贬所去世，三年后将遗骸归葬于江西分宁（今修水县）双井月湾，修有墓茔，建有专祠。900多年来，众所周知，世无异议。2008年，在湘、粤、桂《江夏黄氏族谱》的编撰工作中，人们惊奇地发现黄庭坚的晚年归宿，却在广东省连州市丰阳镇夏湟村，并确定大多数南岭黄氏就是黄庭坚的直系后裔。这就包括顺德的黄氏，也包括顺德第一位文状元黄士俊。有趣的是，黄士俊的族人、后人至今在顺德区杏坛镇吉祐村"吉水流芳"生活。"吉水流芳"这个地名的前身是吉水乡。

江西人，特别是吉安人的历史就是一部人口迁移史。历史

顺德区杏坛镇吉祐村的"吉水流芳"巷。

上因为战乱等原因,包括吉安人在内的中原人历经苦难,迁徙到闽粤等地区,因为在融合和发展的过程中保留了自己独特的风格而被称为客家人,以别于原居民。

东江自古为中原先民南下的通道。从赵佗建龙川县至今,2200多年来,东江上中游地区一直是岭南北接中原的主要通道之一,也是珠江三角洲与韩江流域的连接之地。据史料记载,从闽浙经江西进入岭南的路线主要是沿水路南下,也就是赣江到北江和东江的通道。客家先民就是沿着这些主要通道,分别到达粤东北和粤西地区。

不同姓氏的族人所居的不同村落,形成了不同的建筑风格、文化特色、习俗、方言等。河源大湖寨围龙屋是典型的客家传统建筑。这座围龙屋是宋朝时曾氏从江西庐陵(现为江西吉安)迁徙到当时惠州府河源县大湖寨落居的祖屋。曾氏从江西迁徙到河源成为客家人,至今已有将近800年历史。自迁徙到大湖寨之后,曾氏实力逐渐扩大。现在,大湖寨的子嗣迁徙遍布河源市各地区,甚至韶关、惠州、汕尾、广州、顺德等地都有大湖寨后人的身影。

第4节

顺德武举人吉安舍命换忠义

顺德区杏坛镇上地村,原名马村,由曾姓人在北宋初年(960)开村,因代过往客商饲养牛马牲畜而得名。何氏先祖于南宋初年（1127）从珠玑巷南迁至马村，勤耕不辍，至四世祖何淡为了改善泥烂的村容环境，出资修筑白板石路环绕全村，于是马村由一牧牛拴马村的泥烂之地改变成白石铺砌，干净整洁的地方。

何淡公考取功名后，认为村名不雅。于是在元朝至元元年（1335）把村名"马村"改为"上地"，寓意在此上之地能孕育出上等之人，功名富贵，人旺财兴。松涧何公祠是村中面积最大且保存得最好的祠堂，始建于明弘治三年（1490），由何氏九世祖以其父松涧之名立祠。屏壁之上，悬一匾额，上书"钦点御前侍卫"。何琼武、何琼诏两人都被乾隆皇帝钦点为御前侍卫，棠棣竞秀。村中还有"侍卫巷"内有"侍卫府"，印证了两位"御前侍卫"的足迹。何琼武在清乾隆十六年（1751）恩科会试中式第二名，为会魁，殿试三甲第六名进士；何琼诏清乾隆十七年（1752）恩科会试中式第二名武举

吉安人书写的《顺德的桥》一书在全世界有顺德人的国度和地区发行。（邵姮 摄）

人，同年恩科会试中式第五十三名，殿试二甲第五名进士，成为当地"两兄弟连科进士"的美谈。

《顺德的桥》《佛山古今桥梁掠影》书中均介绍，上地村不大，却有小桥十多座，其中最古老、最有名的当数松涧何氏祠堂前的跃龙桥。跃龙桥建于清康熙十七年（1678），横跨环乡涌，连接东安、跃龙两地，是一座红石单孔石拱桥；桥长13.2米，顶宽3.25米，高3.6米；桥拱为纵联砌置法，一边石阶10级，一边石阶11级。桥身刻"跃龙桥"三字，旁刻"康熙戊午"。

这座桥是有来历的。传说何琼武官拜侍卫直隶营都司，后来他受奸臣陷害，命他率领不懂水性的士兵清剿倭寇，征剿中不幸逆遇风浪，浪毁战船，军士落水，无一幸免。何琼武因自小在水乡顺德长大，熟悉水性，他拼死自救才得以保全性命。两手空空的他只好独自回朝复命，佞臣遂强加罪名，将他残杀。后来皇帝得知此事，深感不妥，便追封其弟何琼诏替补

粤赣古驿道。

兄职。何琼诏通过梅关古道，上京途中到达庐陵（今吉安）时暗想：兄长武艺出众，仍落得如此下场，而自己武艺远不如乃兄，恐怕他日难以立足朝廷，但他又怕抗旨违命，身背不忠，思前想后，最后服毒自杀。后来，朝中大臣闻其兄弟忠义，极力保奏平反。于是，朝廷追封他们为大夫，并赐乡里建拱桥一座，以作旌表。

值得研究的还有，黄石坑石拱桥是和平县热水镇前往江西的粤赣古驿道必经之古桥，于二十世纪八十年代重修。相传王阳明军攻打池仲容时，原桥曾被破坏。王阳明建县和平后，才在旧桥旁重建此桥。

在吉安市新干县城南门外的金川河上，有座二墩三孔的石拱桥，它建于宋元符三年（1100），据《新淦县志·卷一》载："桥高四十一七尺，阔二十八尺，长二十一丈，起三拱，上履以长亭，卫以栏楯。"这就是宋代著名文学家苏轼命名并书题的惠政桥。苏轼一生仕途坎坷，几度遭受贬谪。宋绍圣元年（1094），复贬谪惠州（今广东惠阳县），并以63岁的高龄远徙琼州（今海南岛），受尽颠沛流离之苦，身心遭受严重摧残。元符三年（1100）遇赦返京，由梅岭入赣，顺着赣江北归，行抵庐陵（今吉安），有吉州司法参军谢举廉（新干人），与其有深交。来到他下榻的驿站拜访，谈话间，请求他为新干县兴建的大石桥写篇桥记，他没有应允。

当船抵新干县城时，迎接他的知县竟是同窗好友张好古（江西南康县人），一相逢，情重意深，相邀叙旧。当船由赣江驶入金川河时，县城百姓千余人，伫立岸旁，齐声呼唤，请求苏轼为新桥命名题字。苏轼见此情景，深为感动，只觉群情难却，便在船舱里挥毫写下了"惠政桥"三字。随后，由桥工镌刻在桥的中拱石壁上。三个五寸见方的苏字便这样留存于新干。据传，由于苏轼行色匆匆，一路劳顿，加上三次贬谪后，身体羸弱，精神忧郁，手颤神衰，又是迫促而成，故字体瘦弱嶙峋，真是"见其字如见其人"，但苏笔之力仍然历历可辨。只是桥经历代多次维修，刻字之石藏之何处，未可知否，但"惠政桥"之名，却一直沿用至今，惠政桥已被列入新干县文物保护的古建筑之一。在研究中，我还知道了这样一个故事：顺德有座村庄叫荔村，那是因为苏轼有诗云"日啖荔枝三百颗，不辞长作岭南人"，意思是说苏轼不愿离开的地方，就是长满荔枝的村子。

顺德名人温汝适（1754—1820），字步容，号簞坡，龙江镇龙山村人，出身书香门弟。清乾隆四十九年（1784）成进士，选庶吉士，任尚书房行走，累官至都察院副都御史、兵部右侍郎，性情温厚，居官勤谨。长期在宫中任文学侍臣，而能关注国计民生，提出切当主张。嘉庆九年（1804），针对广东海盗张保仔、郭婆带的活动，建议除加强军事戒备外，尚应改官盐陆运为海运，厉行保甲制以肃清海盗内应，并举办团练，改良水师武器、战船和炮台等军事设施。朝廷根据他的建议作出相应部署，招抚了两大海盗集团。嘉庆十三年（1808），英国军舰驶进澳门，觊觎香洲，两广总督优柔寡断，忍让退缩，局面越来越被动，温汝适条陈克敌制胜方略，迅速缓解了局势。温氏由此获知兵之名，奉调到兵部任职。

温汝适平生对乡邑的公益事业出力不少。嘉庆二十三年（1818）休官回乡奉母期间，"两龙"地区（指龙江、龙山）发生大水灾，田庐被毁，哀鸿遍野。他了解到出险的堤段在毗邻的南海县沙头境内，由于该处居民点疏落，堤段跨度较长，当地限于人力财力，堤段岁修质量难以保证，认为财力较雄厚的两龙地区非得承担相当一部分费用不可。于是亲自出面募集款项，同时通过嘉庆帝借得内库白银8万两贷给商贾，每年得息9600两，以5000两还债，4600两充岁修经费，待债务全部偿还后，利息全数充作岁修经费。经过这番筹划安排之后，该堤段在相当长的一段期间内再没出过问题。

嘉庆二十五年（1820）夏，皇帝驾崩，温汝适正在家乡养病，闻讯勉力北上执丧礼，行至江西吉安，病情加剧，不治去世，时年67岁。他生平博学工诗文，在翰林院时与著名文学家纪晓岚共事多年，获益不少。他的诗歌风格温厚平和，颇负时誉，著有《携雪斋诗钞》《携雪斋文钞》《曲江集考证》《张曲江年谱》等。

第5节

红日西斜想起欧阳修

2022年3月24日出版的《南方周末》副刊版用2个版刊登了《西行记：一个晚清囚徒的文化苦旅》一文。根据作者聂作平在文章中的描述"从顺德到乌鲁木齐，直线距离3300多千米，在晚清既无飞机可借青云之力,也无火车汽车呼啸驰骋,需要一年多时间,才能从波涛拍岸的南海之滨,抵达中国距海洋最远的省会城市"。

一年多时间的旅程,就需要从顺德搭乘小艇到广州天字码头,换乘船只到南雄,徒步翻越梅岭经过吉安,再向中原挺进,从珠江来到黄河遂进疆。

安徽人裴景福,字伯谦,号睫阇,又作睫庵,出身于官宦之家,从小走的就是学而优则仕的传统士大夫之路。光绪十二年(1886),32岁的裴景福中进士,授户部主事。6年后,外放广东,先后在陆丰、番禺、潮阳和南海任知县,所至之处,"举重若轻,治之裕如","皆著声绩"。

番禺和南海,与顺德合称为"南番顺",裴景福在番禺、南海任知县,多少都会与顺德有交往,何况顺德还曾属于南海郡。

光绪三十一年(1905)正月,因遭人诬告,朝廷对裴景福下达了一份处分:谪戍新疆,永不释回。

两个月后的三月二十八,裴景福在天字码头登船,踏上了漫漫旅途。

裴景福的旅途是溯北江而上。三月二十八出发,四月十四抵南雄,耗时超过半月。

在南雄,裴景福休整了两天。南雄是南岭之麓的一座小城,北江支流浈江自城中流过。因地处粤赣之交,南雄既是粤东北大门,又是中原进入岭南的必经之地。

南雄北面,群山起伏,那就是南岭。这条中国最重要的山脉之一，自西向东绵延于广西、湖南、广东和江西四省区，东西长约六百公里，南北宽约两百公里。如果它像秦岭那样连续而高耸，势必成为中断南北往来的天下大阻。幸好，南岭既不像秦岭那样高耸，也不像秦岭那样连续。在群山的合围中，在山与山快要勾肩搭背处，总有一些或宽或窄的间隙。这些间隙，就天然成为南来北往的隐秘孔道。众多隐秘孔道中，梅关古道是最重要的一条。从先秦到1933年赣粤公路通车的两千多年间，它一直是连接中原与岭南的咽喉要道。

梅岭分开了长江水系的章江和珠江水系的浈江，两条河相距仅仅几十公里。这样，长江流域的旅人可以坐船到大余，而后经梅关古道翻越梅岭，在山下的南雄顺浈江而下，直达珠江水系沟通的城市乃至漂洋过海。对此，宋人余靖称道："沿汴及淮，由堰道入漕渠，溯大江，度梅岭，下浈水，至南海之东西江者，唯九十里马上之役，余皆篙工楫工之劳，全家坐而致万里。"

裴景福的行程方向与余靖所说的正好相反。南雄城里，他弃舟登岸，换乘肩舆。半躺在晃晃悠悠的轿子上，他毫不费力地翻越了梅岭，由广东进入江西。

聂作平在文章中说，梅岭上，松树给裴景福留下了深刻印象，他看到上百株古松，数人才能合抱，高达十丈。很多年后，我行走于梅关古道时，也看到了松树。不过，松树至多碗口粗细。裴景福时代的古松，显然已在一百年里消失殆尽。古道一侧，有一株据说是苏东坡手植的松树。其实，如果真是苏东坡手植，毕生崇拜苏东坡的裴景福不可能在日记里只字不提。

　　站在梅关北门城楼眺望,南岭北坡已属长江流域——从南岭的山谷里,延伸了赣江支流章江。章江北上到赣州,与贡水合流,称为赣江。赣,就是章和贡合在一起。这也意味着,坐了一百来里路的轿子后,裴景福再次登船。

　　赣江由南向北,纵贯江西。万安境内,一道大坝横立峡谷间,高峡出平湖,是为万安水库。大坝矗立前,十八道险滩道道相连,旅行者视为畏途。《读史方舆纪要》称,十八滩"怪石如精铁,突兀廉厉,错峙波面"。苏东坡经过这里,感慨"七千里外二毛人,十八滩头一叶身";文天祥经过这里,伤感"惶恐滩头说惶恐,零丁洋里叹零丁"。熟读诗书的裴景福对先贤往事耳熟能详。不过,他的心情要比苏、文为好,他坐在船头,遥看两岸青山叠嶂,还向渔家买了一尾鳊鱼佐酒。

欧阳修文化得到传承。(何玉苹提供)

五月初二傍晚，裴景福泊舟吉州城外，红日西斜，烟树微茫，他想起了欧阳修。欧阳修故居早已不存在，死后远葬河南，裴景福无处凭吊，只得作诗纪念，盛赞欧阳修"雄文谁撷退之长，大笔惟公继有唐"。

次日，舟次吉安县。吉安是解缙故里。解缙才高识远，却因直言遭谗，被锦衣卫埋入雪堆冻杀。异代的奇冤才子，裴景福大起知己之心。他前去探访解缙祠，在林子里寻来寻去，始终不得要领。末了，手捧一把从江边摘来准备敬献解缙的香草长久伫立。在屈原笔下，香草是君子人格的象征。

六天后，裴景福抵南昌，继续他的旅程……

第二章　105国道吉安往来顺德

第1节

105国道

国道的解释有四种。

1. 治国之道。《穀梁传·桓公六年》："修教明喻，国道也。"范宁集解："修先王之教以明达于民，治国之道。"

2. 犹国步，国运。南朝梁沉约《上〈宋书〉表》："虽世穷八主，年减百载，而兵车亟动，国道屡屯。垂文简牍，事数繁广。"《北史·魏长贤传》："若国道方屯，时不我与，以忠获罪，以信见疑，贝锦成章，青蝇变色。良田败于邪径，黄金铄于众口，穷达运也，其如命何！"

3. 国中的大路。多指驿道、官道。《墨子·非攻下》："棘生乎国道。"孙诒让间诂："国道，谓道中九经九纬之涂也。"

4. 现指由国家直接管理的公路。具有全国性政治、经济意义的主要干线公路。每个国道都有一个统一的编号。

105国道是连接顺德与吉安最直接的道路。（《珠江商报》提供）

江西人、吉安人参与的顺德大良105国道城市景观和产业提升论坛现场。

容桂街道在容桂图书馆报告厅召开G105国道顺德段改线工作座谈会，江西吉安人参与其中。

105国道即北京—珠海公路。自北京永定门经河北省廊坊和天津市西部再入河北，经沧州至山东省，经德州、济宁，河南省商丘，安徽省亳州、阜阳、六安、潜山，湖北省黄梅县，向南过长江入江西省，经九江、南昌、樟树、吉安、赣州，广东省从化、广州、顺德、中山等地至珠海。全长2361千米，其中北京—德州段与104国道、安徽岳西—潜山段与318国道、江西虬津—莲塘段和赣州以南有小段分别与316国道和323国道共线。纵贯京、津、冀、鲁、豫、皖、赣、粤八省市，为全国公路主干线之一。

第2节

粤赣高速公路

广东—江西高速公路，简称粤赣高速，是广东省河源市境内一条对接江西省赣州市的快速通道，为中国国家高速公路网大庆—广州高速公路支线，即龙南—河源高速公路组成部分。粤赣高速公路于2003年12月1日动工建设，2005年12月28日竣工运营。粤赣高速公路北起和平县上陵镇，南至源城区埔前镇，线路全长136.1千米，设计速度100千米/小时。

截至2015年，粤赣高速公路拆分为两部分：城南至热水段为惠河高速公路组成部分，隶属于长深高速公路，编号"国家高速G25"；热水至上陵段为龙河高速公路组成部分，隶属于大广高速公路联络线，编号为：国家高速G4511。

粤赣高速公路是一条山区高等级公路，地处九连山区深处。全线穿越于南岭复杂构造带、河源华夏断裂带以及闽粤赣隆起区，坡长路陡、险障迭出，工程高挖深填和高边坡多，常伴有热带暴风和酷暑，沿途山岭重丘的地形地质复杂。粤赣高速公路开通后，成为广东往江西、安徽等华东地区的出省通道，减轻了京珠高速公路交通压力。

赣韶高速公路起于赣州市章贡区、经黄金开发区、南康区、大余县至广东韶关，经过广州到达顺德，是吉安来往顺德的快速通道，为赣粤高速和京珠高速的连接线。由此，江西往广东境内东至深圳（赣粤高速），南至珠海（京珠高速），北至韶关（赣韶高速）都能通行高速公路。

大庆—广州高速公路，简称大广高速，又称大广高速公路，是中国国家高速公路网北南方向主干线之一。大广高速北

高速是连接顺德与吉安的的快速通道。

起黑龙江省大庆市，南至广东省广州市，途经吉林省、内蒙古自治区、北京市、河北省、河南省、湖北省、江西省、广东省9个省区市，线路总长3437千米，设计时速80～120千米/小时，双向四至六车道加救援车道，为《国家高速公路网规划》（2013—2030）的第五条纵线。途经城市：大庆、松原、双辽、通辽、赤峰、承德、北京、廊坊、衡水、邢台、邯郸、濮阳、新乡、开封、周口、驻马店、信阳、黄冈、黄石、九江、宜春、新余、吉安、赣州、河源、韶关、惠州、广州，全长3437千米，于2015年12月31日全线贯通。

大广高速公路江西省段起于九江市武宁县澧溪镇笔架山（鄂赣界），途经修水县、宜丰县、上高县、新余市辖区、安福县、吉安市辖区、吉安县、泰和县、万安县、遂川县、赣州市辖区、信丰县、龙南县、全南县，止于龙南县杨村镇黄坑村（赣粤界），全长586.5千米，分为武吉高速公路、赣粤高速公路吉安至龙南里仁段和大广高速龙南里仁至杨村段组成。

大广高速公路广东省段起于河源市连平县上坪镇李屋排九连山隧道（粤赣界），由北向南流经河源市连平县、韶关市新丰县、惠州市龙门县，广州市从化区、花都区，终点位于白云区蚌湖互通立交出口，全长224.8千米，由大广高速粤境段（连平至从化）、街北高速及机场高速北延线组成。

第3节

京九铁路

京九铁路，简称京九线，是中国境内一条连接北京至香港特别行政区的国铁Ⅰ级铁路；线路呈南北走向，串联华北、华中、华东和华南地区，是国家"八五"计划的第一号工程，是中国当时仅次于长江三峡水电站的第二大工程，也是中国国内投资最多、一次性建成的最长双线铁路；为中国"三横五纵"干线铁路网中的"一纵"。

1983年，国务院第一次公布"京九铁路"名称，线路采用兴建新线与合并旧线的方式修筑，分期分段建设运营。1993年，京九铁路全线动工建设；1996年9月1日全线开通运营。

原京九铁路是北京至九江铁路，即今京九铁路北京至九江段。

孙中山在《建国方略》中指出于九江建设长江大桥使其成为"南北铁路中心"。

毛泽东同志在江西省兴国县长冈乡开展革命运动时曾说过："有一天革命胜利了，一要为兴国修水库，二就是修铁路（今京九铁路兴国县路段）。"

1958年，根据毛泽东指示，首任中华人民共和国铁道部部长滕代远提出兴建从北京至九江铁路的构想，线路纳入当时中国国家铁道建设规划。

1960年,中华人民共和国铁道部第三、第四勘测设计院共同编制了《北京至九江铁路设计任务书》,为京九铁路第一份设计文件,但项目因国力不足而搁浅。

"文化大革命"之前,周恩来总理指示将京九铁路建成高标准的笔直南北新干线。

1976年,京九铁路项目进入全面勘测阶段。

1978年,中华人民共和国铁道部向原中国国家计划委员会呈送《关于北京九江铁路设计任务书的报告》,提出:"拟按双线、电气化、客车时速160千米标准,建成一条现代化铁路",但当时的国力条件不能满足。

1983年,国家计划委员会向国务院呈送报告,以"运输煤炭"为由申请批建京九铁路;国务院于同年7月30日批准该报告,首次对外公布"京九铁路"项目名称。

1984年9月26日,原中华人民共和国铁道部副部长、老红军战士邓存伦提出:"将北京至九江铁路延长至香港九龙,并

广珠城轨顺德站与京九铁路吉安站由轨道联系在了一起。

京九铁路吉安站通过铁轨可以到顺德。（何玉苹 摄）

力争在1997年7月1日香港回归祖国时全线贯通。"

1993年4月20日，京九铁路全线动工建设。这一年，我来到了广东打工。

1996年9月1日，京九铁路全线竣工通车。1997年11月3日，京九铁路通过国家验收。

京九铁路设有吉水站（吉安市吉水县文峰镇）、吉安站（吉安市青原区）、吉安南站（吉安市吉安县敦厚镇）、泰和站（吉安市泰和县澄江镇）、冠朝站（吉安市泰和县冠朝镇）、沙村站（吉安市泰和县沙村乡）和营盘上站（吉安市泰和县老营盘乡）。

第4节

赣深高铁

京港高速铁路，即京港高速线，又名京港客运专线、京九客运专线，简称京九高铁，是一条连接北京与香港特别行政区的高速铁路，是《中长期铁路网规划》（2016年版）中"八纵八横"高速铁路网的主通道之一"京港（台）通道"的重要组成部分，它贯通京津冀地区和中原城市群、长江中游城市群、海峡西岸城市群、粤港澳大湾区城市群等国内主要城市群。

2019年12月1日，京港高速铁路商丘至合肥北城段开通运营；2019年12月26日，京港高速铁路何家所至赣州西段开通运营；2020年12月22日，京港高速铁路肥西至双岭所段开通运营。

京港高速铁路由京雄商高速铁路、商合杭高速铁路北段、合安高速铁路、安九高速铁路、昌九高速铁路、昌赣高速铁路、赣深高速铁路、广深港高速铁路深港段的部分区段及其连接线构成，分段建设、分段通车。其中，昌赣高速铁路就贯穿整个吉安，设有新干东站、峡江站、吉水西站、吉安西站、泰和站、万安县站，这些站点不但可以直通福建，还可以直通广东，北接昌赣高铁，南接广深港高铁、厦深高铁等，从吉安可以直接到达与顺德一江之隔的广州南站。

赣深高速铁路，简称赣深高铁，又名赣深客运专线，即京港高速铁路赣深段，是一条连接江西省赣州市与广东省深圳

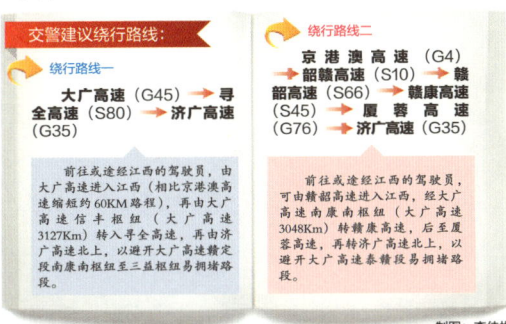

2016年1月20日，顺德《珠江商报》报道了2016年春运顺德回吉安路况指引。

市的高速铁路。2016年12月22日，赣深高速铁路广东段开工建设；2017年10月27日，江西段开工建设。全线于2021年开通运营，正线由赣州西站至深圳北站；全长436.37千米，设14个车站，设计的最高速度为350千米/小时。

赣深高铁建成通车后，吉安来往顺德的列车旅行时间将由现在的近9个小时缩短为3个小时左右，南昌经吉安到深圳、广州的铁路最快旅行时间将由现在的10小时缩短至3.5小时左右，井冈山革命老区将进一步融入全国高铁网络，在长三角、珠三角城市群的强力辐射带动下，沿线经济社会将迎来新的发展机遇。

第三章 顺德有吉安道与吉安社

因为我姓王，刚来顺德时，就喜欢查找这个地方哪个村姓王、哪个地方姓王的人多，当然也会查找与我爱人胡姓的村庄。在这个过程中，顺德人都会拿出族谱，跟我说他们的祖辈是来自与江西交界处的南雄珠玑巷。当我一说是江西人或者吉安人时，他们的第一反应是"老表"，第二反应就是"我们祖辈的先辈都是从你们那边来的"。

珠玑巷的来历是怎样呢？与吉安、顺德有着怎样的关系？原来，秦统治岭南后，当时广东人口稀少，秦朝从中原迁来了数十万移民。秦汉时期，番禺城（今广州、顺德等地）已成为我国南方重要的外贸口岸，但广东经济和人口分布的重心仍在粤北和西江流域，这种人口的分布特征与中原移民南迁广东两条路线有关：一是由湘桂走廊下西江，在高要、罗定、雷州半岛等地定居；二是经折岭的隘口顺连江而下到达连县、阳山等粤北一带，形成汉代广东的人口分布以粤北山地人口最多，西江流域次之。秦汉时期，顺德仍然是一片大海，连现在的广州市中山四路秦汉造船工场遗址当时还是被海水淹没的河口湾。我在《顺德的水》一书提到，到唐宋时期，顺德经过长期的泥沙堆积，洲滩渐露，河网初具雏形。

珠玑巷的鼎盛期是唐宋。唐开元四年（716），张九龄奉诏开凿大庾岭路，拓宽路面，梅关驿道成为古代中原和江南通往岭南的大道，凡人口迁移、军队调动、商旅往来、使节访问等都经过此道。珠玑巷是中原南迁氏族的驻足地和发祥地，在岭南人文史上有重大影响。据史料记载，珠玑巷人向南迁移的史实从唐朝开始，但重要的迁移事件主要发生在北宋末期至元代初期的二百多年间，大规模的有三次，小规模的南迁有一百多次。

唐朝末年，中原内地战乱频繁，不少氏族为避战祸和自然灾害，纷纷经江西南安（现赣州市大余县）越梅岭南来，来到南雄珠玑巷居住数年或数十年，他们在逐渐适应了岭南地区气候和生活习惯之后，才逐步南迁顺德等珠江三角洲地区，珠江三角洲以其大片的荒滩并不断增加的沼泽地成为南雄珠玑巷农业迁民的目的地。至今，在顺德北滘、乐从、杏坛、均安、容

顺德很多地名源于吉安。

桂等镇街,有30多个自然村、村民小组或街巷名为"南安",其中杏坛镇南华村、昌教村、北水村均有南安村民小组,乐从镇道教村设有南安村民小组,勒流街道上涌村的南安街与昌平巷联为一片。

明代,梅岭道上仍然一片繁忙,"庾岭,两广往来襟喉,诸夷朝贡,亦于焉取道。商贾如云,货物如雨,万足践履,冬无寒土。南安人有驴背辇载络绎,米、盐、器用,多货之所由出也"。乾隆二十二年(1757),清政府实行海禁,广州成为唯一通商口岸,全国各地的商品都要集中在广州出口,梅岭道更趋繁荣。江西吉安等地的粗布、苎麻、瓷器、药材;浙江的丝织品、纸、扇子、笔、酒、枣子、皮货、鹿肉、药材、烟草以及福建的部分货物都经梅岭道而南运广州。而域外各国进口商品更多达150种,这些货物与顺德的铁器、蔗糖、广纱、水果、鱼花胶等"广货"运销内地。民国时期,梅岭道仍是粤赣省际贸易往来的中枢,包括吉安在内的赣米每年输入粤省7500吨至1万吨,包括顺德在内的粤盐则行销江西吉安等27县,江西吉安等地的香菇、红瓜子、板鸭、桐油、中药材、瓷器、木材、生猪、钨砂等货物,都经梅岭道运销广州、顺德及港澳等地。

广府人称珠玑巷为"七百年前桑梓乡",明代嘉靖《广东省志》引《南雄府图经》说:"岭上古有珠玑巷……今南海衣冠多其子孙。"据屈大均《广东新语》记载:"吾广故家望旅其乡从南雄珠玑巷而来。"清《广东通志》云:"珠玑在南雄府保昌县沙水寺前,相传广州梁储、霍韬诸望族,俱发源于此。"乾隆《南雄府志》说："广州故家巨族，多由此迁居。"明清时期纂修的广州府各家谱记其祖先于宋代辗转来自珠玑巷的比比皆是。据对家谱、方志等有关资料的统计和实地调查结果显示，珠玑巷南迁的姓氏150多个，移民家族有797支之多。在珠江三角洲，名唤"珠玑"的

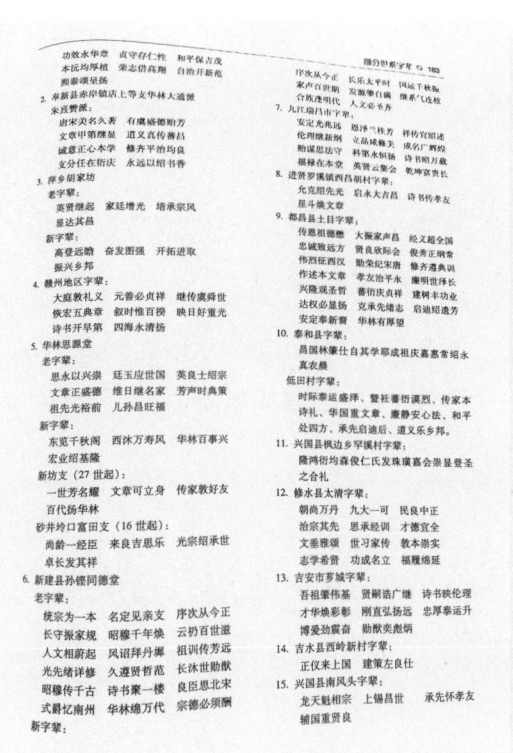

顺德人的族谱当中有着大量吉安信息。

村落、街巷很多，江门新会城区有珠玑里，广州有珠玑路，东莞有珠玑街，顺德北滘镇有珠玑村民小组、珠玑街，顺德均安镇有玑头村，南海九江有珠玑冈，都是为纪念故乡南雄珠玑巷而命名的。

顺德黄姓族人就说："顺德黄氏人，先为曲江人……后徙南雄，度宗咸淳末避乱入广州，占籍南海，今为顺德……"大良卢姓，其族谱就记载："顺邑大良卢姓，系出南雄珠玑巷。"龙山温姓在《温氏族谱》也说："吾宗初祖由南雄来居兹地，至是凡五百余年。"乐从马姓，据族谱介绍就与西汉那位发出"马革裹尸"豪言壮语的伏波将军马援血脉相通。

龙江邓姓，因"邓迁，为后周太常博士，宋太祖即位，耻事二主，偕两弟隐居龙江"。龙江赖姓，不少是宋代风水大师赖布衣的后代。清朝咸丰年间《顺德县志》记载："宋赖文俊（布衣）……好相地之术……宋嘉定中南游来广，今龙山赖姓繁衍，布衣实其鼻祖。"

顺德不少姓氏还都来自吉安，如乐从镇小涌村、大罗村的曾姓，均安镇的欧阳姓，容桂马冈村的文姓、红星社区的胡姓等。

小涌村在南宋后期，有先民迁入定居而渐成村落。宋景定年间曾南宝中进士后，于里前建造"锦里南庄"牌坊一座，故称"锦里乡"，明初更名"小里"。清光绪十年（1884），顺德筹办团防时因村内的小河涌而得名"小涌"。村庄位于东平河与潭洲水道交汇处的南面，村内有南窦涌、南胜街涌（脉涌）、大步涌三条河涌环绕流淌。村中主要有曾、何、杨、梁、蔡、区、陈和容等姓氏。曾氏北宋宣和年间从江西吉

顺德区乐从镇吉安道。

安的吉水兰溪迁移至广东南雄保昌县里东街，南宋祥兴元年（1278）从广州城内南海甜水巷迁移至本地。如今，在位于乐从镇的佛山新城，就有一条通往小涌等村落的道路被命名为"吉安道"。佛山新城，又称东平新城，处于粤港澳大湾区腹地，位于佛山市顺德区，是佛山市人民政府实行"强中心"战略打造而成的广东工业服务示范区、具有现代岭南特色的中心城区。

能源被称为工业的血液，是经济发展的首要支撑。作为全国的家具制造重镇，龙江镇的产业结构以家具制造、家具材料制造和塑料建材为主，其用电需求尤为旺盛。电网建设关系到龙江镇的经济命脉。然而，由于种种原因，龙江镇却是顺德电力网架结构最为薄弱的镇街之一。其中，藤沙至吉安为单回线路，可靠性不高，联络通道的转供能力有限。佛山220千伏佛山—藤沙—吉安—南海线路双回路改造II期工程（佛山—藤沙）项目是佛山市重点电力项目，佛藤吉南线路项目建成后，就有效解决这一问题。如今，在顺德区杏坛镇就有一座大型变电站名为"广东电网佛山220千伏吉安变电站"。

2021年3月24日，大

广东电网佛山220千伏吉安变电站。

良街道"村改"工作双喜临门,经过五天奋战,位于新滘工业区的两个村民小组"村改"表决方案双双高票通过。其中,新松吉安小组"村改"方案以100%股东参与、100%同意"双百"的好成绩通过表决,成为大良"村改"第13个"双百"表决通过的股份小组。新滘工业区村级工业园改造区域是大良北部经济门户重心所在,顺德区委主要领导一直高度重视新滘"村改"进程。吉安小组"村改"方案表决启动之时,顺德区委、区政府主要领导来到新松社区党群活动中心为表决吹响号角。表决开票仪式在同一地点举行,大良街道党工委、办事处主要领导与街道"村改"办工作人员、新松居委会党委班子、吉安小组广大村民共同见证了这个令人激动人心的时刻。仪式现场,领导们祝愿新松、吉安经济发展更加红火。新松社区居委会吉安小组位于大良老城区,在天字街、新松东路、新地街的附近,约60户人家居住在一条小河的两岸,有梁、余、林、

顺德区大良街道新松社区吉安小组村改方案"双百"通过。(《珠江商报》提供)

何、郭、冯、林等姓氏。2022年6月，一名70多岁的郭姓长者告诉我，村里2015年重修了象征每个村的坊社——吉安社，以供村民祭拜先祖，"吉安的用名超过200年，吉安社旁边的两棵百年老榕树可以作证，由于现在的姓氏较多，也没人知道吉安这个名字的具体由来，但我的长辈以前经常会提及吉州与庐陵，说我们祖先是江西的庐陵人"。

这位长者的话，可以从这段新闻里得到印证。2018年17—18日，文明顺德·2018基层文体嘉年华"乡村振兴·龙腾勒流"2018勒流街道龙舟文化月系列活动在勒流街道江村、江义、黄连等村开展，丰富市民节日文化生活、活跃村居文化氛围。参与黄连游龙活动的龙舟多达40艘，其中16艘来自黄连，其余来自龙眼、勒北等村以及大良街道新松居委会的吉安社等地。在顺德，带有"社"的地名，都是有着数百年的古村落。

江西有吉安市，顺德有吉安社。

顺德有个地方叫"吉安社"。

大良街新松股份合作经济社吉安小组【吉安荔枝塘出租项目】竞投公告

来源：佛山市顺德区大良街　　作者：佛山市顺德区大良街　　发布日期：2015-11-26 00:00

竞投公告

大良街道公共资源交易中心受佛山市顺德区大良街新松股份合作经济社吉安小组的委托，定于2015年12月3日15:30时在大良街道公共资源交易中心会议室（1）对位于大良广珠公路的厂房进行公开出租竞投。

一、竞投项目基本情况：

序号	标的（地址）	占地面积	建筑面积	资产用途	竞投底价（每年）	租金递增情况	租赁期限	交易保证金（元）	履约保证金（元）

顺德区大良街道官方刊发的吉安村民小组的信息。

2015年11月，大良街新松股份合作经济社吉安小组对外发布了"吉安荔枝塘出租项目"竞投公告。有意思的是，我在顺德区容桂街道上佳市居委会荔枝塘路7号首层之一，找到了一家名为"顺德区容桂吉安燃具配件厂"的企业。

除了吉安村民小组、吉安道，杏坛镇有顺吉路、均安镇有德安路，杏坛镇吉祐村有一条巷子名为"吉水流芳"。"吉水流芳"是指在吉水流域出生或栖息过的名人或者在此繁衍生息的民众，其优秀的品格、高雅的精神追求和传统文化内质，为世人所敬仰，美名广为传扬、经久不息。比如，中央纪委监察部网站2017年1月17日发布的《福建福安廉村：廉以传家 世德作求》说，宋朝时的福建福安溪潭乡廉村人陈昇，在江西吉水县县令任上，以闽地中举入仕第一人、去世时只给子孙后代及村邻亲友留下"父言慈，子言孝，家声永振；书可读，田可耕，世业犹存"的薛令之为榜样，勤政廉政，深受当地百姓爱戴。陈昇返乡后，吉水百姓制作了"吉水流芳"的牌匾，千里迢迢从吉水送到廉村。时至今日，在廉村的陈氏支祠内，还挂着一块"吉水流芳"牌匾。如今，在吉安就有吉水县流芳水稻种植专业合作社，在香港元朗屏山邓氏宗祠就有"吉水流芳，苹馨藻洁；屏山毓秀，椒衍瓜绵"的楹联。元朗邓氏为江西吉水人。不仅如此，由谢义长作词、武俊毅作曲的《吉水流芳》旋律优美，富有地域特色。

杏坛镇吉祐村新二大街吉水流芳2号，与共和国同龄的黄基发老人告诉我，"吉水流芳"是村里一个家族集居地的统称，是一个地名。60年前他十多岁时，他家附近有一座闸门，上书"吉水流芳"。"刚刚过去的兔年春节，我的家人都去了江西游玩了一个星期。"2022年2月7日，黄基发在家门口指着不到20米外的那条小河跟我说，居住在"吉水流芳"的村民都是黄氏，与同属杏坛镇右滩村的黄氏同为顺德第一个状元黄士

顺德区杏坛镇吉祐村的"吉水流芳"。

俊的后人，黄士俊与吉安、青云塔有着密切的关联。比黄基发年长两岁的老党员黄干立告诉我，"吉水流芳"闸门上还有"祐国庇民"的对联，他从小就听说了黄氏祖先与庐陵的关系，"都说'翰林多吉水'，其实我们'吉水流芳'的30多户人家也很厉害，二十世纪初至今出了不少大学生、留学生，其中为日寇在广州投降仪式上任翻译的黄广志就是'吉水流芳'人，他是一名画家、美术家，曾任广州市文史馆馆员。"

《顺德县志》记载的"吉水乡"地名。

翻阅1996年出版的《顺德县志》，我在《新中国成立后区划》篇章惊喜发现，顺德合并106个乡、8个乡镇级为79个乡、4个乡镇级的1954年，就在"第八区"设有吉水等13个乡。不过，一年后的1955年，上述83个乡镇扩编为112个乡、5个乡镇级时，撤销了"第八区"的吉水乡、光华乡，增设了浦洲乡等。我注意到，吉安变电站距离"吉水流芳"小巷只有2千米左右，而吉安变电站、"吉水流芳"小巷同属那个远去的吉水乡。

说到德安，还有一段顺德人敢为天下先的历史故事。

二十世纪八九十年代，乘着改革开放的东风，顺德进入了高速发展时期。"家家点火、户户冒烟"，机关干部带头到企业挂职，大量的民营企业如雨后春笋般涌现。在大量农民脱离了土地的桎梏、顺德迅速富裕起来的同时，越来越多的社会问题也逐渐凸显，例如国有、集体企业人员结构臃肿、经济效益每况愈下，入不敷出无以为继，民营企业职工的医疗、养老问题日益尖锐等，都让当时的顺德政府倍感压力。据1993年的统计资料，当时市、镇两级退休人员达到3.2万人，他们的背后，还有成千上万个家庭的生计。他们为顺德的产权改革作出了巨大的牺牲，可是，现在他们的生活又由谁来保障？在这个问题上，当时的顺德市政府可谓高瞻远瞩。然而，社会保险这样的好东西，一开始并没有得到多少人的认同。要知道，1991年，中国才成立第一家全国性的股份制保险公司——中国太平洋人寿保险。1993年，中国的保险业还处在起步阶段，顺德想成立自己的社会保险公司谈何容易。

因为得不到中国人民银行的批准，顺德市政府巧妙地避开了当时的一些政策限制，把原本想成立的"德安保险公司"改为"德安保险股份公司"，而这个股份制的保险公司实际上只有一个股东，也就是顺德市政府。1993年，顺德市德安保险股份公司正式成立。1995年8月，顺德市社会保险局成立，与德安保险股份有限公司合署办公，实行两块牌子一套人马，之后几经更名。2006年6月，顺德市社会保险基金管理局成立，取代了"德安"和顺德市社会保险事业局，但顺德人还是喜欢称社保局为"德安"。

乐从的大罗村，据传是宋代南雄珠玑巷苏妃事件以后，罗士贵带着400多人到现今大良避祸，其中有部分人辗转迁入此地，渐成村落。因当时罗氏人数居多，而取名大罗。村中有黎、曾、冼、郭、何、梁和霍等姓氏。不过，曾氏与小涌村一样是北宋宣和年间从江西吉安的吉水兰溪迁移至广东南雄保昌县里东街，南宋时期从广州大市街迁到本地。乐从镇沙滘村有陈、何、岑、梁、刘、吴和冯等姓氏。其中，陈氏北宋末年从浙江长兴县经江西会昌迁移至广东南雄珠玑巷，元朝至大四年（1311）从西樵丹灶迁移至此地。

更有意思的就是，在乐从镇，腾冲村人周世雍（1493—1558），明嘉靖二年（1523）进士，任江西按察司副使；劳村人劳发衡（1673—1754），清康熙四十一年（1702）举人，雍正年间任江西赣州府会昌县知县；大罗村人冼光（1470—1542），字汝实，号罗江，明弘治九年（1496）进士，曾任江西安仁县县令、南京通政司参议、南京太仆寺少卿、南京工部右侍郎等职务；大罗村人冼宪祖（1587—1646），明万历三十八年（1610）进士，历任大理寺评事、刑部员外郎、湖北武昌知府和江西按察使等职务；水藤村人区作霖（1816—1889），清道光二十四年（1844）举人，历任江西余干县知县和上饶县知县，光绪十三年（1887）诰封朝议大夫。而上华村人陈铭球（1950—1968），革命烈士，中国人民解放军战士，1968年5月在井冈山驻地因房屋倒塌牺牲。2022年6月1日，我找到了71岁的何荣昌，他是陈铭球的战友，他们一起在吉安服役，他向我讲述了那段顺德人在吉安刻骨铭心的经历。

> 村庄位于东平河与潭洲水道交汇处的南面，村内有南窦涌、南胜街涌（脉涌）、大步涌三条河涌环绕流淌。宋代，属南海县；明清时期，属顺德县西淋都登洲堡；民国时期，属顺德县第五区小涌乡；中华人民共和国成立后，属顺德县第五区岳僚乡；1961年，属顺德县沙滘区乐从公社小涌大队；1983年，属顺德县乐从区小涌乡；1991年，属顺德县乐从镇小涌管理区；1992年，属顺德市乐从镇小涌管理区；2002年，属顺德区乐从镇小涌村委会至今。
> 　　村中主要姓氏有曾、何、杨、梁、蔡、区、容和陈姓。
> 　　小涌曾氏乃曾氏一派祖宗圣公曾子后裔，源于山东武城。十五派曾据公（官都乡侯有功加封关内侯，于永光戊寅年耻事新莽，挈族迁徙江西庐陵），至三十四派（老三房）珪公第四子晖公。
> 　　四十六派植公（字佐才、号三十郎、官南雄太守，由江西迁入粤始祖）。
> 　　四十柒派公说公（字亦乐、行节一郎，徙居广州城甜水巷，两登广州特科，调监怀集税务官，以两孙槐机中进士为贵，貤赠朝议大夫）；四十八派曾泉公（字德蕃，居广州，生四子柄、槐、机、权，次子槐、三子机中进士，诰封朝请郎加赠朝议大夫，葬广州白云山，今迁葬花都）；四十九派权公（字仲爽，号仲炯，居广州，宋处士，有养心诗集行世）；五十派：文光（又名允光，字国伟，居广州）生一子名显。
> 　　五十一派显公（字达夫），宋祥兴年间（1278年）从广州城迁居顺德小涌（锦里南庄），至今740余年。

顺德区乐从镇的《小涌村志》记载着曾氏与吉安的关系。

我在《顺德的桥》《顺德的水》《顺德的山和树》等书中提到，顺德很多地名与山、水甚至动物名字相关，比如凤岭、兰溪、马冈、青云、象岭等，与吉安的山多、水多、动物多或多或少都有一些关联，更与吉安的人文有关。比如，南宋状元张镇孙的故乡叫"熹涌"，吉安人文天祥就曾作诗盛赞张镇孙。杏坛的南华，则因地处清代状元梁耀枢的故乡光华之南而取名南华。同治十年（1871），梁耀枢千里迢迢从南华出发经梅岭、吉安远赴京城参加辛未科会试，高中状元。大良顺峰山公园的青云塔，与大良云路的命名由来也是密不可分的。相传云路的命名，与明朝时的一处顺德景点有关，当时，云路村边有一小溪通往青云塔山下，小溪两旁的水松形成了著名的"十里松风"。

当时人们在重阳节当天沿小溪去往青云塔登高拜神，这一条通往青云塔之路，也寓意能平步青云，就被人称之为云路，这条路就与在顺德、吉安先后任职的倪尚忠有关。另外，在顺德各处也有这种取名方式，如新隆，意取新建兴隆；平步，意喻平步青云；吉佑，自然是吉祥保佑；安富，平安又富裕；永丰，永远丰收。

顺德永丰属伦教，原属鸡洲新地，1961年单独成立生产大队，人们希望永远丰收，故改今名。永丰村在改革开放前主产稻谷、甘蔗、塘鱼，村内设年丰、顺利、乐成、新地、复成5个村小组。吉安的永丰县是庐陵文化的发源地之一，北宋至和元年（1054）建县。永丰县培育了"唐宋八大家"之一的欧阳修，北宋天文学家曾民瞻，元朝文学家刘鹗，明朝状元曾棨、罗伦，兵部尚书聂豹，明朝外交正史郭汝霖，清朝状元刘绎，解放军上将郭林祥等为代表的一大批贤人志士，是庐陵文化的发源地之一。

吉安有永丰县，顺德有永丰村。

而今，顺德乐从镇良教村还有地名"永丰围"，均安镇南沙村、新华村，乐从镇岳步村均设有永丰村民小组。

水口村属北滘镇，过去此地靠近河口，水运比较发达，设有一个水埠，可停泊各种货船，故称"水口"，改革开放前主产稻谷、甘蔗、塘鱼，下辖东街、北街、叶家、张家组、沙尾和上陈6个村民小组。我的老家就在吉安市青原区富田镇水口村，而勒流街道冲鹤村也有水口村民小组。

万安村位于顺德区龙江镇东部，始建于清咸丰年间，龙江和勒流周边的村民为养家糊口迁至此地进行种桑养鱼移民聚居，取"万众一心，安居乐业"之意而命名。该村主要有廖、林、梁、黄、麦、黎等姓氏。第一大姓为廖姓，廖氏族人从南雄珠玑巷迁移至勒流，后迁移至本地；第二大姓为林姓，林氏族人从南雄珠玑巷迁移至勒流、杏坛，后从勒流黄连和杏坛逢简迁移至此地。在杏坛镇光辉村、勒流街道新明村均有万安村民小组。我老家吉安市万安县在南唐保大元年（943）设万安镇，宋熙宁四年（1071）改镇设县，县治芙蓉镇，自宋代至清末，万安县有进士132人，举人470余名。古有"五云呈祥，万民以安"之誉。万安县自宋代至清末，有进士132人，举人470余名。辛弃疾、文天祥、杨万里、解缙、苏轼等历代文人都在万安留下了许多诗词。

新圩街属龙江镇，建村于明朝万历年间，是里海乡第一个新开的集市，故名新圩。改革开放前主产塘鱼、蚕茧。陈村镇旧圩居委会，容桂街道四基村、马冈村也有新圩村民小组、新圩坊，伦教三洲村还有一条新圩路。而我的老家富田镇旁边就

顺来吉往——顺德吉安关系简史

顺德区有座村叫"万安"。

是新圩镇，是我来顺德的必经之地。清源村属勒流，在宋末元初，由江西省卢宁县黎姓人逃难到此定居，取名"清源"，意为清平之源。

至此，要说一下顺德与吉安的刘姓。江西是当代中国刘姓分布较为集中的省份。虽然没有准确的统计数字，但据几个县的数据分析，刘姓是江西的大姓，其排名大约在前5位。早在西汉，江西就是刘姓所建立的长沙国的一部分，长沙刘氏南派的主要部分，就是聚居在江西。此后，在北方刘姓向东南大迁移过程中，江西又成为各支刘氏迁徙落籍的理想地区之一。明清时期，随着大批刘姓成员参加"江西填湖广"的移民运动，江西又成为湖广地区（今湖南和湖北地区）刘姓的主要发源地。在江西，刘姓不但是人口数量最多的大姓，而且很早以来就是望族显族。在中国历史上，江西刘姓中曾产生了新喻墨庄刘氏、永新刘氏、安成刘氏等众多全国著名的名门望族。

在宗族支派上，江西刘姓主要包括三大支派：一是土著的长沙刘氏南派；二是从北方南下的彭城刘氏；三是来自闽粤的中山系客家刘氏。按区域分，目前江西刘氏主要有：南昌刘氏、吉安刘氏、吉水刘氏、永新刘氏、泰和刘氏、安福刘氏和瑞金刘氏。

远古洪荒，混沌初开。"刘"是一种神奇斧钺，在没有发明弓箭和长矛以前，"刘"是原始部落战争中最重要的武器。因为被顶礼膜拜，"刘"久而久之形成了世界上最古老的原始刘氏族。华夏数千年，至今已经具备了"遍地刘姓"的格局，来自公安部门最新统计结果显示，刘姓已是江西的第一大姓，每20个人中就有一个人姓刘。江西刘姓的数量在什么时候开始大爆发乃至成为江西第一大姓？茫茫人群之中，哪些人就是曾经的"大汉宗亲天子胄裔"呢？当今刘姓的血缘圣祖来自上古帝尧，历史上正式见于经传和正史文献的第一位真正的刘姓人物，是夏朝后期的刘累，他在夏朝时为帝孔甲养龙，曾被孔甲赐"御龙氏"，《左传》《史记》对此传说皆有记载。

安福县素有"刘半县"之称，刘姓人口在该县历史上时常是占了总人口的一半，如今也至少占了五分之二。在姚义兴先生收集的安福县所有刘姓的族谱中，归纳发现安福刘姓至少有11支来源，而其中大多与汉高祖刘邦有着关系，也就是说都属汉室之后，这就是刘姓第一个繁衍高峰期所致。公元前202年，汉王刘邦正式称帝，国号"汉"，天下统一后，刘邦接受"秦孤立而亡"的教训，认为主要心腹之患是拥有独立军队的异姓诸侯王，于是果断采取措施，利用各种借口，将分布偏僻南方而又势力弱小的大部分异姓诸侯王相继铲除，大封刘姓皇族子孙为新的侯王，总计所封同姓诸侯王多达12个，刘姓人遍布彭城、沛国、弘农、中山、南阳、东平、天水等地。

根据1996年《瑞金刘氏首次联修总族谱》记载，瑞金市的刘氏人丁兴旺、支派众多，共计有39个支派，在39个支派中，绝大多数属于中山刘氏，只有2个支派是属于长沙刘氏的，瑞金刘氏主要来自邻近的广东兴宁、惠州，福建长汀、上杭、武平，以及江西本省的虔州（今江西赣州市）、于都、安远、泰和、吉水、抚州等地。

宋嘉定（1208）之后，刘氏东派后裔又自宁化经上杭徙广东兴宁、平远，子孙传衍分支。南宋宁宗嘉定年间，河南宣抚使刘龙第七子刘开七，在广东潮州任官，为由闽入粤始祖，其子孙遂居于兴宁，人丁兴旺，支派益繁，后裔衍播赣、闽、粤、湘、桂、滇、贵、川、台等各省州县。清代起，刘氏后裔播迁香港及海外。刘姓既是全国大姓，也是客家大姓。

刘开七公，字必高，号三郎，谥仁创。刘氏由闽入粤开基祖，官授潮州都统制（潮州总镇），夫人龚氏、黄氏，生一子：广传。刘开七公83个曾孙中，五房巨海六子贵魁，官授广西桂林府总镇，后裔分居东莞常平、顺德等地；十三房巨浩长子清，后裔分居吉安、兴国、安福、梧城、蕉岭、梅县区等地。

据顺德龙江涌口村刘氏家族谱载，该支刘氏远祖为刘景隆，家在南雄珠玑巷，有仲才、仲富、仲时三子，于宋咸淳八年（1272）迁至羊城分居各邑。其中长子仲才一支迁居顺德龙江，又生五子，其长子圣祐居平朗乡，次子应祖居长路，三子应宗居北山，四子应护居逢简，五子应壬居龙山。另一说先祖

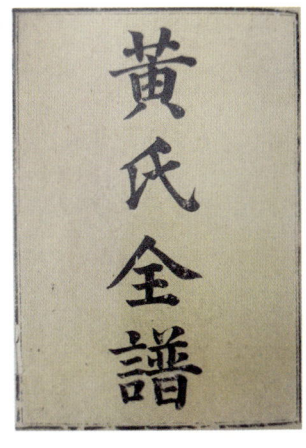

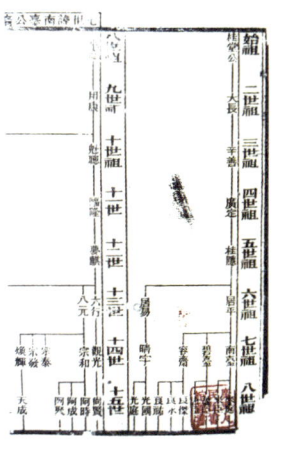

顺德众多族谱均有吉州、庐陵、江西的记载。

云支刘公迁居岭南,生四子:至善、至和、至达、至光,其中至善迁居顺德龙江,后裔分迁顺德涌口;至和居南海罗村刘洞村;至达迁居阳春心葵村;至光其后裔分支丹灶沙水,南庄石扶祖巷、石扶岗背、堤田村等数十个村庄。位于杏坛镇逢简村的刘氏大宗祠,堂号"追远堂",始建于明永乐十三年(1415),明天启年间扩建,清嘉庆年间及2002年多次重修。刘氏供奉至今已有二十二世了,是目前珠三角保留最完整、规模最大的明代祠堂，是逢简最大的祠堂，也是"顺德五大祠堂"之一。据传，逢简刘氏是中山靖王之后，与刘备同宗，是汉高祖的后裔，与江西吉安特别是吉水县的刘氏是同宗同族。而我在《乐从记忆——一座古建筑轻触的历史》一书中，就有对乐从镇的刘氏进行记载。

顺德县建县后的第一任教谕刘景福就是吉安吉水人，他参与主持了顺德文庙的建设，还给张姓人家的族谱写序。咸丰版《顺德县志》中称："县学在城内梯云山右（即省府志之宣化街），明景泰三年（1452），知县周亶建大成殿、两庑、前为戟门、又前为棂星门，后为明伦堂，又建学官署诸生号舍。始用茅茨（按：亶与教谕刘景福方卜的术者言县署吉，若建学，则人才大盛。亶曰：国以人才为先，定议建学焉。未久而亶卒，知县余玠成之）。"

第四章 赣粤运河吉安水通顺德

第1节

吉安水流到顺德入海

江西在我国历史上曾经有过一段非常辉煌时期，唐朝时打通了大庾岭通往岭南（广东）的通道，岭南地区和中原的商贸随着这条通道的开通而蓬勃发展，江西则迎来了快速发展期，在经济、文化等各方面都非常高光。文化方面更不用说，"唐宋八大家"江西占了三位，明朝时有"朝士半江西"的说法。

但是，后来江西却衰落了，究其原因，水运的衰落和铁路运输的兴起是其中一个非常关键的因素。粤汉（广州—武汉）铁路（现为京广铁路南段）绕过江西，经过湖南，让江西失去了一个很好的发展契机。中华人民共和国成立后，在铁路建设方面，江西一度落后了不少，曾经出现的那张环江西高铁圈图让江西有些尴尬。

我国有三大自西而东的河流：黄河、长江、珠江，在华夏文明的发展历程中影响极大。在我国现有的内河航运中，年货运量长江第一，珠江第二，黄河的航运因为特殊的条件限制，表现并不太突出。黄河、长江水系之间有京杭大运河将其联系在一起，但是长江和珠江水系之间却一直没有太有效的水运航道进行连接。有人可能会说，不是有灵渠吗？灵渠确实也沟通了长江水系和珠江水系，在古代对我南北方的统一和交流往来起到了非常重要的作用。

秦始皇扫灭六国后，着手开拓岭南、统一中国，于公元前221年命屠睢率领数十万大军南征百越，但是因为路途遥远，且崎岖难行，后勤补给跟不上，南征数年也未能打开局面。公元前219年，秦始皇命人修建湘江与漓江之间的人工运河（即灵渠），运载粮饷。灵渠修成通航的当年，秦军就攻克了岭南。此后虽然也有朝代对灵渠进行维护，但随着泥沙淤积，其通航条件便越来越差，时至今日这条运河更多的只是历史意义，已不能满足现代航运需求。

顺德与吉安之间的往来除了翻山越岭的陆路，还将有翻山越岭的赣粤大运河，即赣粤运河，是长江水系连接珠江水系的国家交通大动脉，北连长江、南接珠江，穿越鄱阳湖、赣江干流，跨越江西、广东两省交界的分水岭至流经顺德的珠江出海，全长1301千米，为1000吨级标准航道，其中江西境内767千米，占全长的59%。

赣粤运河建成后，从长江到珠三角的船只，就不必再绕走上海、浙江、福建等东南沿海地区了，可减少1200多千米的航程，长江、珠江两大水系可以直接连通，把我国内河航运最为发达的两大水系联系起来，形成长江以南地区南北向的水上交通大动脉。

为什么会有建设赣粤运河的设想呢？长江水系和珠江水系间最接近的地方仅相距9千米，那里是珠江支流北江浈水上游和赣江支流桃江的源头。这一天然的地理位置，使得赣粤运河的构想，由来已久。据史料记载，最早提出这一构想的是明代大学士解缙。他希望开凿赣粤运河，将赣江水与北江水用于农田灌溉。到了近代，孙中山在《建国方略》中，对此亦有提及。二十世纪三十年代，有机构一度筹划此事，但最终未能实现。

新中国成立后，江西省交通厅在每次水运网规划中，都提出了开挖赣粤运河。1960年，交通部会同长江流域规划办公室、广东省航运厅、江西省交通厅，对此进行了经济调查和路线勘查，并于次年提出了赣粤运河的初步规划报告。国务院2012年在《关于支持赣南等原中央苏区振兴发展的若干意见》中要求：加快赣江航道建设，结合梯级开发实现赣州—吉安—峡江三级航道（即千吨级）通航。随后，江西省委、省政府在实施意见中也提到应抓紧开展赣粤运河工程规划研究工作，并明确由江西省交通运输厅牵头，省发改委、商务厅、水利局配合。

我于2021年6月到赣州采访一周时间，那时赣粤运河全流测量江西段基本结束。负责此次测量的项目经理郭志龙表示，设想中的赣粤运河在桃江信丰境内有两种方案，鄱阳湖与分水岭间的落差分别在140米和180米，各有千秋，真正需要开挖的土方不足10立方千米，对于高速发展的社会经济和全长1300千米的运河来说，工程量不算太大。江西省水利规划设计院介绍，按照设想，赣粤运河北连长江，南接珠江。它北起九江鄱阳湖口，穿越鄱阳湖、赣江干流，经南昌、吉安、万安、赣州入桃江，越分水岭到达广东境内浈水，顺流而下，经南雄、韶关、清远，到达广州、顺德眺望的虎门大桥珠江出海口。

吉安的水将流经顺德入海（江西省档案部门提供）。

开发赣粤运河，将实现江河直达、江海相通。赣粤运河南与广州相连，北至江西湖口县鄱阳湖口出长江，溯长江而上，可通达鄂、湘、川、渝；下至长江中游，与京杭大运河衔接，可形成京广运河，并与淮河、黄河、海河贯通；再下至长江三角洲，途经长江下游的江、浙、沪等发达地区。

广东省对修通赣粤运河的建议持积极态度，广东省航道部门和江西省航运管理部门接触过几次，并对江西省境内规划河段进行过实地勘察。开通赣粤运河至少在交通方面，能够大大节约运输成本，水运的成本比较低；有利于促进江西省和广东省的经济合作；能够促进两省旅游业的发展，因为我国的运河比较少，运河的旅游价值比较高。据测算，水路运输成本相对较低，仅为空运成本的二十分之一，为公路运输成本的五分之一，为铁路运输成本的二分之一。在水运、铁路、公路、航空、管道这五种运输方式中，水运被视为最环保、最节能、占地最少、运价最低的一种运输方式。

赣粤运河的开通，能够打通包括吉安在内的赣南和广东之间除航空、铁路运输和高速公路运输之外的又一条运输便捷通道。

事实上，江西赣州、吉安对推动赣粤运河的修建都很积极。来自赣州的原全国人大代表胡淑华曾经提出过关于"修建赣粤运河，形成我国东西部水陆交通网络"的提案。在江西省十届人大三次会议上，吉安代表团11名代表联名提出"关于开凿赣粤运河，另辟出海通道，提升江西区位优势"的议案。同时，广东省政协委员李晋锋提交议案，提议有关部门加快北江上游至江西九江人工运河的可行性论证。广东省交通厅对此答复称，"远景规划的赣粤运河是关系到长江水系与珠江水系进一步开发的重大工程，不仅规模浩大，而且跨省区并涉及水资源、河流生态等众多敏感问题，将建议由珠江流域管理机构提请交通运输部会同水利部考虑开展相关研究工作"。

第2节

顺德制造与水运

2022年1月6日,有消息显示,赣粤运河作为国家"四纵四横两网"高等级航道之一,相关建设工作已纳入《国家综合立体交通网规划纲要》,国家相关部门正会同赣、粤两省联合开展赣粤运河重点问题专项研究。"十四五"期间,江西省将以长江江西段、赣江、信江为核心,以袁河、昌江、乐安河、赣江东河为重点,全面建成"一纵两横四支"高等级航道网,三级以上航道里程将突破1200千米。

吉安的绿水青山。(吕旭茂提供)

江西水资源十分丰富，境内通航河流达101条，航道总里程5716千米。"十三五"以来，投入航道建设资金200余亿元，赣江、信江高等级航道规划项目全部落地，全省高等级航道总里程达871千米，赣江、信江航道基本具备三级通航条件，"一纵两横"高等级航道网基本建成并运行。随着港航条件的逐步改善，内河水运对优化沿江沿河营商环境、吸引沿江沿河产业集聚的作用越来越明显。"十四五"期间，江西省将推动赣江航道扩能升级，进一步拓展支线航道建设，建成袁河、昌江、乐安河、赣江东河等支线航道项目，新增高等级航道376千米。预计到2025年，千吨级船舶将直接通达九江、南昌、新余、宜春、吉安、赣州、上饶、鹰潭、景德镇等9个设区市，水运辐射范围逐步向赣西、赣南、赣东北等纵深拓展。

我在《顺德的水》一书提到，2020年11月，"深圳蛇口—顺德新港组合港"启动，顺德企业出口货物可就近在顺德新港搭上组合港的"直通车"，全程只需办理一次通关手续，大幅缩减通关周期，并可节省30%报关成本。位于杏坛的顺德新港是顺德制造走向世界的重要门户。作为招商局港口控股有限公司和广东顺德控股集团有限公司联合打造的第一个内河港口，顺德新港是顺德最大的对外货运港口之一。但由于地理条件等因素限制，大型国际货轮无法直接驶入珠江水道，从内河港口进出口的集装箱必须运输到深圳西部港区并办理转关等手续，不仅增加了企业成本，也影响了通关效率。为此，在深圳市政府、顺德区政府、深圳海关和广州海关的大力支持与推动下，由招商局集团与平安集团携手搭建的粤港澳大湾区组合港项

顺德水道。

目经过7个多月的建设,如今正式启用。该项目通过运用区块链、大数据、人工智能等科技赋能,打通湾区五大直属海关之间的互联、互通、互认,构建湾区首个贯通港口、海关、物流、企业、银行、保险等贸易全流程的互联区块链网络,实现了"监管精准化、港口运营智能化、金融普惠化"的可信贸易生态。粤港澳大湾区组合港物流及贸易便利化服务平台正式上线后,出口集装箱在顺德新港办理海关通关手续,即等同于货物实际抵达深圳西部港区,不需要二次报关;而途经深圳西部港区的佛山进口货物,可在货物运抵顺德新港后再办理进口通关手续。这意味着,顺德新港和蛇口港将在功能组合、船舶装卸、数据协同、港口合作的基础上,实现"两港合一",推动企业通关时间从原来的5天至7天缩短到2天,助力大湾区跨境贸易健康持续发展。

事实上，在2019年6月18日，伴随着洪亮的汽笛声，赣州国际陆港—蛇口港铁海联运班列双向对开仪式暨深圳蛇口、赤湾内陆港揭牌仪式在赣州国际陆港隆重举行。赣州国际陆港与招商港口深圳蛇口港区共同签署了《南康区口岸发展有限责任公司与蛇口、赤湾集装箱码头有限公司战略合作框架协议》，就此拉开了双方进一步深化合作的序幕。招商港口有关负责人表示，深圳蛇口港区将致力于推动双方战略合作框架协议落实落地，打造铁海联运"三同"班列精品路线，力争把南康家居打造成为具有国际影响力的世界级产业集群，实现"有家的地方就有南康家具"这一宏伟目标，为打造革命老区高质量发展示范区贡献力量。

家具产业是南康的传统优势产业、首位产业、富民产业和扶贫产业，是赣州目前最具特色、规模最大的产业集群，也是江西省重点打造的工业产业集群之一，是《国务院关于支持赣南等原中央苏区振兴发展的若干意见》明确支持的特色产业。"南康的现代家居产业实现'木材买全球、家具卖全球'，集群产值突破2000亿元。"赣州市工信局党组成员、副局长林小兵告诉我，赣州将全力做大做强现代家居等产业集群，久久为功推动工业倍增升级。"南康10个家具厂老板，10个都在顺德乐从或龙江工作过。"说起南康家居产业的迅猛发展，南康人第一个想到的就是顺德。改革开放以后，珠三角的春风吹到了南康。为了摆脱贫困，十多万南康木匠在二十世纪八十年代后期越过梅关古道，南下涌入珠江之滨"淘金"。顺德区是全国最早的家具制造基地之一，当时仅在顺德区乐从镇就有数万名

105国道旁的顺德家具城。

南康人从事木工和油漆工作,以至于业内流传着这样的说法:"没有南康的工人,就成就不了顺德家具。"

如今,经过长期发展,乐从镇是中国家具商贸之都、国家级电子商务试点镇,龙江镇是中国家具电子商务之都、中国家具制造的重镇、中国家具材料之都、国家电子商务示范基地。而历经20多年发展,南康已经形成了集加工制造、销售流通、专业配套、家具基地等为一体的全产业链集群,是全国最大的实木家具制造基地,素有"中国实木床,三分南康造"的美誉。南康区先后被工信部评为"国家新型工业化产业示范基地"全国第三批产业集群区域品牌示范区,被国家林业局授予"中国实木家居之都"。家具交易市场面积超300万平方米,位居全国三强,被商务部评为全国十强电子商务示范基地。中共南康区委宣传部提供的数据显示,该区2020年家具产业集群产值突破2000亿元、电商交易额突破570亿元,2021年第一季度家具产业集群总产值达501.32亿元,同比增长28.93%。

南康与吉安一步之隔。南康地处南岭山系罗霄山脉和大庾岭山脉的支脉,北界吉安遂川县、万安县。

到了2022年,赣粤运河有了新进展。1月17日江西发布的2022年《政府工作报告》提到,争取在2022年赣粤赣浙运河的前期工作取得积极成效。这也是江西定在"十四五"期间的规划。《江西省"十四五"综合交通运输体系发展规划》提到,力争"十四五"开工建设。赣粤赣浙运河(又称浙赣粤运河)由赣粤运河、浙赣运河组成,长度合计约1988千米,规划投资约3200亿元。论长度,这比京杭大运河(总长1794千米,目前世界上里程最长、工程最大的运河)还要长100多千米。论投资,它不仅超过港珠澳大桥(1269亿元),也超过三峡水利枢纽工程(2485亿元)。因此,浙赣粤运河被视为近年中国水运史上的大手笔工程,一项"世纪水运工程"。大手笔投资的背后,是运河的意义:连接全国两大重要水系——长江和珠江,南北贯通,上达北京,下通广东。这对江西尤其重要。在这项"世纪水运工程"中,江西占有60%的河段,有望重新恢复其在南北水运大通道的优势地位。

这无疑又是顺德与吉安之间联系的新通道。

迎接新通道的顺德于2022年1月19日召开了治水大会,深入学习贯彻习近平生态文明思想,贯彻落实中央第四生态环境保护督察组督察广东省情况反馈会和广东全省水利高质量发展大会与佛山全市治水大会精神,部署推进以水兴城战略。会议发布的《顺德区以水兴城建设行动方案(2022—2025)》包括坚持联围治理、统筹推进、品质优先、"四先四后"工作原则，实施清岸、清源、提质、净水、美岸、智慧、兴城、爱河以水兴城八大行动，以及落实坚持党政同责、锻造治水铁军、强化资金保障、优化审批服务、完善监督机制五项保障措施。

顺德推进以水兴城战略，是对习近平生态文明思想的忠实践行。

顺德推进以水兴城战略，是对顺德发展史的有力传承。

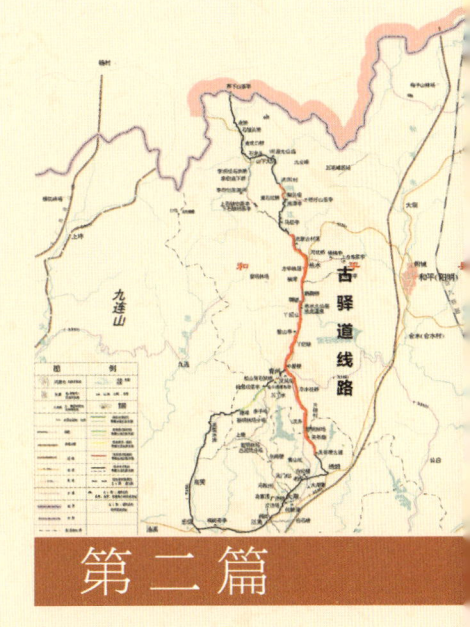

第二篇

人 缘

犹尘缘，人世间。指与尘世的缘分。明代屠隆《彩毫记·颁诏云梦》："到得庐山，幸遇腾空尊师。他许我道骨可成，人缘未断，且暂回家，潜修密谛，后会有期。"

俗话说："两人一般心，有钱堪买金；一人一般心，无钱堪买针。"声学中也有此规律，叫"同频共振"，就是指一处声波在遇到另一处频率相同的声波时，会发出更强的声波振荡，而遇到频率不同的声波则不然。人与人之间，如果能主动寻找共鸣点，使自己的"固有频率"与别人的"固有频率"相一致，就能够使人们之间增进友谊，结成朋友，产生"同频共振"。

原来广东的一部分，曾经属于江西行省管辖。古代有段时间江西文人墨客占全国一半，当时的江西人口也很多，排名全国第三。广东有一大部分人的祖籍，都是江西的。所以，广东和江西的关系非常好，这也是情理之中的。吉安人在我的眼里最大的特点就是淳朴敦厚，有乡情，为人耿直。顺德人非常有人情味，对人有情义。

吉安人走南闯北谋生，顺德人生意做满天下，还有不是吉安人也不是顺德人的人士，也在两地之间"同频共振"。

第五章　倪尚忠从顺德升迁吉安

第1节
顺德与吉安的手足情

两峰相对锁江流,双雁齐飞最上头。伸手便堪擎旭日,转身容易跨炎州。声飘玉铎惊蛟室,影落金盘结蜃楼。拙宦自惭无寸补,敢将地利借人谋。

攀跻忽讶二眸宽,把酒高歌兴未阑。舍利微茫云未得,尼珠荡漾镜中看。百年天地谁双柱,万劫灰尘我一官。独有巨灵呵护在,清标长映月团团。

这是我摘自《顺德县志》倪尚忠的《双塔记》内容。

浙江省金华市兰溪市梅江镇倪大村地处半山区,区域面积1.53平方千米。这里世居倪姓,唐末由石岩畈迁入,初名金山村,俗称倪家小坞。明代村落扩大,倪姓繁荣,一门父子两人中了进士,金山村遂改名为倪大村,简称倪大。后又衍分成三个台门,即下明堂、上厅和下园。

一门父子两人中了进士分别是:

倪尚忠，字世卿，号葵明，万历戊戌进士；明万历二十六年至三十二年（1598—1604）任顺德知县；官至吉安府同知，工诗文，以勤政爱民、多行善举而备受当地民众爱戴；著有《居云》《鸣籁》《醉吟》等。

倪仁祯（1597—1644），字心开，号株山，倪尚忠之子，崇祯十年（1637）进士；初授太常博士，后奉命封藩广西；一生博通兵符及阴阳地理，工诗，精书法，遒古类魏晋；著有《谏垣疏稿》存世。

倪仁吉（1607—1685），女，字心蕙，自号凝香子，博通经史诗文，兼工书画刺绣。诗歌代表作品有《山居四时杂咏》，绘画方面精通山水、人物、花卉、翎毛、走兽等，尤其善画美人，同时代人称"得其书画片羽者，皆珍若拱璧"。此外倪仁吉最出色的成就在于刺绣，因其擅长书画，故能结合水墨画法，善以绣代笔，活用针法，从而使刺绣生动逼真且难觅针线痕迹。

倪仁祯是在父亲倪尚忠到顺德就任前一年出生，倪仁吉是父亲到任吉安后出生。

倪尚忠任顺德知县时，以勤政爱民、多行善举而备受顺德人爱戴。他为治宽和，多倾听下情，减省浮捐杂役，不轻易动用刑罚。性格刚正，对于请托贿赂，例必正色拒绝；对于欺压良善百姓的土豪劣绅和无理诛求的上司，敢于依法制裁。有一年，皇帝派驻广东的镇守中官（太监）垂涎顺德富庶，以榷珠（征收珍珠专卖税）为名，一些县绅企图趁机捞一把，从中大加撺掇。倪尚忠不为所动，据理力争，申明顺德从来不产珍

倪尚忠当年修建的桥梁。（顺德档案馆提供）

珠，不能枉法屈从，终于使顺德县免除了一场苛酷的盘剥。

倪尚忠笃信风水，精研堪舆之学。他出于振兴顺德文运的意愿，亲自带头募捐，在县城东南太平、神步两山各建文塔一座（今称旧寨塔、青云塔），在东门外修筑青云、龙须两条大道直通塔下，青云道旁夹种水松，沿途架桥八座。此举不仅美化了环境，而且为县城增添优美景观。

倪尚忠离任后，顺德县人怀念其德政，在县城西街（今大良文秀路）为他建生祠，岁时祝祭，一直延续到清代后期。

作为顺德人民心中的"精神高塔"，塔寄托了顺德人民的"乡愁"。一年一度的重阳节过去不久，顺德乡村忙于各种老人宴，城里居民也不亦乐乎忙于登高。提到登高，我不禁想起顺德那些古塔以及与古塔有关的故事。截至2022年，顺德尚存的古塔主要有青云塔、太平塔、七层文塔和桂洲文塔，新建了北滘镇龙涌塔、伦教街道办香云楼、北滘和园的泰和塔以及龙江、陈村等地一些祭拜场所的塔。

顺德南郊，昔日的荒岭草甸，如今已是大道盘龙，高楼竞峙。太平山与神步山（现在统称顺峰山）上的两座古塔，历经百年风霜，依然巍然耸立，风采如故。塔，起源于佛教，传入中国也有2000多年的历史了，其作用主要是登高远眺、瞭望敌情、导航引渡、装点河山、美化风景。经过漫长的演变过程，到了明清，大量的风水塔、文风塔、文星塔、文昌塔纷纷涌现，把郁郁青山点染得格外灵秀。顺德的青云、旧寨双塔正是这样的建筑。太平塔在太平山顶，明万历二十八年（1600）建成，因靠近旧寨村，俗称旧寨塔，为八角七层楼阁式砖塔；1945年，抗日游击队员曾据守此塔三昼夜，击退日伪军的进攻，塔身至今弹洞犹存。青云塔，原名神步塔，比太平塔晚两年建成，在神步山，后在山下直通县城东门筑有青云路，易名青云塔，为七层八角形楼阁式砖塔。

说起顺德双塔，还有一段让人感慨万千的故事。

顺德顺峰山上的青云塔、旧寨塔。（《珠江商报》提供）

明万历年间，倪尚忠出于振兴顺德文运之意，他带头募捐，修建的太平塔、青云双塔为荒郊平添了景致。清雍正年间，"太平春雨"和"云路松风"名列顺德八景，为地方文人雅士津津乐道。

400多年来，双塔一直是顺德的标志性建筑和精神象征。1989年，顺德县政府拨款重修双塔，并分别辟为公园，成为游人寻幽访胜之所。每逢传统节日——重阳佳节，人们便成群结队而至，登高望远，极目抒怀。因神步山青云塔暗合了平步青云、青云直上之意，所以更是吸引了众多的雄心勃勃的年轻人来这里放飞心中的梦想。2001年，顺德行政中心南迁，双塔再次被修葺一新，全身披挂烁烁灯珠，入夜之后太平、神步两山之巅，两座宝塔玲珑剔透，为山光水色平添了无边璀璨风姿。2018年，顺德区顺峰山保育基金会公告，启动顺峰山双塔修缮工作，发布修缮倡议书，呼吁社会各界踊跃捐款，支持修缮工作，热心的单位和市民可通过银行捐款或网络捐款等形式参与。

第2节

出使两粤后专程来到顺德

明代万历三十年（1602），神步塔建成。

道光十一年（1831），神步塔重修。

光绪十四年（1888），神步塔重修。

1985年，神步塔再度重修，塔体第三层门洞顶嵌有石额一块，刻"三元挺秀"四字；同时开辟青云公园，设有"青云公园"牌坊；同年重阳节竣工，接待游客。

2002年7月17日，神步塔更名为青云塔，青云塔列为"广东省重点文物保护单位"。

2006年10月25日，太平塔列为"佛山市第四批文物保护单位"。

……

青云塔位于顺峰山公园神步岗之上，因此也叫神步塔，为八角七层楼阁式砖塔，高45.4米。塔基周围八方各镶嵌石雕托塔力士一个，武士包头束腰，姿势有双膝正面下跪、单左膝侧身下跪、单右膝侧身下跪、双腿屈膝正面下蹲四种类型。

当时的知县为何要建塔？相传倪尚忠到顺德上任后，他觉得邑城北、西、南具有山岭拱护气脉结聚相当充足，可惜东面太平神步两山之间的"水口"略显旷阔，恐不利拦蓄"旺气"，于是带头捐资，在修建了太平塔之后，又建造了青云塔。两

顺德市民在青云塔下转塔祈福。

塔为顺德带来鼎盛文风。建塔七年后诞生了顺德建县后首位状元黄士俊，此后顺德科举屡屡风头强劲。那时候，顺德叫顺德县，青云塔叫神步塔。1985年春天，顺德县侨联名誉主席李本立和香港顺德联谊总会会员梁耀明提倡重新修缮神步塔，得到香港名流黎剑铭、何竹平、罗景云、何廷锡等人的全力捐资，并委托大良政府牵头负责此事。大良区公所领导人何焯垣、潘卫东、周赤勋委派区侨办、侨联会周耀源、李孔兆规划监督工程，向社会各界筹集资金，聘请省文物博物服务公司承担建设，于1985年4月开工。

经过半年施工，神步塔得以修缮，旧貌翻新，增建登山十级和六角神步亭。政府征得青云山山下五坊村土地，开辟成为青云公园，建成牌坊作为正门，并于1985年重阳节对外开放。第二年，大良区改为锦湖镇，当时镇党委书记李高伟发动各单位在山上、山前、沿河边种植树木。随后，周鸿标、梁耀明两位企业家再捐资建成半山亭和宏眺台各一座。1988年秋天，神步塔下的原文昌阁举行拜祭孔子活动，特意按照山东曲阜孔子庙建立孔子石像一座，安放在白色石台上面，端正大方。

青云塔下有两块碑，字迹皆已模糊。其中最早的一块立于万历二十七年（1599），记载了包括青云塔在内的两座塔的建造经过，作者为倪尚忠。

在漫长的中国历史中，倪尚忠只是千万个地方官中的普通一员，所以除了《顺德县志》，关于他的记载非常少，他留下的著述也大多毁于明末兵乱。但他有一对比他更有名的儿女，儿子倪仁祯为崇祯十年（1637）进士，曾担任太常博士，后封藩广西；女儿倪仁吉是著名的才女，多才多艺，博通经史诗文，兼工书画刺绣，其艺术作品为世人所称道，明清文人多有记载，她著有《凝香阁诗集》流传于世。《佛山日报》记载，1639年，时任太常博士的倪仁祯奉皇帝之命出使两粤，完成使命之后，他专程来到顺德——这里是他童年时代生活过的地方。他的到来令当地人无比振奋："思君侯不可见，见之似君者喜可知也。"意思是思念倪侯而见不到他，见到像他的人就无比喜悦。又有人说："愿使君一言光昭诸侯令德，为万世来兹者型。"希望倪尚忠的光辉德行能垂范世世代代治理顺德的人。父亲受当地人爱戴的程度令倪仁祯十分感慨："先君之德，足以当此？"然后他认为父亲能够得到当地人祭祀的原因，大概就是能够因天之时，就地之利，不伤财不害民。

广东历史上一共有9个状元，顺德便占了三个。第一位状元黄士俊生于1570年，1607年高中状元。据他说，他出身贫寒，连赶考的经费都是借来的，算是"朝为田舍郎，暮登天子堂"的一个励志典型。"拙宦自惭无寸补，敢讲地利借人谋。""独有巨灵呵护在，清标长映月团团。"《双塔记》中，倪县令留下两首诗，看得出他对这两座塔是很满意的。建塔几年便实现了倪县令的"大魁天下"的期许，难道真的是"独有巨灵呵护在"吗？塔的建立，不妨视为对士风的一次提振，象征意义更为重大，它代表着当政者振兴文教、呵护文气、培育地方文化命脉的责任担当和价值取向，也象征着文化的生命力，以及对一方水土和民众的庇佑。

这个"巨灵"并不神秘，而是士大夫的精神追求以及对一个地方谋划未来的远见。许多年后，作为皇帝使君的倪仁祯来到顺德，凭吊先君故地，再一次延续了父亲的遗志。他和当地的士绅文人再次登临塔顶，感念顺德文士"气求声应"而"不忘先君之旧好"，所以作《青云第一社序》。顺德青云文社——一个由地方士绅联合捐资创办的公益性文教组织，由此应运而生。青云文社在后来顺德几百年的历史中，捐助学子、崇文助教，在对地方的文教治理中，一次次显示了士人的担当。晚清，青云文社还有过最惊艳的一笔贡献：两广总督张之洞兴办广雅书院，青云文社捐资一万多两白银。此为后话。如今，青云文社已经湮没在历史的尘埃中，唯有青云塔仍然矗立在大良顺峰山公园内，见证着一段历史。今天的有心人，如果无意中翻到这一段历史，定会为之慨然和感动。

第3节

种花赋诗怀念在顺德的岁月

明代万历二十八年（1600），太平塔（又名旧寨塔）建成。

道光十一年（1831），太平塔重修。

光绪十四年（1888），太平塔重修。

1945年农历二月十九日，发生旧寨塔之战（抗日游击队珠江纵队顺德大队五位战士阻击日伪军）。

1989年，太平塔再度重修，外环境实施美化改造。

1991年5月太平塔被列为"顺德县文物保护单位"。

1999年3月太平塔进行小规模维修,太平塔被列为"顺德市文物保护单位",划定规划保护范围。

……

太平塔又称旧寨塔,位于大良太平山上,为八角七层楼阁式砖塔,高25.58米。第三层东、西两面嵌隶属石匾两块,东匾刻"天门瑞气",西匾刻"震旦玄光"。

此塔有一段抗战历史。1944年,抗日游击队珠江纵队部分同志驻扎在旧寨塔上,日伪军视如骨鲠。次年的2月19日清晨,日本侵略军纠集伪军、土匪等共百人进犯大良,向旧寨和南畔发起进攻。驻地战士为掩护顺德大队旧寨中队转移隐蔽,留下一个班和民兵数人,分别在旧寨塔和南畔炮楼狙击敌人。后来,敌军发现塔上只有五名战士,就用更猛烈的炮火攻击。由于没有竹梯,旧寨塔易守难攻,机智的战士们将大量石头砸

一座塔将顺德与吉安紧紧联系在了一起。

向敌人。但敌人集中机枪、钢炮射向塔顶，战士紧裹棉被抵御飞沙走石，暂停还击。当敌人冲向塔中时，战士们掷出手榴弹，三个日伪军被炸飞。恼羞成怒的日伪军改用火攻，熊熊的烈火包围了古塔，浓烟直冲塔顶。但直到晚上，古塔依然未能攻下，日伪军无可奈何地撤退。午夜，五名战士离开古塔，回到伦教乌洲据点。

青云公园建设完成后，李本立再次联系香港顺德联谊总会何竹平、梁耀明等，筹划重修太平塔的事宜，并得到香港李兆基、胡锦超、郑裕培、梁耀明、陈芬等和佘少鸿的大力资助。顺德各级领导也很重视，专门成立领导小组，合理规划。项目于1987年冬天开始动工，1989年4月完工，恢复重现了太平塔朴拙坚固的原样，并开辟整个山头作为太平公园。山前建立大牌坊一座，两边设置镇山石狮子，牌坊后设立碑文长廊，长廊两边修建水泥登山径蜿蜒而上，直至山顶塔下，登山路设有三个远眺平台，供游人眺望景色。

太平塔东面有一座"十七松亭"，重檐为八角，朴素且具古风，和太平塔高低相望，相互衬托。在半山有一座卢坤亭，是卢德光捐赠的。卢德光是香港永泰行海产有限公司总经理、永顺亚洲有限公司总经理、香港中药联商会名誉会长、香港顺德联谊总会会长、世界顺德联谊总会副会长。山下有一个古泉叫"周鉴井"，相传为建塔时开凿，至今水还是清澈见底，此项重修工程也得以保存泉水源头，铺水泥砌护栏，更有周鸿标再赠建信裕亭在上面。此外，苏岗村民共同出资铺建上坡道路，接通旧良荣公路，让汽车可直接到达牌坊前面。

青云公园旧牌坊。

2018年,未修缮前的太平塔塔身立面出现了大面积的抹灰脱落,风化严重。2019年,经修缮后的太平塔塔身涂以白色及朱红色,整体色彩圆润。此外,塔基不少开裂处已用填补方式进行处理。为突出古塔"修旧如旧"的效果,太平塔的塔身在修缮及刷色过程中,对当年"红色文化"的痕迹——抗战年代"旧寨塔(太平塔旧称)五勇士"与敌人作战留下的弹孔进行了保留。塔身上有一个弹孔里嵌有一发子弹,在修缮过程中没有破坏。此外,修缮人员在对太平塔整体修缮过程中,还将已严重腐坏的木质塔芯进行更换并放置他处。塔芯可有效支撑塔体,避免建筑遭受破坏。

据《佛山日报》记载,顺德建县始于1452年,黄萧养叛乱之后,为了方便管理一方,设治于大良。倪尚忠到任时,顺德已经建县100多年,其治下务农者占了六成,务工、经商者众,读书人不到1/10。作为一个科举出身的文官,如何振兴文教，一定会纳入他的视野。倪县令把这个县城打量了一番。大良东南处有山名曰神步，与神步隔河相望的是太平山。倪仁祯还记得自己小时候在县衙玩耍的情景：一个阳光明媚的日子，父亲带他登楼远眺，指着东南一带说，太平山、神步山何其卓尔不凡，两山之间二水交汇之处，是捍门所在，若是能把神步塔修成，这个地方一定会出状元，此地民众定会福泽久远。

对于此处的地理，倪尚忠作了一番"把脉"："距县治而东可十里许曰太平，山自古楼连亘，耸拔为诸山最。横截如削，中坼一水。渡水陡起，怪石嶙峋，若狮若象，若龟若鱼，数峰奔腾，逆上曰神步山。太平，祖乎？神步，孙乎？总居辰巽之交。县治左右两水分流环抱，而合于两山之麓，堪舆所称水口者是也。天下郡县水口，类多浮屠氏塔其上，而顺德缺焉，毋乃以世未远乎？"

他在《双塔记》中有这样的描写："中为空

胡铨《世系来历》

胡氏之祖自泄傅伊始。春秋时，原出大梁，沧西汉璋公徙西蜀。东汉池公徙郑州，历世相传而到于唐，乃琏公始入南京，三十五世千馀年，虽各兴一方，皆本泄傅公之一脉也。夫琏公入南京亦非无故矣！其始也，为金陵大守，正直廉明，百姓咸颂其德，方九载终於内署，配闵氏，生步蟾，时年尚幼，值寇乱徙扶柩，卜葬於南京之西，寄居棋盘街。维时母子孤孀未得旋归，蟾公及壮，和睦乡里，敬老尊贤，人皆悦之，越数年学问渊博，遂藉入南京得游乡庠，娶刘氏生霸。年十八登进士第，初授兵部中书郎，委任西江吉州刺史，配郝氏，生子三，朦、腔、胜，腔之子伉，於宋咸平二年，时将历代世系谱牒重修。胜之子仟，咸平元年，自南京徙居吉安。泰和天圣四年，伉之孙威自南京徙居吉安庐陵肇基地处，配麻氏，生俊卿、俊朝、俊国，幸而祖德未泯，传派亦盛，是知源远流长，不可胜数耳。迄今所谓南京胡氏之祖者，自霸公始也；庐陵胡氏之祖者，自威公始也；然自春秋大梁，以至於庐陵三千馀载，是皆一气相承，丝联珠贯，宁非厚幸哉，兹乃重修族谱，溯其来历，述次编集，俾后之子孙咸知夫水本水源云。

宋绍兴二十五年岁次乙亥季秋月
（公元一一五五年）
赐进士出身枢密院编修升兵部侍郎嗣孙
铨 谷旦 谨述

"吉州"一词频繁出现在顺德人的族谱、顺德各类档案当中。

洞，外为井干，旋转而上，梵铃金顶，碍日飘风，登者隐见出没，如仙人冉冉行空中。"文中，他还表达了对顺德衣冠之盛的期盼。

倪尚忠顺德任满之后，升任江西吉州（今吉安）同知，不久罢官，据说是为了躲避残酷的党争。倪尚忠对他曾任职6年的顺德倾注了很深的感情，在他归隐故里的20年中，种花赋诗之余，还不时怀念起在千年花乡、水乡顺德的岁月："杂莳花木，日盘桓于兹，恍若身在六桥两峰间。"作为一个刚直不阿的文官，顺德这个远离庙堂之地，反而为他提供了施展抱负的空间。倪县令建塔的时候，对治下曾有"大魁天下"的宏愿。巧合的是，几年之后，顺德真的出了第一位文状元——黄士俊。

第六章 欧阳修后人均安展宏图

第1节

欧阳修故里是吉安

2022年是北宋杰出政治家、文学家欧阳修诞辰1015周年、逝辰950周年的重要纪念年份。恰逢江西省旅游产业发展大会在吉安市举办之际，欧阳修故乡——永丰县于6月15日隆重举行"纪念欧阳修诞辰1015周年系列主题活动暨首届欧阳修文化艺术节"启动仪式，活动以"传欧公文化，承古风雅韵"为主题，旨在纪念缅怀欧阳修的历史功绩，传承他的治学精神、道德文章和清正廉洁的高尚品格，进一步挖掘和弘扬庐陵文化的内涵。其间，举办了"六一讲坛"、欧阳修学术研讨会、招商引资项目推介会，编辑出版了《欧阳修丛书》。同时，举办首届"欧阳修"文化艺术节，包括全国欧阳修文化书法大赛、全省"欧公故里 魅力永丰"摄影艺术展、庐陵诗会、欧阳修诗词诵读会等活动。此外，永丰县邀请欧阳修后裔宗亲拜谒祖先，参观欧阳修纪念馆和西阳宫，瞻仰欧阳修父母合葬墓。

欧阳姓出自姒姓，《新唐书·宰相世系表》中说，欧阳氏是夏朝君主姒少康的庶子无余，被封于会稽，这便是早期的越国。越国传至无疆时被楚国所灭。无疆的儿子名蹄，被封于乌程欧余山之阳（今浙江省吴兴县），封为欧阳亭侯，于是他们便以欧阳为氏，其后代则称欧阳氏或欧氏。

顺德欧阳氏的族谱。

欧阳姓以海鸟为图腾，郡望为渤海。宋朝时，欧阳姓约有22万多人，约占全国人口的0.29%，排在第69位，为百家大姓之一，位列宋版《百家姓》复姓的第4位，人口总数居复姓首位。

从宋朝至今1000多年中，欧阳姓人口增长率呈下降的态势，这可能与欧阳复姓改单姓阳有关。在全国的分布目前主要集中于湖南，广东省广州西部、湛江北部、河源，江西省彭泽县、吉安、永丰、万载，湖北省枝江、荆州、潜江，这三省大约占欧阳姓总人口的80%。其次分布于河南、陕西、四川、湖北等。

湖南为当代欧阳姓第一大省，居住了欧阳姓总人口的43%。全国形成了以江西、湖南为中心的欧阳姓聚集区。现在，广东省欧阳氏宗人大多居住在广州（从化）、湛江（鸦翠）、清远（连州）和顺德均安。江苏省欧阳氏宗人大多居住在丹阳西门外荻塘欧甲（司徒）、下坯欧甲（全州），金坛市直溪镇巨村村。

欧阳询（557—641），字信本，唐朝潭州临湘（今湖南长沙）人，唐朝著名书法家、书法理论家，与同时代的虞世南、褚遂良、薛稷并称初唐四大家。因其子欧阳通亦通善书法，故其又称"大欧"。他与虞世南俱以书法驰名初唐，并称"欧虞"，后人以其书于平正中见险绝，最便于初学者，号为"欧体"。代表作楷书有《九成宫醴泉铭》《皇甫诞碑》《化度寺碑》，行书有《仲尼梦奠帖》《行书千字文》。他对书法有其独到的见解，有书法论著《八诀》《传授诀》《用笔论》《三十六法》。

根据欧阳修《泷冈阡表》的记载，欧阳询是欧阳修的二十世祖。欧阳修亲口承认是欧阳询的后代，此事毋庸置疑。

欧阳修（1007—1072），字永叔，号醉翁，晚号六一居士，吉州永丰（今江西省吉安市永丰县）人，北宋政治家、文学家，且在政治上负有盛名。因吉州原属庐陵郡，以"庐陵欧阳修"自居。官至翰林学士、枢密副使、参知政事，谥号文忠，世称欧阳文忠公。累赠太师、楚国公。与韩愈、柳宗元、苏

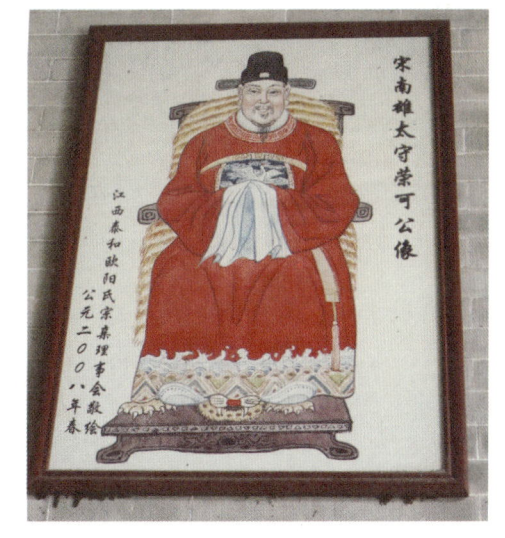

吉安市泰和县送给顺德欧阳氏的祖先画像。

轼、苏洵、苏辙、王安石、曾巩合称"唐宋八大家",并与韩愈、柳宗元、苏轼被后人合称为"千古文章四大家"。欧阳修的父亲是欧阳观,他在北宋咸平三年(1000),金榜题名高中进士。欧阳观是大器晚成的人,他高中进士的时候,已经49岁了。1007年,欧阳观在四川绵州当官的时候,生下了欧阳修。绵州,就是今天的绵阳。欧阳修出生在绵阳,是史学界公认的史实。1010年,欧阳观在江苏泰州当官,因病死于任上。遗孀郑氏,带着欧阳修,千里迢迢护送欧阳观的灵柩回到江西老家。

欧阳观的坟墓,位于江西省吉安永丰县沙溪镇的凤凰山上。郑氏孤苦无依,只能在料理完夫君的丧事之后,带着欧阳修去投奔小叔子欧阳晔。欧阳晔在湖北随州当官,欧阳修的童年是在湖北度过的。欧阳修离开湖北的时候,已经22岁了。欧阳修成长于湖北,也是史学界公认的史实。1052年,欧阳修的母亲郑夫人去世。欧阳修千里迢迢,护送母亲的灵柩,回到江西老家。欧阳修把母亲和父亲合葬在凤凰山上,欧阳修父母的合葬墓,至今依然保存完好。尽管欧阳修一生只有两次回到江西老家的经历,但欧阳修对江西老家的归属感很强,他文章的署名,经常用"庐陵欧阳修",偶尔用"永丰欧阳修"。吉安市和永丰县,因此获得了欧阳修故里的名号。有些地方的人不认同,表示:"欧阳修生于四川,长于湖北,一生只到过江西两次,江西吉安为何自称是欧阳修故里?"欧阳修虽然一辈子只到过两次江西老家,但是他在老家待的时间可不短。欧阳修第一次回老家的时候,是为了葬父。按照礼制,父亲去世,儿子要守孝三年,实际上就是二十五个月。欧阳修第一次回乡的时候,至少要为亡父服丧三年。欧阳修在守孝的时候,母亲郑氏在江西老家教他读书。郑氏买不起纸笔,就去野外折芦荻,把芦荻当毛笔,教欧阳修写字。画荻教子的典故,就是这么来的。欧阳修成名之后,宋朝皇帝在吉州永丰县明德乡沙溪村,敕建欧阳修读书堂。从那以后,欧阳修幼年读书的读书堂,就成了永丰县文化界的圣地。

元朝的时候,永丰人艾幼学在欧阳修读书堂,建立了文儒书院。文儒书院在明朝、清朝数次重修。直到现在,永丰县人民政府还在欧阳修读书堂旁边,建立了公办的欧阳修中学。欧阳修在老家为父亲服丧期满之后,就离开江西去湖北生活。欧阳修再次回乡的时候,是1052年。他这次回乡,是护送母亲的灵柩,让母亲与父亲合葬一处。按照礼制,欧阳修要丁忧三年。欧阳修在老家,为母亲守孝三年。直到1054年,欧阳修才再度出山,主持修撰了《新唐书》。欧阳修两次回到江西老家,一次待了二十五个月,两次加起来就是五十个月。欧阳修的父母合葬墓在江西老家,欧阳修的结发妻子胥夫人、第二任妻子杨夫人,都葬在江

欧阳氏祖先的墓地位于吉安市泰和县。

不少吉安人在顺德发展文化事业。

西省吉安市永丰县沙溪镇凤凰山上。欧阳修的根在江西老家，所以欧阳修才会自称"庐陵欧阳修""永丰欧阳修"。所以公认的欧阳修故里，才会是江西省吉安市永丰县。

第2节

仓门人在吉安找到先祖墓

欧阳这个姓氏，按照人口数量来看，说不上是大姓，也说不上是小姓。在古代欧阳氏最出名的两个人，一个是欧阳询，一个是欧阳修。欧阳询和欧阳修，都是享誉文坛的一代宗师，他们有没有血缘关系呢？欧阳询浮雕设立在永丰县沙溪镇泷冈村欧阳文忠祠，而在泷冈村欧阳修的故居，陈列着欧阳修为母亲所立的《泷冈阡表》。欧阳修担任青州刺史的时候，送妣大人郑氏归乡，与考大人欧阳观合葬。欧阳修亲笔撰写了《泷冈阡表》，并请人篆刻成碑文。欧阳修的《泷冈阡表》、韩愈的《祭十二郎文》、袁枚的《祭妹文》，并称中国古代三大祭文。《泷冈阡表》碑在中国文学史上，具有举足轻重的地位，被纳入全国重点文物保护单位。

欧阳询是湖南长沙人，他的子孙为何会定居江西吉安呢？这件事情，就得从欧阳琮说起了。欧阳琮是欧阳修的十六世祖，此君高中进士之后，出任吉州刺史。吉州就是今天的江西吉安，吉州刺史就是吉安的一把手。欧阳琮来到吉州之后，子孙就在吉安定居，后来成了庐陵第一望族欧阳氏。欧阳询虽然是欧阳修的祖宗，但是知名度不如欧阳修高。欧阳询出身武门，其父欧阳纥，是陈朝的左卫将军。欧阳纥被陈宣帝所逼，不得不起兵造反。欧阳纥兵败之后，欧阳家族被诛族。欧阳询因年纪太小，因此躲过了杀戮。两年之后，欧阳询获大赦，获得了自由之身。欧阳纥生前的好友江总，收养了欧阳询。江总是南朝的文学家，他收养了欧阳询之后，悉心教授欧阳询

祭祖、寻根是顺德与吉安两地联系的纽带。（仓门村提供）

顺来吉往——顺德吉安关系简史

舊序

歐陽氏之在吉州其流傳也遠矣創始於刺史琮公最盛於安福令萬公五世孫曰諤曰託曰皷曰堂曰宏曰战堂居永和爲吾族分派之鼻祖也堂之居粉壁前也在宋宣和間基祖曰念六郎卽堂公九世孫也其居沙園也在明宏治間基祖曰藥卽念六郎公十二世孫也由沙園而上溯之則永和爲逺祖粉壁前而上溯又爲逺祖譜沙園不得不譜粉壁前且不得不舉永

顺德欧阳氏的族谱上有"吉州"的记载。

文学艺术。欧阳询跟随养父江总20年，在养父的培养下，他放弃了祖传的武艺，而成了可以跟王羲之相提并论的书法家。

根据《陈书·欧阳纥传》《宋史·李昭亮传》《隋唐嘉话》《宋史·欧阳修传》《泷冈阡表》等史料记载，隋文帝统一全国之后，欧阳询因为才学出众，获得了隋朝统治者的重用。后人认为欧阳询与欧阳修两个人有很多相似之处。欧阳询幼年丧父，由养父江总培养成才。欧阳修也是幼年丧父，由叔父欧阳偃培养成才。欧阳询不畏皇亲国戚，连长孙无忌都敢骂。欧阳修的脾气，跟乃祖欧阳询颇有相似之处。《宋史》记载，欧阳修也不畏皇亲国戚，把李昭亮怼得是下不了台。李昭亮是李太后的侄儿，也是宋仁宗的表叔。此君在河北抢夺他人的妻女，结果被欧阳修知道了。欧阳修一封奏表，把此事上奏天朝，吓得李昭亮赶紧把抢来的女人放了。

江西省吉安市永丰县欧阳修中学是一所具有悠久历史的农村中学，创办于1957年9月，当时附设在沙溪小学校园内，1959年9月迁入现校址，原名"沙溪中学"，1992年5月更名为欧阳修中学。校园毗邻国家级文物保护单位——泷冈阡表碑亭。欧阳修中学以"质量兴校、科研强校、特色立校"为理念；以"一切为了学生发展，为了一切学生发展"为宗旨，以"学精文雄"为校训，以"团结进取，求实创新"为师训，以"勤奋学习报效祖国"为生训，弘扬欧公勤学苦读精神。同时，在古乐编钟之乡、宋朝大文人欧阳修成长故里湖北省随州市城区西北的巍巍擂鼓墩下，矗立着一所崭新的普通高中——随州市欧阳修中学（随州市第一中学分校）。

广东及其周边省份，还有东南亚欧阳氏族均知道顺德均安仓门梅庄欧阳公祠，每年重阳前夕，来自广西、海南，广东顺德各镇、中山、江门、化州、廉江、鹤山及东南亚等地的欧阳氏后人纷纷奔赴顺德，聚集于均安仓门梅庄欧阳公祠，一同出发至江西祭祖。仓门欧阳氏族在南粤及东南亚享有盛名，仓门欧阳公祠是这些地区欧阳氏的发源地。追溯欧阳公祠之始祖，

传承是文化保存最好的方式之一。

欧阳修后人在顺德的记录。

据其族谱记载，乃隋末唐初大书法家欧阳询。梅庄欧阳公祠背靠大山，建于清代光绪八年（1882）。均安天连和仓门两村，原有公祠三间，分别是松隐、竹溪、梅庄，历经不同时代，松隐、竹溪两公祠早已被拆毁，梅庄欧阳公祠得以保存下来。公祠面阔三间，进深两座，后座主体外有后楼，为厨房，总面积1000多平方米。主体建筑为硬山顶式，抬梁式木架结构，头座与后座之间为天井，两旁为廊庑，廊庑的尽处辟小门通便道，外连廊后墙建围墙，可绕后座外抵厨房。未入公祠，首先被坤甸木制造的前门架梁所吸引。架梁上刻着人物、瑞兽等精细木雕，其举手投足神态栩栩如生。在公祠的后座，保留着木刻九鱼图，雕工精美。走近细看，荷花脚下和杆上有几只螃蟹依附着，螃蟹身体金黄，荷莲正盛，一派生机。在廊庑檐口花板上，分别雕有二十四孝全图，两边各十二幅，人物生动，构图严谨，雕工精细，讲述的是《王祥卧冰求鲤》的故事。图画底部是几条鲤鱼，中部有一个儿童卧着，儿童和鲤鱼夹着的是冰块，周围则是漫天飞雪。它讲述的是一个早年丧母的儿童如何孝敬其立心不仁的后母，在隆冬季节脱衣躺卧在结了冰的湖上，奇迹般地抓获鲤鱼孝敬后母。后母为此感动，待他如己出，从此母子俩享尽天伦。其他图案则讲述不同的与尽孝有关的故事，如《姜诗运泉奉母》《郯子鹿乳奉亲》《董永卖身葬父》《江革负母逃乱》等。

公祠内最吸引眼球的莫过于清代探花李文田的手书及宫廷画师杨瑞石所留下的真迹（壁画）。公祠的正门悬"梅庄欧阳公祠"木刻横匾，后座横额刻"绍德堂"三字木匾。李文田祖籍均安上村，咸丰九年（1859）进士，官至礼部侍郎，其母为绍德堂族人。"绍德堂"牌匾，长三米多，宽两米多，每个字均有一米多长。此牌匾曾在纷乱时期被拆除，金粉被铲。改革开放后，由香港同胞重新挂上。1991年5月，梅庄欧阳公祠因

欧阳修后人在顺德发扬光大。

其建筑规模和精巧的工艺，惊动了当时的顺德县文物保护部门，在派员考察之后将梅庄欧阳公祠确定为县级文物保护单位，2008年，梅庄欧阳公祠更被核定为广东省重点文物保护单位。目前，梅庄欧阳公祠已耗资300多万元进行全面重修。此前檐四角有四只蓝釉陶狮，是晚清时期石湾制品。后来，狮子被盗无法寻回。仓门为了避免其他文物继续被盗，已安装24小时监控系统，以作安保。

公祠内保存有与欧阳氏族有关的族谱、公祠重修纪念刊、宗族历史记录《仓溪怀旧》等资料。欧阳氏族人对宗族非常有感情，族人把宗族的族谱、历史经历一一采访，并记录成册。从欧阳氏的族谱可知，欧阳氏族的始祖为欧阳询，是隋末唐初的书法家，是史上著名的四大楷书书法家之一，代表作楷书有《九成宫醴泉铭》《皇甫诞碑》《化度寺碑》《兰亭记》，行书有《行书千字文》。其所创的"欧阳询八诀"书法理论具有独到的见解。公祠内，有许多人持毛笔抄写二十四孝图有关的故事，所用的字体为"欧体"，是欧阳询创作的楷书字体。在欧阳氏族内，不少族人倾慕始祖的书法，纷纷学习并熟习之。抄写二十四孝图故事的人说，他们希望把二十四孝图的故事用先祖的书法抄写下

顺德区均安镇的欧阳氏均来自吉安。

顺德等地欧阳氏在泰和县祭拜祖先。（仓门村提供）

来，复印传播至乡间，让更多的族人了解与宗族有关的历史。

2000年以来，每年重阳前夕，来自广西、海南，广东化州、廉江、鹤山和东南亚的欧阳氏后人齐聚欧阳公祠，一同驱车前往江西省吉安市泰和县马市镇浩西村（今群爱村）进行祭祖，每年回乡人数达700多人，车辆过百辆。吉安祖坟是祖先荣可公的，距今已经有700多年了。这是族长欧阳国兆追宗念祖，出钱出力，到泰和寻回这座祖坟，后来发现荣可公墓葬之处，还有其父景升公、祖父叔华公及其兄长寿可公共四家。找到这个祖坟后，欧阳氏族便发起祭祖活动，各地欧阳姓人积极响应。如今，由于均安仓门欧阳氏族享誉多方，其他地方的一些欧阳姓家族也到此寻祖。有一年，一位来自深圳的欧阳姓女青年到仓门寻祖，她说她奶奶年少时被卖到番禺，后结婚定居深圳。以前有港澳的亲人找到她奶奶希望与其相认，但当时处于二十世纪六七十年代，有港澳关系的人受歧视，奶奶怕牵连而不敢认。一晃几十年，奶奶去世前唯一的愿望是寻回祖宗。

该女青年寻访了很多欧阳氏后人，也查阅了很多族谱，还是找不到其奶奶所说的名字，便失望而走。

2022年1月16日，我又一次来到了仓门村走访。村里的人看到我就问道："我们吉安老表来了。"我也看到村里有一家企业用了"老表"作为企业名。在梅庄欧阳公祠，我发现这里的欧阳氏祖先有欧阳和、欧阳顺两兄弟，"和"是泰和的"和"、"顺"是顺德的"顺"。从祠堂的对联"渤海家声赫，庐陵世泽新"可以直接感观他们来自吉安。与新中国同龄的欧阳兆荣从2003年到2021年，每到重阳节就会组织、带领均安等地的欧阳氏后人，一起前往吉安祭祖；吉安的欧阳氏也会来顺德探望族人。"每次去吉安都要把泰和的大小宾馆、酒店包下来才够住，我最喜欢吃吉安的梅菜扣肉，每次回吉安我们也会带上均安烧猪给泰和的族人分享。"欧阳兆荣说，18年的顺德与吉安之间的来往中，他最难忘的就是两地之间交通方式的变化，最初是包客车翻越九连山走105国道，或者走湖南翻山越岭绕道井冈山，单程都要数日；后来有了韶赣高速、粤赣

顺德欧阳氏回到泰和县祖祠。

泰和人欢迎顺德等地欧阳氏回乡寻祖。（仓门村提供）

高速、大广高速，穿越九连山隧道很快就到了吉安，单程8小时左右；现在赣深高铁开通，吉安有万安、泰和、新干等站点，3个多小时就到了。

翻阅欧阳氏的族谱，庐陵、吉安、泰和、永丰、顺德，以及文天祥、欧阳询、欧阳修等顺德、吉安的地名、人名不断出现，这无疑就是顺德与吉安古往今来的见证。就如欧阳兆荣所说："吉安是我们的根，我们世世代代都会往来。"如今，仓门村不少青壮年将吉安视为故里，比如比我大一岁的欧阳尚贤，就将微信显示的地区标注为"江西吉安"。

事实上，欧阳氏族名人辈出，其子孙后代丰绩不少，包括不同朝代的举人，如欧阳鼐，字剑南，咸丰丙辰（1856）科进士，官至工部主事；欧阳璩，同治戊辰（1868）武进士，授花翎侍卫；欧阳蕙，光绪举人，授曲江县训导；欧阳笙，武举人，授西炮台千把总等。

第3节
梁耀枢学习欧阳修字体

顺德杏坛镇光华村委周边，参天大树遍布河涌沿岸。从梁家大巷巷口进去，青石板、青砖房、苔藓，仿佛时光穿越。步行两三分钟，即可看到如今只剩大门的昔日状元府旧址，状元府的主人正是广东最后一位状元梁耀枢。梁耀枢生于杏坛光华村，清同治十年（1871）中状元。出仕17年，多在教育系统任职，为官清正而得"金玉君子"之称。39岁时，梁耀枢高中状元。据《翁同龢日记》，当年梁耀枢的殿试卷虽然名列前十，但并非卷首。由于同治皇帝身体不舒服，就由军机大臣和阅卷官一起定夺状元人选。他们发现梁耀枢的试卷行文流畅、书法又佳。最后，恭亲王奕䜣荐梁耀枢为状元人选，阅卷官看到他的文章虽然平实，但也无可挑剔。最终，梁耀枢得以高中状元。这份幸运得益于梁耀枢三十余年的刻苦学习。早年，梁耀枢在勒流名儒廖亮祖门下求学，后来又与几位兄弟一起到南海九江拜知名大儒朱次琦为师，攻读经史。据史料记载，梁耀枢"为文气势磅礴，偶作一楹贴，亦效'登阁台''挽乾坤'声口"。

梁耀枢的书法尤为俊美。据《梁耀枢行状》，梁耀枢"视短而明，能于粒谷作蚊足小字。"一开始，梁耀枢学习欧阳修、赵孟頫等书法大家字体，后来兼通王羲之、赵孟頫的书法精髓并自成一体。如今，在北京故宫的储秀宫、太和殿、翊坤宫，仍可看到梁耀枢题写的《万寿无疆赋》共十二幅墙饰。另外，在储秀宫还有他题写的牌匾"道志和声""观象通乾"。

梁耀枢从政后，几乎一直效力于教育界。他先后任翰林院修撰、顺天乡试同考官、提督湖北学政、会试磨勘官，入值皇帝南书房、升司经局洗马、翰林院侍讲学士。光绪十三年（1887），提督山东学政，补授詹事府少詹事，1888年升任正詹事。梁耀枢从政17年，为官清正。他主张文学侍从之臣不仅要擅长文墨，对于国家大事也要忠言进谏："徒以文字居翰林者，是技而已。翰詹立班于科道上，当知近臣之义。今谓不当有谏书。知其一不知其二也。"他还力主清除科考弊端，端正士习文风，"士子登高第、入翰林不数年，坐致馆阁，宜讲贯历朝经制务，为明体达用之学，每以此自励，兼以勉人……常谓文衡之责为准备的赣粤，于士习文风，尤加警敕"。慈禧太

这座古建筑是顺德与吉安欧阳氏的骄傲。

后曾在南书房众多翰林面前夸他："梁耀枢，金玉君子也。"一时间，大家都称他为"梁金玉"。梁耀枢五十寿辰时，慈禧又赐赠四言寿屏，上书："及第芙蓉，冠众香国。校书天禄，为清平官。"

事实上不幸的是，梁耀枢少年时候他的父母就去世了。当时，梁耀枢兄弟六人大多还未成年，生活渐趋艰难。幸运的是，梁耀枢和兄弟得到做生意的堂兄梁介眉的接济，梁耀枢才免遭辍学谋生的厄运，成年后仍能安心读书应试。最终，梁耀枢四哥梁耀藜、小弟梁耀宸也高中举人。为官17年期间，梁耀枢两次返乡探亲祭祖，对堂兄知恩图报，像对待父亲一样尊重他。有一次，碰上堂兄生病，梁耀枢推迟返京并亲自侍奉堂兄、送汤递药。堂兄十分过意不去，说道："枢弟，今时不比往日，你是状元郎，我怎受得起如此厚爱。"梁耀枢当即表示，只因有了堂兄的资助，我才有今日，大恩大德终生难以报答。最终，梁介眉病情好转之后催梁耀枢返京，梁耀枢临行前留下足够银两后，千叮咛万嘱咐堂兄要好好保重身体。

欧苏齐名。无独有偶，苏轼之后也与顺德有关联。

苏箕（1088—1150），又名绍箕，字嗣良，号晴川，是苏轼三子苏迨的长子。苏箕曾祖父苏洵，为大宋文魁，"三苏"之首；祖父苏洵子苏轼（号东坡居士）、叔祖苏辙也是一代文豪，一门三父子，名列"唐宋八大家"。苏轼与"八大家"之五的欧阳修合称"欧苏"；而与诗书传家的黄庭坚并称"苏黄"；与以词称著、勇于创新的辛弃疾合称"苏辛"；又与黄庭坚、书画家米芾、工诗文善书法的蔡襄，共称"宋四家"。

900多年前，时乃宋、辽、金、夏四国争雄之势，天灾人祸，连年战乱，苏氏官运不佳，特别是东坡屡次受贬，甚而入狱，株连亲属。其中"乌台诗案"之后，苏迨和夫人欧阳氏遂南迁，隐居于广东南雄珠玑巷。北宋哲宗赵煦元三年（1088），苏箕诞生于此。

冯子祥、苏进泉在《登高怀想说苏公》一文介绍，苏箕少聪颖，好学多思，习文练武，精通经术，20岁时，以武举任地方官。直到1143年，苏箕解甲归田返粤居南雄珠玑巷；1144年又到了南粤广州，住在第一桥附近的二子（世度）家里，遍游白云山，细选日后隐居安身之所；建月溪寺，置田10顷（千亩），以饭众僧垂老；另购山地300亩，以作墓园之用。宋高宗赵构绍兴二十年（1150），苏箕在月溪寺（后曾改作月溪书院和苏公祠，即现"山庄旅社"原址）与世长辞，享年62岁。赠上柱国，谥张毅公。葬于寺后"大鹏展翅"龙穴，俗称苏家山，为古羊城白云山"八大名墓"之一。

《宋太尉苏公墓志铭》记载："公讳箕，又名绍箕，字嗣良，号晴川，北宋大文豪、四川眉山苏东坡之孙也。宋元祐

顺德欧阳氏回到吉安拥抱村口那棵古树。
（仓门村提供）

三年（1088）生于京师，父苏迨、母欧阳修之孙女十四娘。欧阳氏生箕、筌、筹后，于元祐八年（1093）去世。嗣后朝廷政局阴恶，祖轼连贬三次，最后贬至惠州。为避风云不测而遭灭族，加之箕、筌、筹乃欧阳修之曾外孙，乃嘱安置于岭外南雄珠玑巷隐养。"

事实上，住在广州期间，苏箕以苏晴川名义在顺德碧江购置田产，并安排儿子世矩居碧江，世度居广州。至今，苏绍箕开族于顺德碧江、广州车陂，宗枝繁衍。由此，我们可以看出欧阳修与苏箕、吉安与顺德的关系。

第七章 胡铨后代容桂建文塔

第1节

7万胡氏人胡铨家族占4万

刚到顺德不久，我经过考究发现，顺德的胡姓主要分布于桂洲镇的街区及幸福、红星、容里，容奇镇的街区，均安镇的豸浦、四埠及街区，杏坛镇的高西、右滩、东村及街区，龙江镇的左滩、苏溪，大良镇的街区及红岗。顺德怎么有桂洲镇、容奇镇呢？有的。我1998年来到顺德2年后，桂洲镇、容奇镇合并成了容桂区，后逐一改为容桂镇、容桂街道办。那为什么要考究胡姓呢？因为我妻子姓胡。

也就在顺德有了容桂那年——2000年，我老家的江西新闻媒体评选出"江西千年之中最杰出的十位历史名人"，胡铨被评为"脖子最硬的人"。胡铨是我老家的名人，我中考期间就是在胡铨出生、长大的那个古镇——吉安市青原区值夏镇，连续借宿三个晚上，然后到值夏中学参加笔试。也是在千禧之年的2月7日，我的大女儿也在值夏医院出生，那天大雪纷飞，虽然医院值班医生只是一名实习生,但坚强的妻子靠着要当母亲的意志,吃尽苦头确保了孩子的平安。我想,那是妻子姓胡的缘故吧。

进入新时代,顺德在我国伟大的脱贫攻坚战当中,从2016年对口帮扶湛江市雷州、徐闻,到2020年确保了两地26个镇65个相对贫困村、6687户贫困户24856人全部实现脱贫。

这几年,我多次到雷州、徐闻的65个相对贫困村采访,也就是在采访当中,我发现在李纲、赵鼎、李光、胡铨四名南宋名臣的政治生涯中个个都挨了贬,还都被下放到了荒岛琼州。其中,我的同乡胡铨被贬的缘由是他上书宋高宗,要求斩首秦桧等人,遭到了秦桧一党的抨击。胡铨南往北归两次停留雷州,留下诗记墨宝,雷州至今存有胡铨后人遗迹。

值夏镇位于吉安市青原区中部,是一座有着1700多年历史的庐陵古镇,古名芗城。古镇里有座古墓,每年,前来古墓拜

胡铨后人在祠堂里摆着"乡贤故里"的牌匾。

胡铨后人：迁播海外，创制万金油

我的姓氏
系列报道·胡姓(13)

胡铨一生坚持抗金，反对议和，为人忠诚、正直，即使被流放23年，仍初心不改。胡铨精通经史百家学识，还通晓绘画艺术。他推崇韩愈、欧阳修，主张以文传道。著有《澹庵词集》《易解》《春秋解》《周礼解》《礼记解》，有《澹庵文集》100卷，可惜佚失，现在只有《澹庵文集》6卷。因胡铨著有《澹庵文集》，他的后世子孙遂以"澹庵"作为堂号，是为胡氏中的澹庵堂。

胡铨以忠义刚直名扬天下，深受时人乃至后世景仰。他去世前，为家族写下家训："立身忠孝门，传家清白规。但愿后世贤，努力勤撑持。"从胡铨开始，庐陵胡氏声名大振，他的族人和子孙都以"忠义"自勉，庐陵胡氏成为世家大族。

胡铨雕像。

壹 胡铨子孙繁茂：不断迁徙，达数十支系

胡铨的父亲胡载，娶了陈氏、张氏、曾氏，生有多个儿子，胡铨是曾氏所生。

胡铨的哥哥胡铸，自幼读书用功，曾与胡铨一起在乡里洞岩修筑精舍，自号蓬山居士。

胡铨的堂弟胡镐，字从周，绍兴十五年（1145年）考中进士，历任新淦县县尉、靖州判官、赣县县丞、大理寺主簿等，后出任荆湖南路参议官。

胡铨有胡泳、胡潭、胡浃、胡漨、胡冲5个儿子以及5个女儿，胡冲早夭，胡浃、胡漨受封为承务郎（文职散官）。

胡泳，字季水，小字苏郎。6岁时跟随胡铨到新州。胡铨被流放到吉阳军，他又跟随渡海。

胡泳记忆力过人，能够背诵《春秋》，胡铨在吉阳军聚徒授业，胡泳也受到熏陶。

绍兴三十一年（1161年），胡泳回到庐陵故里，历任右承务郎、淮西江东总领。

胡泳的大儿子胡槻，嘉定十二年（1219年）以右文殿修撰经略安抚使出任静江府（今广西桂林市）知府，在任4年，颇有政绩。

宝庆二年（1226年），胡槻被任命为焕章阁学士、庆元府（今浙江宁波市）知府兼沿海制置使，后来以龙图阁直学士身份退休，算是胡氏家族做官做得比较大的人。

胡铨的二儿子胡榘，号伯图，以父亲的恩荫进入仕途，最初为承务郎，后转任奉议郎，为沿海制置司干办公事。诗人杨万里称他"修洁博识，能世其家"。

胡铨有10多个孙子，除胡其、胡槷外，其余也都有所为。

由于家族发展茂盛，胡铨的子孙因各种原因，不断繁衍迁徙，散居四方，达数十个支系。如湖南汝城县三塘胡氏。

南宋末年，胡铨的七世孙胡深裔，迁到郴州泅东草塘。胡深裔传3世到胡国仕，胡国仕迁居到桂阳江头湖上宅。

胡国仕又传3世到胡国玉，胡觐玉有6个儿子，除三儿子早夭，其余5个儿子各自形成一个支派，成为汝城县的大族，人才辈出，是耕读、仕宦相结合的典型家族。

胡铨的七世孙胡敬之，迁居到江西吉水县大洲上。胡敬之传3世到元末明初的胡寿昌（字子梶），胡寿昌曾任彰州（今四川彭州市）知州。

胡寿昌有大儿子叫胡广（又名胡靖），明朝建文二年（1400年）高中状元，成为一代名臣。

近代著名爱国华侨领袖、南洋商界巨子、"万金油之王"胡文虎，是胡铨的第32世孙。

胡铨的儿子胡漨传3世到胡九郎，胡九郎从庐陵迁居到宁都上山乡。

胡九郎的儿子胡七郎，先移居到福建和江大里胡家坊东门，又移居到上杭金半里皎潭下洋乡，传到第16代的胡铁维，迁居到永定县下洋乡中川村，形成中川胡氏。

胡文虎的父亲胡子钦，清同治元年（1862年）只身到缅甸谋生，创设永安堂药铺，侨居缅甸仰光，改名胡子钦。

胡子钦有3个儿子，大儿子胡文龙早逝，胡文虎是二儿子。

胡文虎在1920年创制出万金油、八卦丹、头痛粉、清快水、止痛散5种药品，被称作五大虎标良药，至今仍影响着世界各地的人。

贰 南城胡和禾溪胡：后裔昌盛，名人辈出

讲完值夏胡的辉煌家史后，我们再来看庐陵胡氏中南城胡、禾溪胡的情况。

据胡氏族谱记载，胡公贞从南唐政权转任宋末时，出任吉州太和县知县，所以把家定居在太和县南城镇，其后裔被称为南城胡，胡公贞被奉为始迁祖。

胡公贞的儿子胡衍，庆历六年（1046年）考中进士，官至朝奉大夫、工部屯田员外郎。当时，同乡有周氏、肖氏也官至大夫，当地有"十里三大夫之乡"美称。

胡衍曾在家乡党堂寺读书，给他的房间题名为"竹林精舍"。

胡衍与黄庭坚关系密切，曾经相互作诗唱和。胡衍如今有《管冲虚观》《嘉定二年秋重游洞湄》《朝斗坛》3首诗词存于世。

胡衍的子孙繁茂，南宋末年时，有胡义（又名胡靖）、胡义兄弟。胡义考中进士，家居在太和县黄潜。

胡太，字宗科，迁居到太和县义禾田。元朝时，胡太的后裔胡祖舜，被称为谷隐先生。胡祖舜家境宽裕，是义禾田有名的富裕之家。

胡祖舜好善施，仁义乡里。元末红巾军起义，胡相舜意识到，如果天下大乱，"家业不保，何以为财？"他发放钱物，募集乡兵，协助官军共同守卫乡里，保卫家乡。

胡文虎的裔孙中，出了著名的官员胡直。

再说禾溪胡，奉胡公阳为始迁祖。胡公阳在迁居禾溪不久后，又迁居到高禾溪不远的黄潜，所以其后裔又被称为黄潜胡氏。

胡公阳的后裔胡筼，考中进士，官至南城县县丞。

黄潜胡氏经过五世后，又迁到社溪，成为当地的一大望族。

到南宋末年，禾溪胡出了胡文可、胡文静兄弟，他们以平民百姓身份帮助文天祥抗击元兵，名留青史。

胡文可，字可山，擅长骑射，一身武艺。元兵大举南侵，丞相文天祥招集军队勤王，胡文可散发家财响应。

文天祥兵败，胡文可被元兵抓住，逃脱后继续召集军队抵抗，最后战死。

胡文静，字静山，胡文可起兵后，曾经给胡文静写诗，勉励他做一个顶天立地的男子汉。

文天祥曾经在胡家村中住宿，胡文静被文天祥抗元决心所折服，文天祥任命他为都统。

元兵侵入太和县后，胡文静被抓。他抱定"吾宁死不负宋"的信念，最终被杀，全家数百口也全部被害。

胡文可、胡文静共国难时，台州仙岩、庐陵螺山都给他们修庙宇供奉，配列文天祥左右，以彰其忠义。

元朝时，禾溪胡有一支迁居到宁都之麦田，又散居到益阳等地。

到清朝时，麦田胡氏出了清朝"中兴名臣"胡林翼。

据《麦田胡氏族谱》统计，该家族从明朝至清末废除科举前，出了进士、举人等近300人，其中进士2人，举人11人。

所以，庐陵胡氏除值夏胡、南城胡、禾溪胡3个宗派外，还有支派的胡氏家族，涌现出了屡建军功的胡禀，断案分明的胡安，直谏勇言的胡梦昱，刚直不阿的胡梦斗，至死职守、鞠躬尽瘁的胡国宝等名人。

文/黄勇
特别致谢：四川蓬溪县文史专家胡传淮先生。

第二篇 人缘

四川媒体对胡铨的报道。

谒祖先的海内外胡氏后裔络绎不绝。是谁让胡氏后裔认祖归宗？就是这位被文天祥等庐陵先贤奉为学习榜样的南宋著名爱国名臣胡铨。胡铨（1102—1180），字邦衡，号澹庵，吉州庐陵芗城（今江西省吉安市青原区值夏镇）人；南宋政治家、文学家，爱国名臣，庐陵"五忠一节"之一；与李纲、赵鼎、李光并称为"南宋四名臣"；清朝乾隆皇帝为他重修陵墓，御笔题词"与日月争光"，刻石于他的墓碑。

胡铨的忠义精神，与他的家规家风息息相关。早在北宋真宗年间，胡氏一族就制定了《芗城胡氏家规十条》，教育子孙恪守道德，修养学识，正心修身，保持节义文章的门风。正是在"家规十条"熏陶下，胡铨从一介书生逐渐成长为著名的政治家、文学家。为了能让子孙后代遵家规传家风，一向注重言传身教的他，在去世前不久又专门用古律写下家训。在家训里，胡铨告诫子孙后代要"立身忠孝门，传家清白规"。这些内容，中央纪委监察部网站2015年6月21日发布的《胡铨简介》一文就有介绍。时任青原区值夏镇党委书记黄宇清说："胡铨家风家训里面，主要体现在哪里？体现三个字，一个是'忠'。一个人无论做什

位于吉安市青原区值夏镇家乡的胡铨雕像。（何玉苹 摄）

么事都要忠诚。第二个字是'义'。一个人要有气节，要有义气。第三个字就是'志'。人要立志成才，要报效国家。"鉴古知今，铭记历史，才能把握未来。千百年过去了，翻看这些沉淀在历史烟云中的家规家训，我们依然能感受到直抵人心的震撼。正是这种震撼，鞭策着我们在这个纷繁复杂的社会里，凝聚起强大力量，书写我们清廉的人生，共同构建我们幸福的家园。

五代末年，胡铨一族在芗城开基立业。自胡铨开始，胡氏大振，子孙多以"忠义"自勉，人丁日盛。"自古言之，庐陵胡氏为大族。"如今，吉安胡氏有7万多人，胡铨家族就有4万多人，四海皆有，人杰辈出。那么，除了胡铨这位重要人物之外，还有什么秘诀凝聚整个家族历经千年风霜而生生不息呢？让我们翻开胡铨族谱，一起来看看流传了千年的《芗城胡氏家规十条》。没有规矩不成方圆。胡铨家族先人们深知家规的重要性，特意制定了《芗城胡氏家规十条》。"家规十条"共有礼让、士习、官箴、表率等十条戒律，包含礼仪教化、为官修德、农桑稼穑、缴纳田赋、禁盗安分等内容，教育子孙恪守道德，修养学识，正心修身，保持节义文章的门风。这十条家规，就是维护家族秩序的法则、教育子孙后代的行为规范，家族里的每个人都必须遵守。

为了让子孙后代遵守家规，胡铨家族将这个凝聚了先人智慧的"家规十条"写进族谱，世代延续。在"家规十条"严格规范和教育下，胡氏后裔逐渐昌盛起来。南宋前期，多事之秋，胡铨挺身而出，让朝廷和百姓为之一振。考究中，我发现让胡铨威名远播的，则是史上著名的"一书安邦"的忠贞爱国壮举。1138年8月，当胡铨听说秦桧派人出使金国乞求和议屈辱称臣时，立即写了一篇《戊午上高宗封事》奏章送给宋高宗。在奏章里，胡铨将家规中的"忠"演绎到了极致，要求杀掉秦桧等奸臣，坚决声明："义不与桧等共戴天！"

鉴古知今，铭记历史，才能把握未来。

胡铨一生坚持抗金，反对议和，为人忠诚正直，即使被流放23年，仍初心不改。胡铨精通经史百家学识，还通晓绘画艺术。他推崇韩愈、欧阳修，主张以文传道。著有《澹庵词集》《易解》《春秋解》《周礼解》《礼记解》，还有《澹庵文集》100卷，可惜佚失，现在只有《澹庵文集》6卷。因胡铨著有《澹庵文集》，他的后世子孙遂以"澹庵"作为堂号，是为胡氏中的澹庵堂。

吉安市青原区值夏中心小学在胡铨广场开展纪念活动。（何玉苹提供）

2013年8月，青原区值夏举行纪念南宋名臣胡铨诞辰910周年活动以及大前村崇本堂落成仪式，吸引了各地胡氏关注。

第2节
后世繁茂不断迁徙达数十支系

胡铨的父亲胡载，娶了陈氏、张氏、曾氏，生有多个儿子，胡铨是曾氏所生。

胡铨的哥哥胡铸，自幼读书用功，曾与胡铨一起在乡里洞岩修筑精舍，自号蓬山居士。胡铨的堂弟胡镐，字从周，绍兴十五年（1145）考中进士，历任新淦县县尉、靖州判官、赣县县丞、大理寺主簿等，后出任荆湖南路参议官。

胡铨有胡泳、胡澥、胡浃、胡澬、胡冲5个儿子以及5个女儿，胡冲早夭，胡浃、胡澬受封为承务郎（文职散官）。胡泳，字季水，小字苏郎，6岁时跟随胡铨到新州，胡铨被流放到吉阳军，他又跟随渡海。胡泳记忆力过人，能够背诵《春秋》。胡铨在吉阳军聚徒授业，胡泳也受到熏陶。绍兴三十一年（1161），胡泳回到庐陵故里，历任右承务郎、淮西江东总领。

胡泳的大儿子胡槻，嘉定十二年（1219）以右文殿修撰经略安抚使出任静江府（今广西桂林市）知府，在任4年，颇有政绩。胡泳的二儿子胡榘，字仲方，曾任枢密院编修官，累官至工部、兵部尚书，出任过福州知州。宝庆二年（1226），胡

胡铨后人在顺德人才辈出。

榘被任命为焕章阁学士、庆元府（今浙江宁波市）知府兼沿海制置使，后来以龙图阁直学士身份退休，算是胡氏家族做官做得比较大的人了。胡铨的二儿子胡澥，号伯图，靠父亲的恩荫进入仕途，最初为承务郎，后转任奉议郎，为沿海制置司干办公事。诗人杨万里称他"修洁博习，能世其家"。

胡铨有十多个孙子，除胡槻、胡榘外，其余也都有所作为。由于家族发展茂盛，胡铨的子孙因各种原因，不断繁衍迁徙，散居四方，达数十个支系，如湖南汝城县三塘胡氏。南宋末年（1279），胡铨的七世孙胡深斋，迁到郴州沤东草塘。胡深斋传三世到胡国仕，胡国仕迁居到桂阳江头湖上宅。胡国仕又传三世到胡觐玉，胡觐玉有6个儿子，除三儿子早夭外，其余5个儿子各自形成一个支派，成为汝城县的大族，出了不少人才，是耕读、仕宦相结合的典型家族。

胡铨的七世孙胡敬之，迁居到吉水县大洲上。胡敬之传三世到元末明初的胡寿昌（字子祺），胡寿昌曾任彭州（今四川彭州市）知州。胡寿昌有个儿子叫胡广（又名胡靖），明朝建文二年（1400）高中状元，成为一代名臣，官至文渊阁大学士兼左春坊大学士，任内阁首辅11年。近代著名爱国华侨领袖、南洋商界巨子、"万金油之王"胡文虎，是胡铨的第三十二世孙。胡铨的儿子胡澫传三世到胡九郎，胡九郎从庐陵迁居到宁都上山乡。胡九郎的儿子胡七郎，先移居到福建和江大里胡家坊东门，又移居到上杭金半里蛟潭下洋乡，传到第十六代的胡铁缘，迁居到永定县下洋乡中川村，形成中川胡氏。

胡文虎的父亲胡诞钦，清同治元年（1862）只身到缅甸谋生，创设永安堂药行，侨居缅甸仰光，改名胡子钦。胡子钦有3个儿子，大儿子胡文龙早逝，胡文虎是二儿子。胡文虎在1920年创制出万金油、八卦丹、头痛粉、清快水、止痛散5种药品，被称作"五大虎标良药"，至今仍影响着世界各地的人。

据胡氏族谱记载，胡公贞从南唐政权转仕宋朝后，出任吉州太和县（现泰和县）知县，所以把家定居在太和县南城镇，其后裔被称为南城胡，胡公贞被奉为始迁祖。胡公贞的儿子胡衍，庆历六年（1046）高中进士，官至朝奉大夫、工部屯田员外郎。当时，同乡有周氏、肖氏也官至大夫，当地有"十里三大夫之乡"美称。

胡衍曾在家乡党堂寺读书，给他的房间题名为"竹林精舍"。胡衍与黄庭坚关系密切，曾经相互作诗唱和。胡衍如今有《宿冲虚观》《嘉定二年秋重游洞霄》《朝斗坛》三首诗留存于世。胡衍的子孙繁茂，南宋末时，有胡义、胡太兄弟。胡

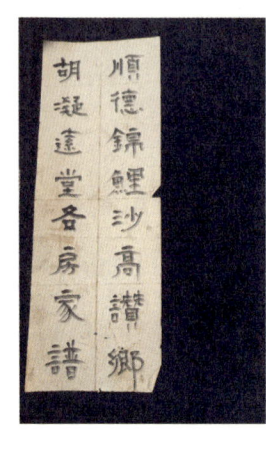 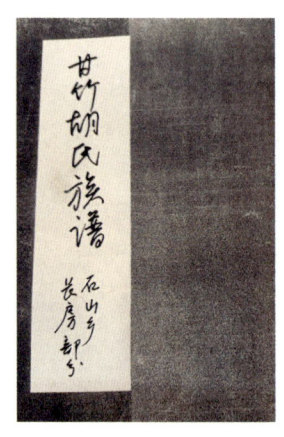 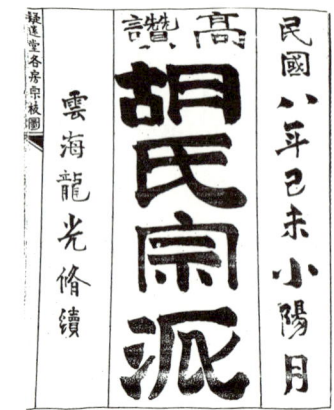

顺德三本胡氏族谱均有胡铨、吉州的记录。

义考中进士，家居在太和县黄漕。胡太，字宗元，迁居到太和县（现泰和县）义禾田。元朝时，胡太的后裔胡祖舜，被称为谷隐先生。胡祖舜家境富有，是义禾田有名的富裕之家。胡祖舜好善施与，仁及乡里。元末红巾军起义，胡祖舜意识到，如果天下大乱，"家业不保，何以为财"？他发放钱物，募集乡民，协助官军共同守卫乡里，保卫家乡。进入明朝，胡太的裔孙中，出了著名的官员胡直。

禾溪胡奉胡公阳为始迁祖。胡公阳在迁居禾溪不久后，又迁居到离禾溪不远的黄漕，所以其后裔又被称为黄漕胡氏。胡公阳的后裔胡笺，高中进士，官至南城县县丞。黄漕胡氏经过五世后，又迁到社溪，成为当地的一大望族。到南宋末，禾溪胡出了胡文可、胡文静兄弟，他们以平民百姓身份帮助文天祥抗击元兵，名留青史。胡文可，字可山，擅长骑射，一身武艺。元兵大举南侵，丞相文天祥招集军队勤王，胡文可散发家财响应。文天祥兵败，胡文可被元兵抓住，逃脱后继续召集军队抵抗，最后战死。

胡文静，字静山，胡文可起兵后，曾经给胡文静写诗，勉励他做一个顶天立地的男子汉。文天祥曾经在胡文静家中住宿，胡文静被文天祥抗元决心所折服，文天祥任命他为提督。元兵侵入太和县（现泰和县）后，胡文静被抓。他抱定"吾宁死不负宋"的信念，最终被杀，全家数百口也一起赴死。胡文可、胡文静赴国难后，台州仙岩、庐陵螺山都给他们修庙宇供祀，配列文天祥左右，以彰其忠义。当时禾溪胡家族几乎覆灭，唯有胡文可的儿子胡南叔，在战争中侥幸逃脱，把禾溪胡的香火延续了下去。元朝时，禾溪胡有一支迁居到湖南宁乡麦田，又散居到益阳等地。到清朝时，麦田胡氏出了清朝"中兴名臣"胡林翼。

在宋朝，庐陵胡氏除值夏胡、南城胡、禾溪胡3个宗派外，还有其他支派的胡氏家族，涌现出了屡建军功的胡晃，断案分明的胡安道，直谏勇言的胡梦昱，刚直不阿的胡梦虎，忠于职守、鞠躬尽瘁的胡国宝等。

第3节

顺德曾属江西，宋朝结束于此

高宗建炎二年（1128），胡铨登进士第。初授抚州军事判官，金人渡江南下，胡铨募乡丁助官军捍御。后除枢密院编修官。绍兴八年（1138），秦桧主和，胡铨抗疏力斥，乞斩秦桧与参政孙近、使臣王伦，声振朝野，但遭除名，编管昭州，移谪吉阳军。秦桧死，移衡州。宋孝宗即位，复奉议郎，知饶州。历任国史院编修官、兵部侍郎，以资政殿学士致仕。淳熙七年（1180）卒，赠通议大夫，谥忠简。著有《澹庵集》等。

胡铨自小潜心学问，博闻强志。建炎二年（1128），宋高宗在淮海策问进士，胡铨对御题问"治道本天，天道本民"，回答说："汤、武顺从民众而兴起，桀、纣顺应天道而灭亡。现在陛下起于干戈锋镝之间，外乱内讧，而策问臣下数十条，都质问于天道，而不倾听民众呼声。"又说："现在的宰相不比过去的晏殊，枢密、参政又不是过去的韩琦、杜衍、范仲淹。"答问长达一万多字，高宗看到而惊异，打算把他列为第一名，但有人忌恨他的耿直，移为第五名。授予抚州（今江西抚州市）军事判官，未上任，恰逢隆佑太后（孟皇后）为避金兵逃到赣州，金兵随后追击，胡铨以漕司檄文统摄本州幕僚，招募乡丁辅佐官军抵御，受赏转承直郎。服父丧，从乡先生萧楚学习《春秋》。

绍兴五年（1135），张浚设都督府，辟举胡铨任湖北仓属，胡铨没有赴任。有诏令到都堂审察，兵部尚书吕祉以贤良方正推荐他，赐对，任枢密院编修。绍兴八年（1138），金国派遣张通古、萧哲二人作为江南诏谕使，携带国书，在王伦的陪同下，来到南宋都城临安进行和谈。金使态度极其傲慢，目中无人，对南宋当局百般侮辱。但高宗和秦桧一味苟且偷安，不惜卑躬屈膝与金使议和。此举激起了朝中大多数大臣与百姓的义愤，纷纷起来反对。胡铨反对议和最为激烈，他对金国议

[文天祥为胡氏族谱作序的图片]

文天祥为胡氏族谱作序。

和的阴谋进行揭露，而且要求高宗斩秦桧、王伦、孙近的头。他还表示，如果不这样做的话，他宁愿投东海而死，也绝不在小朝廷里求活。

胡铨这篇奏疏一经传出，立即产生强烈反响。宜兴进士吴师古迅速将此书刻版付印散发，吏民争相传诵。金人听说此事后，急忙用千金求购此书，读后，君臣大惊失色，连连称"南朝有人""中国不可轻"。奏疏上报之后，秦桧认为胡铨狂妄凶悖，鼓众劫持，诏令除名，贬送昭州（今广西平乐县）管制，并降诏传告朝廷内外。给事中勾龙如渊、谏议大夫李谊、户部尚书李弥逊、侍御史郑刚中等人纷纷想方设法出面营救，秦桧迫于公论，只得改派胡铨去广州监管盐仓。

绍兴九年（1039），胡铨改为签书威武军判官。绍兴十二年（1142），谏官罗汝楫弹劾胡铨饰非横议，诏令除名，贬送新州（今广东江门市新会区）管制。绍兴十八年（1148），新州守臣张棣攻讦胡铨与宾客唱酬对答，诽谤怨恨朝廷，胡铨再被贬至吉阳军（今海南省崖县崖城镇）。

吉安"胡铨故里"的路牌。（王茂湃 摄）

胡铨去世后的元至元十六年（1279），新州是江西省的一部分。

崖山海战前，宋军入粤作战，在江西吉安一带屯兵半年，以文天祥、胡铨的老家为依托，广招义勇勤王。据传，赵昺被元兵穷追，在文天祥、陆秀夫、张世杰、苏刘义等人的保护下一路南奔。其中，苏刘义当时任宋军殿前指挥，所以途中曾带着队伍驻碧江西面的都宁岗。崖山决战一役，苏刘义身先士卒，领着部下日夜与元兵恶战，二月初七日，苏刘义在阵中与宋皇失去联系，便派出一直跟随自己作战的儿子苏会孙前往护驾，苏会孙孤军杀出一条血路，终因寡不敌众，壮烈牺牲，年仅17岁。

宋军崖山兵败，欲从水路逃生，却仍被元兵围追，结果张世杰战死，陆秀夫抱着皇帝和玉玺跳海死了，为宋皇朝画上一个句号,这就是"崖门失玺"。而另一边苏刘义却成功突围,夺港而出,带着死里逃生的一千余人回到都宁岗,再在队伍中找到一位叫赵旦的宋皇室孩子作号召,在山上结寨以图复宋。失败后,苏刘义更名苏由义,回到故乡碧江隐居起来。由于宋末社会动荡,史籍和史实难免有所出入。关于苏刘义的记载,有古籍说他是荆湖人,故《顺德县续志·列传七》将其列入"寓贤"条中,但也附引了很多考证苏刘义是碧江人的说法。

我在《顺德的山和树》一书就有介绍,如今在都宁岗山脚建有一座念宋亭。红砖绿瓦的念宋亭中立有由北滘著名企业家苏耀明题写的"念宋亭"三字的石碑,石碑两旁的墙壁上镶嵌着顺德知名书法家伍学孔题写的"都宁堡三忠庙祀文张陆秀扎地而传"之词。宋帝昺投海身亡后,苏刘义带领部分士卒冲出重围,扮装相士辗转潜返新会沙涌。他认为国不可一日无君,

吉安市青原区值夏中心小学开展缅怀胡铨教育活动。
(何玉苹提供)

于是从士卒中找出一赵姓宗亲，拥立为王，取号"旦"，以继赵宋统绪。重上顺德都宁山，登山立寨建都，称为"都宁"，意思是"赵王定都于此，永得安宁"。他召集千余军民，继续反抗元朝统治。

明邑孝廉黄朝宾《考古三事》记载："少帝赴海后，苏由义夺港出，得赵氏后，更名旦，集众恢复，都于此，以冀安宁，故曰都宁。"对苏刘义誓死抗元，力挽宋统的历史，后世不乏赞誉之词。乾隆时期的顺德举人罗天尺题《宋宫都宁山》："舟过大鱼塘，东望半边月。怪石高嶙峋，人指宋宫阙。云是都宁山，赵氏经残劫。庙宇何巍然，俎豆三忠烈。空山叫白鹇，青草沦碧血。我来吊古迹，旧曲半明灭。史无王旦名，地传刘义节。欲续崖门线，终同块肉绝。山风吹我衣，愁恨千古结。"

这样看来，吉安、顺德、新州有太多的关联。

新州就是新会，在明景泰三年（1452），划新会县东北地区的白藤堡、马滘堡与南海县的大良堡等地置顺德县（今顺德区）；1958年9月，顺德县的白藤、马涪又划归到新会的荷塘。由此可见，胡铨1142年至1148年在新州的时光，正是他40岁到46岁年轻力壮的时候。如今的均安镇与荷塘镇隔江相望，均安镇的豸浦、四埠及街区更是近在咫尺，可见胡铨后人会在顺德繁衍生息。

第4节

读书堂旁有座顺德堂

顺德区容桂街道红星社区的胡氏家族，在久远的历史长河中，顺德、东莞、番禺、新会等地拥有土地几十万亩，富甲一方，有"官高容驸马，才达大中华"的美誉。至今，依然能在容桂看到很多东西与胡氏家族有关，如塔、牌坊、雕塑、学校、公园等。而胡氏家族最为众人津津乐道的，便是胡氏家族"五子六登科"的故事。

"五子六登科"说的是胡大猷、胡大忠、胡大器、胡大成、胡大朝五兄弟再加上女婿同中武举人的故事。其中，四个进士，一个解元。当时胡大朝和妹夫同去考试，胡母将自己的裤子挂在神厅门口，叫丫鬟借故引女婿从裤下穿过，之后便说："现在你就是我的儿子了，希望你此去考试能中举人。"

吉安人胡铨的后人在顺德区容桂街道红星社区建设的祠堂。

后来女婿果然与胡大朝一起考中举人，有人写对联赞曰："六龙踊跃，五凤齐飞。"

据史料记载，胡大猷，字振伍，初当殿前侍卫，后为陕西平凉府游击，因有功升为瓜州参将，调紫荆关监税，再由副将升至湖南镇总兵。胡大忠，官至四川参将，与民除害，威望素著。胡大成，常在乡间开仓赈济，救活不少乡民。

文塔，即聚奎阁，其所在地便是如今的容桂振华居委会文塔公园。文塔建于清乾隆五十九年（1794），为生活在宝带河边的胡氏家族兴建的风水塔。乾隆年间，胡氏家族科举功名鼎盛，出了六个武进士，一个文进士。文比武少，遂筑文塔。以河为砚，塔即为笔，寄意子孙后代勤读诗书，博取功名，光宗耀祖。亦传此塔是因两姓争风水斗法而建，以塔顶铁针夕阳阴影刺螺山一坟，破其风水。文塔共七层，高34.2米，每层各有题额，由下至上依次为"飞出上青霄""秀甲狮阳""聚奎阁""题名处""涵高下""凤鸣""灵照"。题额同为乾隆五十七年（1792）副贡生胡俊所

顺德桂州文塔现称容桂文塔，为吉安人胡铨后代建设。

书，却分属楷、行、草、隶、篆五体。一人书五体，五体皆出彩，颇具观赏性，让人大开眼界。时至今日，在容桂狮山东路、新民路与桂馨街处，依稀可见胡家昔日的辉煌。新民路，就是昔日的骈驷街，街头的对联，就是前面第一段提到的"官高容驷马，才达大中华"，这副对联的遣字用词，彰显胡氏家族的大气与豪气。

2022年1月24日，笔者从上午11时到下午3时，一直在红星社区的胡氏大宗祠，与容桂桂堂文化保育中心的负责人胡家齐、胡棱标了解顺德乃至广东胡姓来历。72岁的胡棱标除了带我参观始建于明永乐十九年（1421）、1996年重建、占地面积450平方米的胡氏大宗祠外，还拿出一批全国各地的胡氏族谱、家谱。从这批编纂于不同时期的族谱、家谱上，能看到"江西""庐陵""吉安""芗城"等字眼，也能看到"文天祥""杨万里""胡铨"等吉安名人以及"欧阳氏""欧阳修家族"等。在一本族谱中，我看到序是文天祥作的，题为《胡氏族谱序》，落款为"宋咸淳丙寅二年仲青月谷旦，文山，文天祥叙"，内文详细描述了胡氏在吉水、值夏、南昌等地的繁衍生息以及胡铨等胡氏乡贤的生平事迹。在胡棱标送给我手写的《胡氏家谱》当中，更是详细记载了顺德均安镇、龙江镇、杏坛镇、容桂街道等地胡姓均来自现在的江门市蓬江区荷塘镇白藤上村（原新会，即新州）。事实上，江门的白藤也曾属于顺德，那也是胡铨任职与被贬的地方。

除了顺德，被评为"雷州十贤"之一的胡铨还有后裔在雷州，他们居住在雷州市雷高镇一个名叫"坑营"的小山村里。全村姓胡,他们的祖先是胡铨之子孙胡文亨(又说胡兴美)。村里的族谱上写着"昔江西省吉安府庐陵县有一公胡姓……始祖胡铨公,仕宋高宗朝,官居翰林检讨使,因王……上书千言,力排和议,乞斩秦桧孙近等,被贬来雷……遗子居住府城,不复原乡,后来子孙昌盛,择地买田迁居高营禄村……"。

新州太守想拍秦桧的马屁,于是想出一个折磨胡铨讨好秦桧的办法,特意派一个心狠手辣的心腹押送胡铨去海南。路途中胡铨的身体备受他人的残酷折磨。胡铨一家人本来水土不服,还得冒着瘴疠被押解在坎坷之路上艰难行走,路人听说胡铨被奸人陷害,无不同情怜悯。途经雷州时,有胆识的雷州太

吉安人文天祥为胡氏作序的族谱在吉安、顺德广为流传。

守王彦恭钦佩胡铨的民族气节，想设法营救他。胡铨是朝廷罪臣，如何才能救他于水深火热之中呢？王彦恭心生一计，以押解官行囊中携带私茶为名，将他们逮捕。然后偷梁换柱，换了自己的心腹使臣去护送胡铨。过海南岛，必过琼海，过琼海，必过雷州半岛。胡铨一行人到了雷州后，准备渡海却见海面波涛汹涌，胡铨只好在雷州逗留。

顺德胡姓人家的族谱存有吉安祖先的画像。

雷州太守王彦恭探望胡铨之时，谈到胡铨当年请斩秦桧的奏折，听说金人想以千金购买，甚为佩服胡公的忠肝义胆。还说今日有幸得以相见胡公，感到非常荣幸，并向胡铨躬身施礼。王彦恭还暗中厚赠胡铨路费，帮助他们一家平安抵达流放地海南。多亏好心的雷州太守，胡铨才虎口脱险。王彦恭的义举为人所知之后，得到天下人的推崇敬仰。

南宋绍兴十八年（1148）十一月十五日，琼州海峡风平浪静，在雷州逗留数日的胡铨就要渡海到海南。胡铨此时作《次雷州和朱彧秀才韵时欲渡海》赠朱彧："何人著眼觑征骖，赖有新诗作指南。螺髻层层明晚照，蜃楼隐隐倚晴岚。仲连蹈海齐虚语，鲁叟乘槎亦谩谈。争似澹庵乘兴往，银山千叠酒微酣。"胡铨被贬海南之时，亦能放怀忧患之外，可见胸襟之宽。胡铨南去孤岛，生死未卜，于是在朱彧的劝说下将次子胡文享托付给后者抚养。迄今在雷州雷高镇坑营村有胡铨公祠，据说后来胡铨后裔在此落叶生根，次子胡文享择居该村。村外山坡有胡文享之墓为证。

羁留海南数年后，胡铨未死，秦桧却死了，大快人心。朝廷也换了天子，胡铨得以被重新启用。胡铨北归途中又过雷州。应雷州太守盛情相邀，胡铨登上雄奇峻伟的雷州城，欣然下笔写下《筑雷州郡城记》，以志其事。嘉庆《雷州府志》记有胡铨的这篇文章："尝登高以望，雉堞隐然，虽古所谓蠢若长云、屹若断岸，殆不能远过，真一郡之壮观，千古之宏观也，顾不伟哉！"

在顺德发现了胡铨的后人书写的这副牌匾。

而在吉安永和，这座赣江中游西岸平畴上的古老集镇，在一千多年前的宋代，曾经异常繁华，时人将之与汉口、佛山并称为"江南三镇"。永和吸引了黄庭坚、苏轼、杨万里、文天祥、贯云石等不少文化名人前来游历，徜徉其间。那么，作为南宋名臣、诗人、庐陵"五忠一节"之一的胡铨，是否来过永和呢？答案是肯定的。胡铨不但来过永和，而且还来了多次，留下了遗迹。

周必大，1126年出生于江苏。祖

父曾任吉州通判，由于"靖康之乱"不能北归，于是居住在庐陵永和，周必大从此取得庐陵籍贯。周必大比胡铨小24岁。1126年，胡铨考取进士时，周必大才出生。1138年胡铨上书乞斩秦桧时，周必大还是个12岁的少年。那一年母亲去世后只好跟随伯父去了广东。1144

文武双全的胡铨后人在顺德。

年，周必大从顺德回祖籍庐陵，参加乡试，从此开始认识庐陵、结识庐陵人。1163年起，胡铨开始返回京城任职，任秘书省少监，此时周必大正担任秘书省正字。两人至此在朝中共事，开始认识。

不过，胡铨与周必大更为密切的交往，是在庐陵老家。1163年，37岁的周必大因为与孝宗皇帝政见不同，被夺职奉祠，任便居住。周必大选择了回庐陵老家——赣江边上的永和镇白沙村周家村。随后的1164年，62岁的胡铨由于坚持反对议和，最终还是被褫夺了"夏官少常伯"这一生中最高荣誉的官职，以"资政殿学士、朝议大夫、提举太平兴国宫"身份，解甲归田，也选择了回庐陵老家——赣江边上的芗城。胡铨在周必大的陪伴下，徜徉永和，与永和结下了不解之缘：永和儒医萧子信与胡铨结成好友，互赠礼物。胡铨赠给萧子信田地和金钱，但萧子信都推辞了。胡铨又推荐他出去做官，萧子信也推辞了，并说道："富贵不是我所求。我只愿让子孙多读书，提高治病救人的本领。"胡铨闻后大喜，笑着说："君所谓薄于利而厚于德者乎？"欣然挥笔书写了三个大隶字"读书堂"，赠送给了萧子信，以勉励他的后人。此后，文天祥、欧阳玄、刘岳申、解缙、胡广等多位庐陵名人先后为读书堂题记，成为永和萧氏永远把读书置于行医之上的座右铭和骄傲。

吉安建有胡铨路。（何玉苹 摄）

　　雷州有"坑营"，永和有"西坑"。令人难以置信的是，在考究中，我竟然发现永和镇的西坑村有座祠堂名为"顺德堂"，为罗姓人家所建，就在"读书堂"附近。在距离永和镇不远的值夏镇有胡铨墓，现为文化旅游景点，位于值夏镇天梁山西北面的陂松山，传说胡铨墓葬18处，其中一处被夷为平地。现已建值夏中学体育场。场边残留石俑、石马。同时，青原区现设有胡铨路、胡铨广场、胡铨雕像，海口、三亚、南昌均设有胡铨雕像。2021年4月2日上午，值夏镇政府机关党支部党员、社区党员、义警、值夏卫生院志愿者等约40人来到胡铨纪念广场，开展以"缅怀爱国名臣，传承胡铨家规家训"为主题的文明祭祀活动。志愿者们怀着崇敬的心情，到胡铨墓前敬献鲜花，肃立默哀；随后志愿者们积极地展开了墓地清扫行动。在胡铨纪念广场，全体党员整齐列队，全体肃立，朗诵胡铨家规家训，向爱国名臣致以崇高的敬意。通过此次活动，不仅祭奠先贤，还引导广大群众慎终追远、缅怀先辈、弘扬优秀文化、继承先贤品格。

第八章 文天祥后裔马冈乐安居

第1节

文氏终因势孤力单败退广东

从记事起，我就经常往富田乡塘背村的外婆肖正莲家里跑，在那里我有着不一样的认识：我知道了文天祥是富田文家人，看到过拖拉机、汽车，吃过苦苣、鸟蛋，我割过席草，看到下雪天新娘出嫁，阅读过很多看不懂的书籍，比如《富田乡志》。再长大一点，我在湖圳小学读一年级后，跟随父亲去了云楼乡旁边的富田乡王田小学读二年级、江背小学重读二年级与读三年级，四年级又回到了湖圳小学。在这期间，我也跟随父亲去过一次地处文家村的富田乡中心小学。在新安中学读初中时，学校组织我们到马路边列队欢迎长长的车队。车上是从香港、广东等地以及海外回来的文氏后人，他们来富田祭祖，追随文天祥。

1994年到1995年之间，趁寒暑假，我数次到深圳市宝安区福永镇的白石夏村、凤凰村、塘尾村做临时工，这三个村以文姓为主，都是文天祥的后人。2000年之前，我的家乡在江西省吉安县云楼乡湖圳村。2000年之后，我的家乡在江西省吉安市青原区富田镇水口村委会湖圳自然村。这也就是说，文天祥就是同我们一个乡或一个镇的人。从事新闻工作后，我知道了我国多地建有文天祥纪念馆。

　　吉安文天祥纪念馆是江西省最大的一所历史名人专题纪念馆，坐落于吉安县城东，建于1984年，1992年1月9日（文天祥就义709周年）向游客开放。纪念馆主体建筑是一组中轴对称的仿古建筑群，以五个展室、120米展线，通过文献文物、图表、雕塑、碑刻和复原实景等形式，分为六大部分完整介绍民族英雄文天祥的生平事迹。宝安文天祥纪念馆位于宝安区福

文天祥的家乡吉安市青原区富田镇是历史文化名镇，这是湖圳自然村。

顺来吉往——顺德吉安关系简史

老吉安人、新顺德人在吉安追寻文天祥的足迹。（王冠靖 摄）

永镇凤凰村，这里是文天祥胞弟文璧过继给文天祥做儿子的文应麟所开的村。因文天祥无子，700多年来文氏一脉把自己作为文天祥后裔看待，村里修建的家庙、文塔都与文天祥有关。吴阳文屋村文天祥纪念馆，位于湛江吴川市吴阳镇文屋村，建于2000年，是南宋民族英雄文天祥后裔和文氏的港澳宗亲，为弘扬祖德、纪念民族英雄、对子孙后代进行爱国主义教育而捐资兴建的。文天祥墓在青原区富田镇婺湖虎形山上，于元至元二十一年（1284）修建，1982年、1983年经政府两次拨款修葺、立碑，是省级文物保护单位。

文天祥（1236—1283），初名云孙，字宋瑞，又字履善。自号浮休道人、文山。江南西路吉州庐陵县（今江西省吉安市青原区富田镇）人，南宋末年政治家、文学家，抗元名臣，民族英雄，与陆秀夫、张世杰并称为"宋末三杰"。自小崇拜欧阳修、杨邦乂、胡铨的文天祥，于集英殿殿试时，面对朝廷的内忧外患，以"法天不息"为对，洋洋万言，一挥而就，被理宗钦点为状元。一度掌理军器监兼权直学士院，因直言斥责宦官董宋臣、讥讽权相贾似道而遭到贬斥，数度沉浮，在37岁时自请致仕，想要退休。德祐元年（1275），元军南下攻宋，文天祥散尽家财，招募士卒勤王，被任命为浙西、江东制置使兼知平江府。在救援常州时，因内部失和而退守余杭。随后升任右丞相兼枢密使，奉命与元军议和，因面斥元主帅伯颜被囚禁，于押解北上途中逃归。不久后在福州参与拥立益王赵昰为帝，又自赴南剑州聚兵抗元。景炎二年（1277）再攻江西，终因势孤力单败退广东。祥兴元年（1278）卫王赵昺继位后，拜少保，封信国公。后在五坡岭被俘，押至元大都，被囚三年，屡经威逼利诱，仍誓死不屈。元至元十九年（1283）十二月，文天祥从容就义，终年47岁。

文天祥就义的消息传到南方后，他旧日在勤王军的部属和朋友非常悲痛，纷纷设酒祭奠，撰文赋诗，以表悼念之情。元至元二十一年（1284），文天祥归葬于故乡富田村东南

吉安文天祥墓广场全景。

二十里的鹜湖之原,乡人邓光荐为之作墓志铭。元至治三年（1323），吉安郡学奉文天祥像于先贤堂，和欧阳修、杨邦乂、胡铨、周必大、杨万里并列，实现了文天祥少年壮志。明洪武九年（1376），明廷在北平教忠坊建文丞相祠，岁时遣官致祭。后来，庐陵也建文丞相忠烈祠。终明之世，宣城、温州、汀州、潮阳、五坡岭、崖山、大兴均兴建了文天祥的纪念祠堂。明代宗景泰七年（1456），经巡抚江西的右佥都御史韩雍、华盖殿大学士陈循等奏请，按照《谥法》中"临患不忘国曰'忠'，秉德遵业曰'烈'"的含义，代宗赐文天祥谥号为"忠烈"。清道光年间，文天祥从祀于孔庙。

文天祥多有忠愤慷慨之文，其诗风至德祐年间后一变，气势豪放，允称诗史。他在《过零丁洋》中所作的"人生自古谁无死，留取丹心照汗青"，气势磅礴，情调高亢，激励了后世众多为理想而奋斗的仁人志士。文天祥的著作经后人整理，被

吉安纪念文天祥的牌坊。

辑为《文山先生全集》。

2016年6月6日,青原区富田镇举行了"纪念民族英雄文天祥诞辰780周年"活动,同时为新建的文天祥祠堂举行开祠仪式,共计300余人参加。文天祥祠堂是纪念文天祥的最早的一座祠堂,虽历经磨难,至今仅存遗址,于2013年开始重建。

第2节
二女千里寻父魂归连平大荒

九连山因环连赣粤两省九县并有99座山峰相连而得名,105国道、赣粤高速都是从九连山穿山而过。105国道要穿越九连山,需耗时1天左右。赣粤高速有隧道,只需十来分钟。1994年到2011年,我曾无数次搭乘大巴经过九连山往返顺德与吉安;2012年后,我驾驶汽车经过九连山隧道,穿越九连山隧道往返吉安与顺德。

2020年10月,我到河源市连平县参访。之所以到连平参访,那是因为江西与广东交界的九连山就在连平县内莞镇,也因为九连山原本是一个乡,后来变成了内莞镇的一个村。在内莞镇,我听到了很多与吉安人文天祥、顺德人黄士俊有关的故事。

在连平县大湖镇三角村苏坑北部山麓,有一座石墓,墓主是两个年轻的女子,一位叫定娘,一位叫寿娘。石墓不远处,有一座双烈庙,又称仙娘庙,亦为祭祀这两位年轻女子所建。

顺来吉往——顺德吉安关系简史

文天祥后人的足迹在粤赣交汇处被发现。

无论是石墓，还是庙宇，都有着颇盛的香火。

这两位年轻女子是谁？为何至今仍享受着人们的尊敬？连平人告诉我，这两位女子分别是文天祥的长女定娘、幼女寿娘。石墓前的《文山二女墓记》和《宋故丞相文信公二女墓铭》，详述了720多年前定娘、寿娘于乱世寻父，途经此处憔悴致死的故事。

宝祐六年至开庆元年间（1258—1259），蒙古大举攻宋，掌权的贾似道、董宋臣却贪生怕死，弄权误国。文天祥愤而上书，要求惩办董宋臣，并屡次讽刺贾似道，遭到报复，几次"论罢",最终丢官,回家闲居。咸淳九年(1273)起复为湖南提刑。此时,南宋疆土日削,国势益危。德佑元年(1275),在位两年的恭帝即位,面对扑面而来的滚滚狼烟,南宋皇室慌忙下诏求贤。文天祥愿"以身徇之",以期唤起天下忠臣义士共赴国难,毅然变卖家产以作军资,踏上勤王之路。但是,南宋已然山河破碎,仅仅一年以后,蒙古大将伯颜的大军就逼到了都城临安城下。南宋小朝廷早无战斗之志,亦无战斗之力,只一心求和,从愿称侄,到愿意称臣,只求保得一隅寸土。文天祥深知蒙古的狼子野心,并不相信敌人的承诺,建议将皇帝两个年幼的弟弟送出城。也正是这一决定,为宋室留下了最后一脉骨血。危难之中,文天祥受命与元军议和,被反复无常的元军拘羁。谢太后见大势已去,只好献城纳土,向元军投降。

元军占领了临安,但两淮、江南、闽广等地还未被元军完全控制和占领。于是,伯颜企图诱降文天祥,利用他的声望来尽快收拾残局。但无论伯颜使出怎样的软硬手段,文天祥坚持不降,伯颜只好将他押解去北方。押至镇江时,文天祥冒险出逃,经过九死一生,于景炎元年(1276)五月二十六日辗转到达福州,被小皇帝宋端宗赵昰任命为右丞相、枢密使、都督诸路军马,与元军周旋于汀州、漳州一带。宋景炎二年(1277),败于空坑(在吉安境内)。文天祥收拾残兵,辗转于循州,驻扎在南岭(今属紫金),重新集结队伍,屯兵8个月之久。后人在南岭为文天祥建起了大忠庙,与连平三角村的二女墓相应。乾隆年间,出任高州府廉江县令的南岭人钟时行

告老还乡，回到南岭后，他仿照北京宰相府式样，扩建了文天祥大忠庙，并作楹联："蒙难已三年，想燕北艰贞，只觉陆死海，张死山，尚逊从容就义；驻师才八月，数南岭事迹，浑如韩寓潮，苏寓惠，同流尸祝芳声。"

文天祥九死一生地辗转闽粤赣等地抗击元军，无暇顾及家人。因而，他的妻子儿女在兵荒马乱中，饱受颠沛流离之苦，流散各处。文天祥原本家境豪富，娶妻欧阳氏、黄氏、颜氏，生三子：道生、佛生、环生，又育六女，即定娘、柳娘、环娘、监娘、奉娘、寿娘。有谁知道，这个铁骨铮铮、体貌丰伟、文采斐然的状元爷，在多少个漆黑的战时之夜，深深地想念着他的妻子、儿女与高堂老母？"堂上太夫人，鬓发今犹玄。"（《高沙道中》）"家山时入梦，妻子亦关情。"（《自叹三首（集杜诗）》）

"我的小儿女啊，为父与你们各在天一涯，作为父亲，我深深地惭愧啊！"英雄亦舐犊情深，文天祥写道："床前两不女，各在天一涯。所愧为人父，风物长年悲。"父亲念女，女亦思父。在雷池遍地的德佑年间，流落他方的文天祥长女定娘和小女寿娘十分牵挂父亲的安危，毅然寻父。她们扎紧了长裙的下摆，蹒跚着小脚，蓬松着满头乌发，原本清秀的小脸涂满了泥垢，按捺住惊慌乱跳的心，披星戴月，风餐露宿，在冒着黑烟的村镇间、躲藏着兽类的山林间、元兵随时出没的废弃战场边，躲躲闪闪、踉踉跄跄，路途中不知躲过了多少危险。但是，在如此战乱之中，即便是强壮的男子，也不一定就能到达他要去的目的地。2009年3月25日《河源日报》第六版"文以

位于吉安市青原区富田镇的文天祥墓广场。

化之"栏目记载,当她们走到连平县大湖镇三角村时,已是筋疲力尽、憔悴委顿。也许是美丽的连平风光,令她们一时停下了匆匆的脚步。这一停,就再也难以在她们即将耗尽的生命里重新注入力量。虽然村民尽力救治,然而兵荒马乱之际、穷乡僻壤之中,缺医少药,而定娘、寿娘又心力交瘁,一时竟香消玉殒。

　　文天祥得知两个爱女就此萎逝,痛彻肝肠,为之集杜甫诗以悼,序之曰:"丙子,定娘、寿娘以病死于河源之三角。"寥寥数十字,寄托的又是怎样一种哀思。在这场国难中,文天祥三位夫人在空坑之役中,与女柳娘、环娘同被元兵捉俘,后来颜氏、黄氏不知下落,欧阳夫人同二女被押解至燕京,被罚在东宫做奴婢。柳娘作为元公主婢女随嫁驸马赵王,居甘肃敦煌;环娘随另一公主下嫁岐王,居西宁州(今甘肃庆阳)。长子道生不幸于13岁时病逝于广东惠阳;次子佛生在空坑之役后随母亲一起下落不明。文天祥6个女儿除上述定娘、寿娘、柳娘、环娘外，监娘（四女）、奉娘（五女）则在祥兴元年（1278）十二月十五日同死在广东五坡岭战败乱军之中。河源邑人为定娘、寿娘立碑，碑文有"为臣而忠，为子而孝，忠以殉国，孝以从父，死而后已"，"父之名与天无极，女之名与父同芳"。

明正德十年（1515）孟夏，邑人贡生邝尹、士绅谢宜民为之重二女墓，并撰墓志铭曰："宋丙火，岁丙子，帝播迁，国萎靡。文丞相，冒艰虞，举义旗，奋忠谋。姝二女，讳定、寿。流离中，骸骨瘦。河源境，三角乡，疾弗药，倏云亡。魂飘飘，一抔土。寄荒山，泣风雨。集杜诗，语非诬。《仙女桥》，名一孤。父死忠，子死孝。亿万年，扶名教。"

离文天祥二女墓不远处有一座桥，名曰"仙女桥"，即因定娘、寿娘葬于旁而命名。石桥南端荒坡上，有一栋占地面积约40平方米的双烈庙，又称仙娘庙。庙内正厅神龛上端坐定娘、寿娘泥塑彩像。据《河源日报》记者凌丽描述，庙旁有一块大石碑，为文天祥之弟文璧的后代及海外侨胞、三角村民于1991年整修墓、庙时所立。700多年来，文天祥二女墓历经元、明、清以及民国而保存完好，除当地村民对文天祥二女墓的精心看护外，亦有赖于历代官府的保护。历代官府为表示对文天祥尊崇，规定官员春秋两次到文天祥二女墓祭祀，并采取了一些有利于保护文天祥二女墓的措施。时至今日，文天祥二女墓仍香火不断，体现了人们对文天祥以及与他一般忠孝的女儿的礼敬和尊崇。

第3节

后人遵祖训拒透身份

我在《顺德的山和树》一书曾介绍,在顺德容桂马冈村的山岭有文天祥家族墓葬群。高与宽都在8米左右、三层人字形墓围、保存完好的两重碑墓园。中间墓碑上用繁体楷书写道:"大明六祖考庆宜文公、妣吴氏安人合葬",右边的铭文写道:"大宋忠臣文公天祥祖入粤第六传至庆宜公分居顺德县家于马冈乡为始祖配吴氏安人合葬在祠后土名天字冈原无向××(为字迹不清)延南海梁子懋光×坐子向午兼壬丙辛巳亥分金之原子孙支派祥载家谱",左书立碑时间和人物为:"道光二十一年岁末二十一日""长房孙廷珍二房孙廷起三房孙玉君卓君四房孙德亮兴长",碑侧则无法见到碑文。主墓前约5米

位于顺德的文天祥后代墓。

处，两侧各有一座子墓，右边为"大明八世祖"墓，左边因风化严重，碑文大部分无存，隐约可见"七世祖"字样。

顺德文物普查文物专家考证结论指出，此墓为清代重修明代墓，重修时间为1842年。而在这个墓园周围，据首度开口证明并提供文氏族谱的文藻常老人介绍，墓园内还有多座代代相传的无碑墓，实为前几世祖的"阴坟"。文氏老人向文物专家介绍，小时候被家长带来拜祭无碑墓区，家人常以"别问这么多，别知这么多，拜奠就是"等神秘语言告示后代，坚持拜祭。

1996年由中华书局出版的《顺德县志》记载，顺德文姓只住在马冈村，其余村庄均无。考证得知，马冈现有文姓后代200多人，自二世至十九世文天祥之子开始，族人的名称记载较为完整，六世祖后才敢保留部分祖坟名称，但绝无这批"阴坟"的记载。专家们的猜想是：文天祥1283年于燕京柴户被杀害，到1368年明代取代元朝仅有85年时间。85年的时间不足4代人繁衍。这批"阴坟"是否惧怕暴露文氏底细，苦心保留下来的文天祥后代墓群，甚或是文天祥的冢墓。而历史已经载明，公元1279年4月20日，文天祥在抗元兵败之后被押离广州北上之前，元军元帅逼他写信招降南宋战将张世杰，他作诗以明志节："人生自古谁无死，留取丹心照汗青。"文天祥深知抗元失败家族或难保——事实也果然如此，文天祥被扣被俘、绝食尽节，老母亦被俘、妻妾被囚，长子也在新会丧亡，因此从他的诗中已可看出他对危难已有准备。

文物专家为考证文天祥后人生事，亲赴文天祥老家江西吉安，核对其族谱。据文天祥后人族谱记载："天祥祖长子环生公""宗支向脉分于顺邑"，文天祥生有二子："长子景贵在新会潜外籍"，不知所终，"次子景宗在顺邑"。文物专家最终认定，为避免家族被铲灭，文天祥一脉迁徙幽土，来到历史上荒凉隐秘的顺德马冈岛，借马冈岛与世疏远、江河阻隔之生存环境保存了下来，避开了元朝官兵的抄斩。

文物专家在考证中发现一个更大的"秘密"：文天祥似乎还有另一首绝笔诗。据文天祥族谱记载："有歌甫者负祖天祥体骨奔吉州府（今江西省吉安）会林县""天祥衣带中有诗曰：铁石心肠断断兮，挺然独立定邦基。临危守节心无改，忍死捐生志不移"。文物专家认为，这可能是文天祥真正的绝笔诗。但也有专家认为，也有可能只是文氏后人怀念文天祥的一首挽诗，并附在族谱之中。这是否是文天祥的另一首绝唱，尚待其他专家从文天祥的文风和当时的史料进行考证。

容桂街道马冈村民文建强珍藏的手抄本《马冈文氏家谱》记载："天祥夫人欧阳氏男佛生二女并妾颜氏环生赴京，颜氏子女昼夜恸哭，乞元将少劫恒释放残命。颜氏子母幸得脱身，随宋兵走至新会（广东省），流落容氏之家收留。养育有至爱，一女许以长成配环生……"因而又有人认为，马冈文氏是文天祥第三子环生之后裔。尽管海南东方、广东潮汕等地区族谱及相关史料有关于文天祥第三子环生的零星记载，但仍需史学家、家谱研究者进一步考证。

中华文氏宗亲网综合广东新会、惠州、宝安等地文氏族谱中的记载，在清代嘉庆十八年（1813）正月二十四，广东番

顺来吉往——顺德吉安关系简史

顺德区容桂街道马冈村迎舟路是文天祥后人集中居住区。

禺、顺德、花县（今广州花都）、增城、归善（今惠阳）、新会、鹤山、高要、饶平、丰顺、香山、三水等12县合建广东文姓大宗祠一座，在省城广州黄泥巷。八月十六巳时入伙，祖祠酉山卯向兼庚甲，立士表公为一世祖。时有《各县牌主芳衔位次》名录中除其他县区文氏外，也记录了四世顺德维茂公、七世顺德庆宜公、十一世顺德接源公、十五世顺德嘉祐公、十五世顺德勤斋公、十五世顺德景斋公等先祖名讳。一世祖士表公，即文仪，号革斋，又号竹居，庐陵（今江西吉安）人，因子文天祥赠太师惠国公。生于南宋嘉定八年乙亥八月二十四日，殁于宝祐丙辰五月十八日。仪以读书勤敏、学识渊博闻名乡里，乡称君子长者，著有《宝藏》三十卷、《随意录》二十卷。子四：文天祥、文璧、文霆孙、文璋；女三：文懿孙、文淑孙、文顺孙。

因而，马冈文氏，确系文仪之后。

第4节

文天祥后人与马冈岛

据马冈人冯添业介绍，1984年春某日，马冈学校初一有一冯姓与一文姓的同学拌嘴逞强，各人数举本姓氏的历史名人。冯姓的同学激昂地说："冯姓的有抗日英雄冯玉祥！"文姓的同学红着脸说："我的祖先是民族英雄文天祥，我们年年都去拜祖先坟，你如果不信，我带你去看。"两个互不服输的同学于是爬上了野草丛生、树木茂密的天字岗，目睹的确如此……自此，性情率直的冯姓同学再不与文姓同学争论这种话题了。

自1999年8月1日起，顺德殡葬改革迈出了实质性的一步：100%实行了火化，2000年8月起，顺德政府制定以三年为期清理乱葬山坟计划，计划到2003年底全面完成殡葬改革的总目标。2001年春，马冈清理乱葬山坟的工程公开招标，结果马冈神步绿化公司中标，无巧不成书，该公司负责这个工程项目的经理就是当年的冯姓同学——马西村冯就超先生。当时对顺德清理乱葬山坟工作

顺德有天字街、天子岗。

有一条要求：具有考古和历史价值的古墓要登记上报。冯就超先生回想起少年时拌嘴逞强的那件往事，出于对民族英雄的敬仰和对工作的负责，他如实把文家祖坟的事上报给顺德市民政部门，从此，揭开了天字岗神秘的面纱。

在"华光庙"后山的天字岗，有一侧山坡草木繁密，坡度陡斜，幽森神秘，人迹罕至。那里有一座规模很大的古墓。这座墓有三层人字形墓围，斜高长度约8米，墓宽约8米，造型雄伟，是用生蚝壳混合石灰石筑建而成，一看就是非凡之家族墓葬。这个古墓外形基本保存完好，令人疑惑的是该墓有双重碑，新、旧双重碑石原来是用黏性好的石灰材料粘紧，经过岁月风雨冲刷，表面已经裂开一条缝。

铭文写得较为详细：大宋忠臣文公天祥，祖入粤第六传至庆宜公，分居顺德县家于马冈乡，为始祖配吴氏安人合葬在祠后土，名天字岗。原无向（旨）。（余）延南海梁子懋光（评），

顺德区容桂街道马冈村有文天祥后裔的墓地。

坐子向午。兼壬丙辛巳亥，分金之原子孙支派，祥载家谱。

旧碑石则被新碑石遮盖得无法见到碑文。

主墓前面约5米处的两侧还各有一座子墓，右边墓碑写有"大明八世祖"，左边墓碑因风化严重，碑文基本看不清，有可能是"大明七世祖"墓。主墓的后面右方约5米处有一扇形石碑，碑上刻有"文山后土龙神"。

根据有关专家分析，此座古墓估计是重修后才如此雄伟，重修时间应是道光二十一年（1841），距今约170多年。

2001年夏，顺德民政局领导和有关专家到马冈考察这座古墓，并拜访了文氏家族的几位长者。当日，马冈文氏家族文藻常、文广全、文兆光三位长老在马南"华光庙"门口的大树下接受了他们的专访。为了保存祖坟，他们不得不违背祖训的原则，把清代重修的文氏族谱轻轻展示开来，把马冈文氏祖坟深藏着的一些神秘娓娓道说出来……

文天祥生于公元1236年，祖籍江西庐陵（即吉安），21岁状元及第，24岁入京做官，官至南宋丞相。文天祥忠义刚正，初入仕途不久便上书乞斩罪臣。因朝廷腐败，文天祥未达目的，反遭权贵构罪弹劾，遂被罢官，时龄34岁。"终有剑心在，闻鸡坐欲驰"，1275年正月，39岁的文天祥倾尽家产当军费，起兵报国，力图挽救危在旦夕的南宋王朝。

1277年，文天祥在抗击元军南侵的激烈战斗中，于江西吉水附近兵败。渡过天险惶恐滩（即黄公滩），退向闽西北汀州，继而退入粤东北潮阳。1278年12月20日于五坡岭被一支偷袭的元军铁骑俘获，他当时吞下二两脑子（即龙脑）自杀守

吉安把文天祥纪念馆门前的道路设为"天祥路"。（曾根英 摄）

节，但药力失效，未能殉国。文天祥被俘后，1279年被押离广州北上，当年正月过零丁洋，元军元帅逼他写信招降南宋战将张世杰，他出示一首诗以明志节：

辛苦遭逢起一经，干戈寥落四周星。
山河破碎风飘絮，身世浮沉雨打萍。
惶恐滩头说惶恐，零丁洋里叹零丁。
人生自古谁无死，留取丹心照汗青。

此诗可谓壮士绝唱。二月初六，即文天祥写《过零丁洋》诗后约二十天，宋臣陆秀夫在广东新会崖门背负八岁的末代皇帝投海殉国，至此南宋灭亡。文天祥被押北上元都京城途经家乡时绝食五天，一心想命绝于故乡，但过了庐陵，生命仍未停顿，监管人员强迫他进食，使文天祥殉国未成。文天祥身为宋朝士大夫，通晓诗书史实，深知仕途艰险，抗元失败或官场失势，家族难保。事实正是如此，文天祥被扣、被俘，以自杀、绝食尽节，老母被俘、妻妾被囚、长子丧亡，自己身陷敌手。因此，从他的诗中可以看出他对危难已有充分的思想准备。

文天祥被押北上途经建康（即南京）时，目睹古都城衰亡苍凉而伤心，"健儿迁幽土，新鬼哭台城"，描述忠于宋室的人都迁徙到幽远的边地，以避免满门抄斩，旧京城最繁华的台城鬼魂哭泣。他已肯定了迁徙幽土是家族逃生的唯一退路。文天祥在被押过平原（即山东德州）时，又写诗赞颂唐代平原的太守颜真卿和常山太守颜杲卿兄弟首先仗义起兵讨伐安史之乱，为唐朝重建立功。他的诗忆述常山兵败，颜杲卿被俘后痛骂逆贼，惨遭钩舌、肢解酷刑，一家三十余口全被杀害。忠臣颜真卿在平定安史之乱后也被奸臣害死。文天祥在押解途中写此诗既是讴歌，也是自勉，同时也暗示他对自己家人会遭受杀害早有预料。

文天祥于燕京柴市就义时，他的心应该是很宁静和欣慰。忠孝于他已两全，因此，他在衣带绝笔中已经清楚地写道：

文天祥后人在顺德集居地的文武帝庙。

"铁石肝肠断断兮,挺然独立定邦基。临危守节心无改,忍死捐生志不移。"他临刑时面颜自若,且行且歌曰:"我为忠烈大丈夫,诗书礼义重贤豪。竭心凿志匡扶国,如何天假此强胡。"并对吏卒说:"吾事毕矣,孔子曰成仁,孟子曰取义,于今吾无愧矣。"或许,他那时也没有想到,他的后人竟在顺德马冈大地上白手兴家,安居乐业。

据马冈文氏族谱记载:"自天祥祖之次子环生公奔隐新会县,娶妻容氏安人,产育宗支血脉,分于顺邑(即顺德)。"可见文天祥为避免家族被铲灭,而秘密安排其中一脉迁徙幽土,来到历史上荒凉隐秘的顺德马冈岛,借马冈岛江河阻隔、与世疏远的生存环境保存了下来,避开了元朝官府的抄斩。

文家后代在马冈现在有近300人,大多分布在马南、马西、马北村,而又以马西村居多,有近120人,该族的长者知道在马冈岛的山岗还有多座"阴坟"(秘密人的墓地),这些无碑的"阴坟"用一堆堆乱石来做记号,两百多年来无人说得清其中的究竟,文氏家族在扫墓时,长辈总是对喜欢寻根问底的晚辈说"细佬仔别问那么多,别知道那么多,拜祭便是!"以神秘的语言告示后

文天祥后代在顺德繁衍生息的集中地。

文天祥后人在顺德参与捐款的名录。

人。这很可能是历史上文家惧怕暴露底细、苦心保留下来的文家祖坟。现马冈文氏家族保留的族谱没有这批"阴坟"的记载，已发现的文家祖坟碑石也只是"大明六世祖"后，这批"阴坟"是否为明代初期或元代的文天祥后代墓群？那就得有待专家们去研究考证了。

其实，从二十世纪中开始，马冈文氏后裔已逐渐展示其家族的荣耀，据马冈马西村文氏长者文耀和先生回忆，他家后山曾有座高大的文天祥纪念碑，只是到"大跃进"时被拆去了。民国时期，华南地区著名的电学专家文树声祖籍在马冈，他亦因自己是文天祥的后裔而感到自豪。2009年5月25日上午，当代艺术家、策划家、设计家、雕塑家、著名作曲家遥远教授（即文天祥第二十四代传人文元衍先生）来到马冈拜祭了文氏祖坟，慎终追远，传承中国美德。2003年初，顺德区民政局下发文件到马冈，内容批示：同意对马冈村天字岗文氏坟的古墓予以保护。2011年11月，由顺德区人民政府批准、区文体旅游局确定，文庆宜夫妻墓入选《佛山市顺德区不可移动文物名录》中，古墓得到更进一步的保护。

第九章　延安给顺德派来吉安人

第1节

"两谢"将军

信仰、信念、信心，任何时候都至关重要。1939年冬天，中共中央组织部决定派同时在延安抗日大学三分校二大队工作的谢斌、谢立全一起到广东敌后创建抗日根据地。彼时，谢立全是二大队政委、谢斌是大队长。

谢斌、谢立全不但是战友、同事，还都是江西人。谢立全是中国革命的摇篮——兴国人，谢斌是中国革命根据地——吉安人。他们都是中国工农红军战士，经历了二万五千里长征；他们都是参加过沙湾、西海、林头等战役战斗；他们与林锵云等同志一起在顺德创建了珠江三角洲敌后抗日游击战的第一个根据地。他们在1955年同时被授予少将军衔。

他俩当年是怎么从陕西的黄土高坡来到广东的岭南水乡：

1939年冬天的某天，延安晴朗，刘少奇同志下午召见了谢斌、谢立全，要求他们到敌后灵活运用党的政策、积极发动群众、组织武装打击敌人、建立抗日根据地。

三天后，谢斌、谢立全、庄田、林李明等战士便搭上汽车，告别了延安。

谢斌、谢立全好不容易来到了八路军驻重庆办事处。周恩来、叶剑英召见了他们，并作出了重要指示。

在重庆住了一段时间后，谢斌、谢立全继续乘车途经贵州娄山关、遵义、贵阳、独山，广西柳州，到达新四军驻桂林办事处。

在桂林，谢斌、谢立全脱下军服、军帽，换成了大褂，戴上草帽与墨镜，扮成商人，与庄田、林李明握手话别后，搭乘火车去了湖南衡阳。

在衡阳转火车南下，次日早上就到了广东韶关。

走出韶关火车站，在旅店住下。第二天早晨，谢斌、谢立全去了一间地下党联系点的酒楼，与一名18岁的姑娘接头后，由这名姑娘带路，搭乘长途汽车来到了中共广东省委所在地的南雄。

到南雄的第三天，中共广东省委张文彬书记要谢斌、谢立全暂留南雄，给省委举办的干部培训班讲授"军队中的政治工作"和"游击战术"两门课程。

经过十天备课、授课一个月后，中共广东省委决定派谢斌、谢立全到珠江三角洲地区工作。

一天，谢斌、谢立全在培训班学员卫国尧的带领下，乘坐木船沿着曲折的水道向珠江三角洲前进。在清远，他们接受了国民党别动队登船检查后，就改由陆路艰难到达肇庆，徒步

前往中共广东中区特委所在地三埠，认识了中区特委书记罗范群以及负责珠江三角洲敌后武装斗争工作的林锵云。林锵云表示对谢斌、谢立全在党中央、毛主席身边工作过很是敬佩，他说："你们的到来，正是党中央和毛主席对华南敌后斗争的重视与关怀。"

次日，林锵云带着谢斌、谢立全离开三埠，经过两天路程，越过新会，到了鹤山的沙坪镇。沙坪镇就是沦陷区的边缘，他们见到了地下党员李进阶，四个人就珠江三角洲工作聊了一个通宵。

第二天，离开沙坪镇，林锵云、谢斌、谢立全来到西江边（现江顺大桥附近），搭乘一艘渡船过江。在江中遇到日军汽艇，日军开枪向渡船扫射，他们三人躲过袭击，上岸后一口气狂跑几百米，翻过堤围，这才脱险。

脱了险，林锵云、谢斌、谢立全坐在围堰上休息。举目远

引领顺德抗日战争的关键人物，从左到右依次是吴勤、林锵云、谢立全、谢斌。

眺，珠江三角洲田园风光展露在眼前，稻田、桑基、蔗林，好比是一片绿色的海洋，数不清的河涌，在阳光的照耀下，像一条条闪光的飘带；大大小小的鱼塘，星罗棋布般嵌在原野上，犹如一块块被切成几何图形的玻璃。

多么富饶美丽的地方啊！这就是顺德。

穿越林立的炮楼，走了一段路，前面横着一条宽阔的大江（现为西江顺德支流），大大小小的船只穿梭其中，船上插上各色各样奇形怪状的旗子，有红的、黄的、绿的，也有白的；有方形的、三角形的以及镶着犬齿边的。旗上都标上一个大方块字，如"廖""何""周""马"等。林锵云告诉谢斌、谢立全，这里每一面旗子都代表着一个有势力的"大天二"。

中午时分，林锵云、谢斌、谢立全走到龙眼村。这是两位谢姓延安干部历经数月、从陕西的黄土高坡来到广东的岭南水乡，在顺德落脚的第一村。

一进村，谢斌、谢立全看到的是断壁颓垣、粪溺遍地，住在低矮而阴暗房子里的村民，个个面黄肌瘦，衣不蔽体。有几个躺在路边的乞丐，全身浮肿，奄奄一息，身上爬满了苍蝇。可是，当谢斌、谢立全走进街心，却又是另一番景象。这里烟馆、赌馆、妓院一家接着一家，店门粉饰一新，生意兴隆；茶楼酒馆也是人头涌动，十分热闹，真是一个村庄、两个世界。

林锵云把谢斌、谢立全带到一家戒备森严的茶楼，点了三盅龙井茶，又吩咐伙计炒几样小菜，一边喝茶，一边打量着周围的茶客。

黄昏时分，三人乘着小艇，渡过大江（现为顺德水道），沿着弯曲的河汊到达顺德县西海乡的涌口，到达地下党员陈九家中。

至此，谢斌、谢立全就在陈九的家里安顿下来，结束了从延安到广东敌后半年多的旅程，开始了新的敌后斗争生活：谢立全被任命为广游二支队司令部教官；谢斌被任命为参谋。为了掩盖敌人耳目，组织决定谢斌、谢立全两人以"灰色"面貌出现。谢立全编造了一段曾在国民党十二集团军独立第九旅当过少尉排长的"履历"，化名为陈明光；谢斌也编造了一段"履历"，化名为刘斌。

第2节

"西海大捷"参谋长是吉安人

谢立全（1917—1973），江西兴国樟木乡人，1929年参加中国工农红军，经历了二万五千里长征。1945年受党中央派遣到广东指导抗日游击战争，曾任广东人民抗日解放军参谋长、代司令员等职。1955年被授予少将军衔，曾任中国人民解放军海军学院院长。

1940年，中共中央派延安抗日军政大学大队政治委员谢立全，参与组建珠江三角洲抗日武装。同年6月，中共南（海）番（禺）中（山）顺（德）中心（下称"中心"）县委成立，他参与统一领导南番中顺地区党组织和抗日武装。8月，中共广东省委将谢立全分配到"中心"县委，负责军事工作。谢立全先后担任广东南番中顺游击区指挥部副指挥、广州市郊游击二支队副司令员、珠江纵队副司令员、中区抗日纵队副司令员、广东人民抗日解放军参谋长、代理司令员等职,率部同日军共进行了140多次的战斗,对开辟珠江三角洲抗日根据地作出了重要贡献。1946年6月,谢立全参加了东江纵队主力及珠江纵队等部分骨干北撤山东工作。

据谢立全之子谢小朋回忆:"我父亲生前常说,在广东打游击是他一生中最自豪的事情。他经常和子女念叨广东抗日游击的日子,讲述在珠江三角洲开辟抗日根据地时发生的一些感人故事。他最常说的事就是他在打游击时,有一段时间眼睛'坏了',当地百姓提供了两个土方:一个是大公鸡血,一个是年轻母亲的初乳,后来我父亲的眼睛真就这么治好了。而他晚年也一直在广东养病。"

从1961年开始,根据组织安排,谢立全书写了《珠江怒潮》《挺进粤中》两本书,均由广东人民出版社出版,两书全面回忆了他在珠江三角洲抗日的经历。两书的稿费,谢立全拿出大部分资助了北滘镇西海村的贫困户。

谢斌(1914—2010),原名谢海龙,江西吉安县禾埠乡谢家村人。1930年参加中国工农红军,1931年加入中国共产主义青年团,1932年加入中国共产党。曾任中国人民解放军南京军区空军副司令员,福州军区空军副司令员兼参谋长、司令员。1955年被授予少将军衔,曾荣获二级八一勋章、二级独立自由勋章、一级解放勋章和一级红星功勋荣誉章。

谢斌参加了中央革命根据地第一至五次反"围剿"斗争和

二万五千里长征，参加了龙岗、东韶、层顶、胡田、漳州、水口、广昌、古城、豫旺等战役战斗。抗日战争时期，他在延安、广东历任队长兼军事教员、队长、分校大队长、纵队副司令员等职，参加了沙湾、西海、林头、唐家湾、乌头山等战役战斗。新中国成立后，为部队革命化、现代化、正规化建设作出了贡献。

人们在顺德西海烈士陵园祭奠革命先烈。

  在南京雨花台功德园的红星园、吉安将军园、顺德抗日纪念馆都有谢斌将军的传奇故事。《现代快报》2011年9月26日A30版这样介绍：在1955年受衔的开国将军中，谢斌的经历很有代表性，从农民到军人、从战士到将军、从主力部队到敌后打游击、从陆军到空军、从私塾到高等军事学院，一生辗转南北，无论面对多么艰难的任务，他都交出了完美的答卷。其中，1940年春应中共广东省委请求，中央派谢斌与谢立全到珠江三角洲开展敌后抗日武装斗争。那里斗争难度很大，作战方式完全不同于正规部队。六年来，依靠当地党组织，谢斌和谢立全从严格训练几十人的中队开始，发动群众扩充队伍；先后参与指挥对敌作战二百多次，歼敌三千三百多人，逐步发展到近三千人的珠江纵队。

1985年1月14日出版的《南方日报》刊登了梁嘉、谢斌的《纪念珠江纵队成立四十周年》一文。文章说，珠江纵队是在抗日烽火中诞生的，经过长期激烈的战斗洗礼，发展成为一支驰骋于华南敌后战场的重要抗日力量。

1938年10月，日寇入侵广东，国民党军队不战而放弃广州，顺德等珠江三角洲广大地区相继沦陷。根据中共广东省委的指示精神，东南特委、中区特委积极领导珠江三角洲地方党组织，利用各种形式建立抗日武装。林锵云于1939年2月成立了顺德游击队。吴勤在省委和廖承志的指导下，1938年10月在广州郊区组织了抗日义勇队。经党组织同意，吴勤于同年11月接受国民党当局委任为广州市区游击第二支队司令，部队取得了"合法"番号。组织先后派一大批干部和党员到广游二支队工作，并在直属队和第一大队建立党组织，领导这支部队。中山沦陷后，在中山九区建立了由欧初、谭桂明领导的抗日游击队。这三支近三百人的人民抗日武装队伍，在广州郊区、南（海）、番（禺）、顺（德）、中（山）地区燃起了抗战的烽火。

1940年6月，为加强和统一对珠江三角洲地区党的组织与抗日武装的领导，成立中共珠江三角洲中心县委，罗范群任书记，委员林锵云、陈翔南、刘向东、严尚民。9月，中共广东省委将党中央派来的、参加过长征的干部谢立全、谢斌分配到珠江三角洲，任中心县委委员。部队经过整训整编，在同日伪顽强斗争中，不断发展壮大，建立了顺德县西海、中山县五桂山抗日游击根据地。1943年2月，成立南番中顺游击区（秘

密）指挥部（简称指挥部），统一对游击战争的领导。指挥员林锵云，政治委员罗范群，副指挥谢立全，副指挥兼参谋长谢斌，政治部主任刘向东。1944年10月1日，在内部宣布成立中区纵队，司令员林锵云，政治委员罗范群，副司令员谢立全，参谋长谢斌，政治部主任刘田夫，副主任刘向东。

抗日战争时期，珠江三角洲是战略要地，广州及附近几个县，日寇驻有重兵，各县有伪军，各乡土匪、"大天二"林立，还有国民党的形形色色的部队。面对强大的敌人，在平原水网河汊交通方便的顺德坚持抗日武装斗争，毫无疑义，是困难的，但为什么能够生存、发展、壮大起来呢？

谢斌说，珠江抗日游击队根据敌强我弱、平原河网交通方便、敌人调动迅速的特点，在战斗中形成了一套灵活多样的游击战术，成为战胜敌人、保存自己的重要手段。部队在作战中，巧妙运用麻雀战、伏击战、夜战、海上游击战、爆破战，不断袭扰、伏击、袭击敌人，粉碎日伪大规模扫荡。而夜袭敌人是主要作战形式。如1942年2月14日，谢立全率广游二支队一部，夜间出击禺南韦涌伪军，出其不意，仅五分钟战斗，就全歼敌人一个连。

根据"打得赢就打，打不赢就走"及"集中消灭敌人，分散发动群众"的游击战原则，正确处理集中与分散的关系，是珠江游击队作战的又一个特点。当形势对我不利时，就避敌之锋芒，跳出敌人包围圈，分散活动，发动群众。如1942年日伪军三千余人，围攻广游二支队西海根据地。中心县委决定主力从西海转移，开辟新区，保存力量。在顺德留下一支精干的武装小分队，坚持斗争。当斗争需要时，又适时集中力量歼敌。如1944年6月指挥部组织番禺、顺德和南海三支部队七八百人，连续夜袭番禺新造、市桥、乌州，共歼敌六七百人，给日伪军以沉重打击。

据谢斌回忆，由于抗日游击队巧妙运用游击战术，多次粉碎日伪顽联合从千人到万人的大扫荡和清剿。著名的战斗有1941年9月粉碎伪军近三千人进攻的西海大捷。是役击溃敌两个团，击毙敌前线指挥部代理总指挥祁宝林以下二百余人，俘敌一百余人，缴获一大批武器弹药。这是游击队第一次以少胜多的漂亮战斗。在长期战斗中，涌现出许多英雄，如著名的禺南"植地庄战斗八勇士"，顺德的"旧寨塔五勇士"，中山的"塘敏十二勇士"等。

日寇为挽救其失败，压迫国民党投降，于1944年春开始，向平汉、湘桂及粤汉铁路沿线的国民党军队发动进攻。国民党继在中原大溃退后，在湘桂粤又丧失国土。日军6月占领长沙，8月占领衡阳，11月桂林、柳州和南宁相继陷落，1945年1月27日日寇占领韶关，两广大片国土沦陷。据此形势，党中央指示广东要加紧发展群众性的抗日游击战争，组织部队向粤中、北江和西江挺进，向粤桂边和粤桂湘边发展，迎接王震部队南下，建立以五岭为中心的湘粤桂根据地，进行持久的斗争，发展抗日战争的大好形势。根据党中央的指示和中共广东省临委、广东省军政委员会的决定，珠江纵队奉命先后挺进粤中、西江、粤北和东江。1944年10月20日，以第一支队为主的粤中大队，由林锵云、罗范群、谢斌、谢立全、刘田夫率领，同高明县人民抗日游击队第三大队会合，建立了以皂幕山为依托的抗日根据地。1945年5月10日，以第二支队大部和独立第三大队一部组成的挺进西江大队，由纵队政委梁嘉、副司令员谢斌、政治部主任刘向东率领，从三水县黄洞出发，15日到达广宁县罗汶，同四会大队会合。珠江纵队对外用"西江人民抗日义勇队"发表宣言，进行活动。9月，创建了以广宁为中心的广（宁）怀（集）、广（宁）四（会）、广（宁）清（远）、广（宁）高（要）边游击区。后经中共广东区党委决定成立西江特委，梁嘉任书记，谢斌任副书记，委员刘向东、王炎光、周明。

第3节

林头战役军民协力战日寇

一天夜间，汉奸何健带着日军和伪军李塱鸡的部队共千余人，分三路进攻沙湾，要消灭何成的部队。其中一路敌军400余人想切断何成部的侧翼和退路，偷偷爬上了涌边村后的一座山头，被我部队哨兵及时发现。这时中心县委正在涌边村召开会议。为掩护参加会议的同志迅速转移，也为了保障何成部的侧翼安全，林锵云、谢立全和谢斌立即率独立第一中队，抢占了村后一座小山头。

天一亮，就有约一个排的伪军向我部队的阵地冲来。当敌人进入火力范围之后，我部队所有武器一齐开火，立即有十几个敌人倒了下去。接着敌人几次冲锋都被我部队打了下去。午间，敌人又嚎叫着发起冲锋，谢斌挥手叫几个战士注意隐蔽，突然一颗子弹穿透了他的右手掌，筋骨和血管都打断了。因为没有任何卫生药品，谢斌只能用手帕将伤口包扎起来，但血仍不停地滴下来。林锵云、谢立全发现谢斌负伤后，硬把他从阵地上拉了下来。由于没有药品治疗，几天后，谢斌的伤口发炎了。罗范群通过地下党，历尽艰辛安排谢斌从顺德转移到香港曹先生家中。这样每隔一天，谢斌就可到九龙英国皇家医院换一次药。

不久，独立第一中队转移到西海路尾围，总结了沙湾战斗的经验，并继续进行整训。在整训期间，番顺交界处捞家武装济群团三头目钟添、四头目钟潮劫走西海地主霍宜民父子，并向西海人民勒索200万元巨款，限期交纳，如若不然，将西海

顺德抗日战争文物陈列馆有谢斌将军的介绍。

杀个片甲不留。在西海人民面临劫难的时候，陈九联络乡亲们促使当地知名人物梁敬出面，邀请独立第一中队进驻西海保卫乡土，部队对外用西海自卫队的名义，给养由地方供给。

1940年12月，几百名日军乘船偷袭西海。我部队奋起反击，毙伤日军数十人，把日寇打得丢盔弃甲狼狈而逃。1941年9月23日，日伪军第43师李塱鸡部3000余人，分三路进攻西海。独立第一中队300余人，民兵70余人及何成部百余人，在林锵云、谢立全、刘向东的直接指挥下，机动灵活，英勇杀敌。西海人民积极参战，给部队运送弹药、救护伤员，与战士们一起同仇敌忾、保卫家园。我部队利用西海的蔗林、蕉林、桑地、鱼塘、河汊等有力地形，集中力量先歼其一路，再各个击破的作战原则，取得了战斗的胜利。

战斗从上午5时开始至下午4时结束。我部队歼敌一个团，击溃敌两个团，毙敌前线代理总指挥祁宝林以下200余人，俘敌100余人。敌人被打伤和在水中被淹死的还有很多。此仗缴获机枪5挺、步枪400余支、短枪50余支、子弹万余发。西海之战，我部队以少胜多粉碎了敌人的进攻，巩固了西海根据地，壮大了自己的力量，鼓舞了人民对敌斗争的信心，打开了三角洲抗日武装斗争的局面。西海之战的胜利，是在人民群众的积极支援下，不畏强敌，充分利用有力地形，英勇作战的结果。我部队利用敌人三路进攻缺乏协同，而将其各个击破。

为了培养大批领导抗日武装斗争的新干部和提高现有干部的军政素质，中心县委于1941年和1942年，先后在西海举办了两期军事干部训练班。通过学习，使我部队的干部懂得了抗日救国的道理，认清了当前的困难，坚定了胜利的信心，并增强了做思想政治工作、群众工作、统战工作的本领。同时，教育干部关心爱护战士，讲解红军、八路军、新四军的优良传统作风，学习带兵打仗的方法。林锵云、罗范群、谢立全、谢斌、刘向东、严尚民等亲自讲课，对训练班给予了极大的关注。这两期训练班共培养了近百名骨干，对长期坚持和发展珠江三角洲的抗日武装斗争发挥了重要作用。

1942年上半年，国民党顽固派在珠江三角洲发动了第二次"反共"浪潮。5月7日，顽固派"挺三"副司令林小亚勾结日伪，在陈村水枝花渡口暗杀了广游二支队司令吴勤夫妇、警卫员邓卓英、卫生员潘秀等人。林小亚把吴勤的遗体送往市桥，向驻市桥伪军李塱鸡邀功，暴尸数天，企图制造混乱，搞垮广游二支队。5月9日，中心县委在西海开会，决定在政治上、军事上坚决反击国民党反动派的"反共"阴谋，林锵云任广游二支队代司令。会后以广游二支队全体官兵名义，发布了《告各界同胞书》，散发《快邮代电》和传单，揭露反动派杀害广游二支队司令吴勤夫妇的罪行。在军事上确定进攻林小亚的巢穴陈村和林头，给反动派以坚决的回击。林头伪联防大队长梁桐（外号大仙桐），是个一贯"反共"的家伙，曾杀害过我部队的同志。现在他又受林小亚指使，进犯我西海地区。指挥部决定，首先攻打林头梁桐的伪联防队。

经过准备，6月中旬的一天晚上，我部队向林头发起攻击，歼敌30多人，俘虏20多人。梁桐被打伤后，从地洞逃脱。我部队把林头全部占领，随即没收了梁桐的全部财产，在林头召开群众大会，揭露林小亚、梁桐等民族败类投敌叛变、勾结日伪破坏抗战的阴谋和罪行；宣传党的抗日救国主张、部队宗旨和全国抗战形势，并将没收的部分财物散发给当地贫苦群众，其余全部运回了西海，谢斌和刘向东带领部队继续驻守林头宣传发动群众。

同年9月的一天，死里逃生的梁桐，带了200多名日军和林小亚的汉奸部队共计2000余人，从大良、陈村等地向林头反扑。我驻林头部队在炮楼、桥梁、各交通要道顽强阻击敌人进攻。马济的部队在谢立全的带领下前来林头增援。经过整整一天的战斗，双方打得难分难解，部分日伪军冲进林头镇内，并占据了镇内的祠堂。谢斌在日间战斗中腿和背部负伤，晚上撤回西海，谢立全带队乘夜袭击了侵入林头镇内的日军。为了避免同敌人拼消耗，保存有生力量，第二天我部队主动放弃林头撤回西海。敌人占据林头之后，随即利用这个前哨阵地不断袭扰西海，威胁着我根据地的安全。谢斌因伤势不重，随队治疗。

1942年10月，中心县委在西海召开会议，研究三角洲的形势，认为当时日伪顽勾结起来围攻西海，敌我兵力对比悬殊，西海地区回旋余地小，不利于保存和发展力量，必须分散主力，另外开辟新战场，把抗日游击战争扩展到更广大的地区。会议决定，主力部队从西海转移。谢立全带领部分主力到五桂山区，会同欧初、谭桂明，加强五桂山区的武装斗争。林锵云和谢斌带一部分主力，秘密开到禺南地区，在杨忠掩护下开展隐蔽斗争。霍文带一支小部队开辟南三地区。西海留下一支精干中队坚持原地斗争。不久，日伪顽联合向西海发动了大规模的进攻，谢斌以少数部队掩护西海群众转移，主力部队隐蔽在蔗林中，夜间开赴预定地区。

第4节
吉安将军思念顺德

1946年谢斌、谢立全随我党广东抗日武装，告别顺德北撤到山东解放区后，谢斌进入华东军政大学学习，此时他又面临着由游击战到大兵团作战的转变和考验，从战争中学习战争，身为师长的他在规模最大的淮海战役中荣立一等功。

"从主力部队到打游击，到大兵团作战，再到空军，爸爸是一个学习意识与学习能力都很强的人。"谢斌将军的儿子谢卫平介绍道。其实在去空军之前，谢斌被派往华东海军工作，原因是部队北撤时曾坐过美国海军登陆舰，有组织部队上船、航渡和登陆的经历。面对完全陌生的军种，谢斌毫不犹豫地接受了任命。但在赴任的途中不幸发生了车祸，医生诊断后认为不适宜再上舰工作。

1951年8月谢斌担任华东空军副参谋长。新中国成立初期，因空军还未完全建立，依然处于高度警备状态。当时，国民党集结了大批飞机，不断对上海空袭与轰炸。谢斌带领战士们不断抢修被敌人炸毁的飞机跑道，同时组织有力的还击。1950年苏联方面决定派专家来指导中国空军。2月19日，苏联防空部队前指抵沪，按照苏联专家的指示，上海航办迅速做出了工程设计与施工组织方案。谢斌的儿子谢小平在怀念文章中写道："上海航办是整个工程建设的指挥部，为了赶进度，爸爸整整40天没回家。等任务完成回到家时，人已经瘦成了皮包骨头。"

后来，苏联防空部队为谢斌配备了一名专职军事顾问，谢斌跟着顾问学习了半年，很快掌握了苏军航空兵的组织保障系统和管理程序，这是他成功转型为一名空军领导干部的理论提升阶段。"1958年，为夺取东南沿海制空权，配合炮击金门战斗，中央决定组建福州军区空军，任命父亲为第一副司令员兼参谋长。一直到1968年被打倒，整整10年，在东南沿海的对敌斗争中，父亲在刻苦的学习与千百次的实践中，成为一名合格的空军指挥员。"谢卫平说道。

谢斌将军的夫人余励予把一辈子的风风雨雨满怀深情地娓娓道来："我那时被称作'飞鸽牌'，跟着丈夫跑，一辈子去了很多地方。"忆往昔，老人的目光始终是温柔的，仿佛又回到了从前。"中共广东省委开展游击战争，缺少领导人才，中央就派他来广东。当时他任指挥部参谋长，我在指挥部当文书。工作没几个月，他就被派往别处，我们一直没联系过。抗战胜利后，部队北撤，我们再次相遇，才开始有交往。不久又分开了。直到济南战争结束，我打听到他的下落，写信问他，如果他希望我去他那工作，是不是派人来接我？后来他真的派了两个战士来找我。其实我们没有任何盟约，他可以有别的选择，但还是专程来找我了。"

"既然他选择了我,我就要一辈子对他好!"余励予满含深情地讲述了一个故事,"文革"时谢斌被打倒了,关在北京审查,自己当时在福建。"我相信他,想见到他时送他一件最珍贵的礼物。这时福州正好进口了两块劳力士手表,我想到他的手表已经很旧了,就决定买一块送给他,表示我坚信总有一天他会被洗刷冤屈。为买表当时真是倾尽所有。他看到表,高兴极了!我跟他讲了表的含义后,他立刻戴上表,他感觉到家人对他的情意与关爱。这表他一直戴着,晚上睡觉也不取下来,直到去世。"

2008年9月11日谢斌患脑血栓住进医院后,余励予与子女悉心照顾,谢卫平说:"我们家被昵称为'护理1号'。在爸爸住院的22个月中,妈妈每天上午看护,下午就换我们兄弟俩,哥哥退休了,负责周一到周四;我平时工作很忙,负责周五到周日,为此推掉了一切应酬。妈妈特别认真,把爸爸每次体检报告中不达标的项目都记录下来,留着日后比较。爸爸住院期间,我们记了足足6大本的护理笔记,比医院的护理档案还要齐,以至于护士都借去看。"

广东开平人余励予是15岁入党,小小年纪担任交通员,给游击队带路。而后跟随部队,一路从广东、福建到山东,从北京到南京,国家哪里需要就到哪里去。土地革命期间,与老百姓同吃、同住,有时长达一年,做了多方面的革命工作。作为一名革命工作者,余励予坦言,入党动机很单纯,只想一心打鬼子。而土地改革,更是让她体会了百姓与党的鱼水情深。余励予退休前为江苏卫生健康职业学院(原江苏职工医科大学)

接受新挑战永不退缩的谢斌将军

编者按： 在南京雨花台功德园的红星园里，长眠着唐亮、杜平、饶子健、刘飞、刘先胜、聂凤智等百余位开国将军和老红军。他们每一个人的故事，都堪称一部壮丽的史诗，其中的篇章，既有建军年代的叱咤风云，也有和平年代的柔情大爱。《发现》周刊联合《铁军》杂志，雨花台功德园共同推出"红星园·将星闪耀"系列，一一为您介绍将军们的传奇故事。

谢斌（原名谢海龙）（1914.6—2010.7）江西吉安县城郊谢家村人，1930年参加中国工农红军。1932年入党。土地革命战争时期，历任参谋、连长、科长、营长、团参谋、团长、师参谋长等职。抗日战争时期，历任大队长、支队长、副师长、师长等职。解放战争时期，历任大教员、分队长、大队长、纵队副司令员等职。新中国成立后，历任华东军区军政干部学校主任、军区军事部部长、军长、军区空军副司令员等职。他为人正直等职。1955年被授予少将军衔。曾获二级八一勋章、二级独立自由勋章、一级解放勋章、一级红星功勋荣誉章。

在1955年受封的开国将军中，谢斌的经历很有代表性。从农民到军人、从战士到将军、从主力部队到敌后打游击、从陆军到空军、从私塾到高等军事学院，一生辗转南北，无论面对多么艰难的任务，他都交出了完美的答卷。

然而工作中雷厉风行的谢斌，生活中却是一位温和慈祥的老人，他心态平和，不计较个人得失，在妻子不渝的爱情与子女无微不至的呵护中走过风雨一生……

□本版主笔 见习记者 唐蕾

转战不同的战场，接受全新挑战

1940年春应广东省委请求，中央派谢斌与谢立全到珠江三角洲开展敌后抗日武装斗争，那里斗争难度极大，作战方式完全不同于正规部队，六年来，依靠当地党组织，谢斌和谢立全以严格训练几十人的一个中队开始，发动群众扩充队伍；先后曾指挥对敌作战二百余次，开敌三千三百多人，逐步发展到近三千人的珠江纵队。

1946年谢斌随我党广东北撤到山东烟台时，进入华东军政大学学习，他又面临着抗游击战到大兵团作战的转变和考验。从战争中学习战争，作为师长的他在规模最大的淮海战役中突立一等功。

"从主力部队到打游击，到大兵团作战，再到空军，爸爸是一个学习意识与学习能力都很强的人。"谢斌将军的儿子谢卫平告诉记者，其实在去空军之前，谢斌被派往华东海军工作，原因是福州北撤时曾坐过美国

海军登陆舰，有组织部门上船、航渡和登陆的经历。面对完全陌生的军种，谢斌毫不犹豫地接受了任命。但在赴任的途中发生了车祸，医生诊断后认为不适宜再上新工作。

4个月后，谢斌重被委以重任，来到了华东军区空军。1949年12月，为了反击国民党对上海的狂轰滥炸，避接苏联援华防空部队的进驻，华东军区决定组建上海航空分基地。在挑选干部组建上海航空分基地。在挑选干部组建上海航空分基地。但这只是个随时可到领导岗位。但这只是个随时可到领导岗位。但这只是个随时可到领导岗位。谢斌会不会有抵触情绪呢？军区干部试着问谢斌，没想到他欣然接受了挑战。

"爸爸心态平和，从不计较得失。1972年他被调回北京，组织上要重用他。结果他发了下车祸，没打去上海出。任命下来也去不了，这么一耽，以后只能任副职，但他没一句抱怨。"

伴随空军成长，成合格空军指挥员

1951年8月谢斌担任了华东空军副参谋长。

建国初期，空军还未完全建立，整天处于高度警备状态。当时，国民党集结了大批飞机，不断对上海空袭和轰炸。谢斌带领干部战士们不断抢修被敌人毁的飞机跑道，同时组织有力的还击。

1960年苏联方面决定派专家来指导中国空军。2月19日，苏联驻空部队前顾问指示，苏联专部队前顾问指示，苏联专部队中送到出中国空军。2月19日，苏联驻空部队前顾问指示，苏联专部队前顾问指示，苏联专部队前顾问指示，苏联专部队，也国民党集结了大家老人的小平在怀念文章中写到，作为沪州是这个工程建设的指挥部，为了赶进度，爸爸整整40天没回家。

等任务完成后回到家时，已经被成了个皮包骨头。

后来，苏联防空部队大使谢斌了一名专职军事顾问，跟班跟着谢斌同学习了半年，最终让苏联专家佩服的是，谢斌掌握了苏联航空兵的组织保障系统和管理程序。这是他成功改型为一名空军领导干部的关键升级段。

"1968年，为夺取东南沿海制空权，配合我出金门战斗，中央决定组建福州军区空军，任命爸爸为第一副司令员兼空军参谋长。一直到1968年离开福州，整整10年，在东南沿海的对敌斗争中，爸爸在剑拔弩张的学习与工作战实践中，成为了一名合格的空军指挥员。"谢卫平说。

刚硬耿直，捍卫泸定桥战斗真相

"尽管爸爸心态平和、与世无争，但同时他又是一个刚硬的人，无论情势多艰难，都会坚持自己的原则，'文革'时爸爸被打倒，也是因为他性格耿直，毫无私心。当时军党委扩大会议上打倒福州军区空军党委，并要求爸爸表态，爸爸不知道，或者不吭声也就过去了。但当时身为福空司令员的爸爸说，这个我不干。结果当然是他们两个都被打倒。"

近些年，国网上出现一些质疑"飞夺泸定桥"的声音，更有人称泸定之战不是个战例。作为这场战斗的亲历者，谢斌在2006年南京军区空军政

治部的视频采访中，叙述了自己的经历。

有人说，22名勇士全部通过了铁索，以此证明没有发生战斗。但谢斌却证实自己亲眼看见几名战士中带着棉大衣扑倒在大桥河，被激流吞没，这在视频资料中不只一口气说："这些战士真苦啊。"

据军史记载，谢定桥战斗中共有4人牺牲，18人安全通过铁索桥，所以才有18党意之说。也就是说，爬在铁索上的22勇士中，没有牺牲的18人每人获一枚奖章。这也和谢斌的回忆吻合，事实有力地驳斥了不实的传闻。

投以木桃，报之琼瑶的美满爱情

谢斌将军的夫人余励予也接受了记者的采访，把一辈子的风风雨雨，温暖而朴素地娓娓道来。"我刚刚被称作的'飞鸽牌'，跟着丈夫跑，一辈子去了很多地方。"忆往昔，一辈子的目光始终是温柔的，仿佛又回到了从前。

"既然他选择了我，我就要一辈子对他好！"余励予满含深情地告诉记者一个故事，"文革"时她要被打倒了，关在北京审查，自己当时在福建。"我相信他，想马上找他说一件最贵重的礼物。这时福州正好进口了两块手力表，我想派生前赶紧把手机已经很便宜了，就决定买一块送给他。表示我坚信的有一件事，它被亮眼了之个动作真是倾尽所有。"

"护理1号"为将军提供幸福的晚年

"爸爸是将军，但我们并没享到什么特权。1968年春，福建漳州空军罗岗了几个战友名额，战斗中我爸爸住下我爸爸跟里打电话，要求把几个下属子女都送进军学校。当时还有不少老干部，这是见年纪不大'文革'时期，爸爸被打倒，就权了，我们反倒受到优秀。1973年高校恢复，余励予与子女都心怀他进京求医，谢卫平说，"我们家被规为'护理1号'。在进医院的22个月后里，妈妈每天上午早晨7、下午愿意看意见，我都心怀很要很快全力以赴地做。可以说，'要做就是做对爸好，基本要吃饱、别感觉得好'。"

"对爸爸我们都是尽力亲为。

①1938年，谢斌(右一)与战友在抗战合影
②谢斌将军与家人在一起
③谢斌(前排左一)夫妇与战友的合影
④吉安将军公园里的谢斌将军铜像

爸爸离休后每天坚持锻炼。还在医院子里种花，经常满园大开。有时他一天要爬好几儿大山楼，屋着锻炼和工作人员入伍。但爸爸身体的健康状况，其实也都不有大。"文革"时期，爸爸被打倒习惯是关起来。

谢斌2008年9月11日德胜医检住进医院，余励予与子女忍心照料，谢卫平说："我们家被规为'护理1号'。在进医院的22个月后里，妈妈每天上午早晨7、下午愿意看意见，我都心怀很要很快全力以赴地做。可以说，'要做就是做对爸好，基本要吃饱、别感觉得好'。妈妈的坚持让我，把爸爸每次检

检查报告中不达标的项目都记录下来，留着日后比较。爸爸住院期间，我们记了足足6大本的护理笔记，在医院的护理档案还要多，以至于护理都叫她老师。

"小时候，总觉得爸爸很严厉，但事实上他是一个很温和的人。当他搬离南京的那机关时，我跟去给他搬家。临上火车时，厂里人百号工友来送他，他被感动得热泪满面。平时爸爸和大家打成一片，工友们都叫他'老谢'。这可是见着一个朴素的将军，认定爸爸是一个人看一个朴素的将军，认定爸爸是一个人一直都珍看。"

党委书记。

2018年9月11日,广东人民抗日游击队珠江纵队后代一行13人,在南京看望了谢斌的爱人、东纵北撤老前辈余励予同志,并与谢立全之子谢小朋、女儿谢小明、孙女谢海滨,谢斌之子谢卫平欢聚,忆昔日父辈的革命情谊。

这是顺德与吉安后人对前辈的思念。

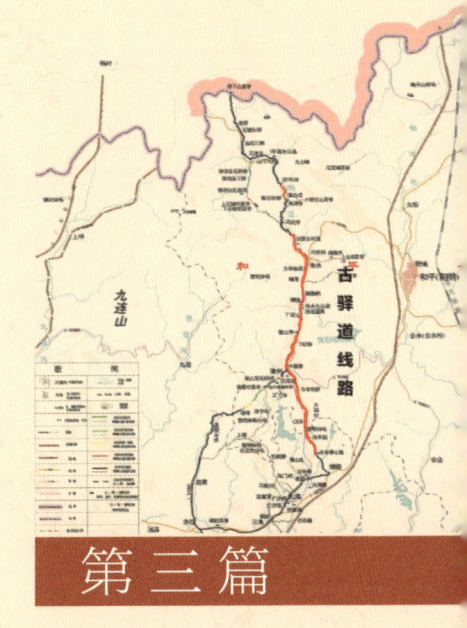

第三篇

贸 易

中国地图出版社出版的《中国地图集》，这样描述江西的地理形态："以山地、丘陵为主，地形呈向北开口的盆地。江西省东、南、西三面，依次被层层叠叠的山峦环抱，依次是怀玉山、武夷山、九连山、大庾岭、罗霄山、九岭山，中南部腹地为红岩丘陵，在山岭群峰之间，赣江、抚河、信江、修水等大河发源于省境山地，最终共同注入鄱阳湖。"

这样的地形地理，非常适合农业耕作，尤其是鄱阳湖平原，光照充足，雨量充沛，很早就成为稻谷的主产区，土地开发和耕作技术在宋朝便达到了高峰。北宋年间，江西的人口已近500万，为全国之首。江西的农业、工业、商业经济全面繁荣，盛产粮食、茶叶、布匹；而论工商业，不仅制瓷业、矿业、纺织、木材、造纸、制茶均高居前列，生产力水平高企，商业贸易遍及乡村市镇，从生产资料、生活资料到劳动力买卖全面繁盛，纳税纳粮全国第一。

而江西的繁华，还不只是自身的富足，还在于这里是中国南北的商路要津。唐朝开元年间，宰相张九龄开凿了大庾岭路，使赣江——大庾岭路成了南下两广的一条交通孔道。在一千多年里，江西独享这条商道，发达的农业和工业与商路互为表里，襄助江西成为各个王朝的重要经济中心之一。

这条商路的繁盛后来登峰造极。清朝乾隆二十二年（1757），皇帝一道圣谕，将沿海的口岸除广州之外全部关闭，清帝国进入了渐渐落伍的晦暗周期。天朝的闭关锁国，却意外地给江西带来了80多年的"红利"，帝国北方和江浙地区的商品，都要借助这条商路，在广州出洋，为大清换来银子。那些年份里，赣江上舟楫连樯，商道上车轮辐辏，江西浸润在金山银海中。

从北到南，沿着京杭大运河——长江——赣江——大庾岭——珠江——广州，这条商道成为帝国贸易的总干线，被称之为"京广大水道"的流通路线，是全国漕运和南北货物对流的运输干线。有这样的便利，江西流通的商品达355种之多，帝国在赣州府设立的榷关——赣关，是户部直辖的二十四关之一，为帝国财政贡献甚巨。后来，曾任江西巡抚的刘坤一曾回首赣关的鎏金岁月时说："赣关地处梅岭之北，系广东一省通衢，从前洋商均在粤东贸易，土货洋货莫不经由赣关，是以征税畅旺。"

有路就有人来往，这就产生了贸易。贸易，是在平等互利的前提下进行的货品或服务交易。贸易属于商业行为。贸易是在交易市场里面进行的，最原始的贸易形式是以物易物，即直接交换货品或服务。现代的贸易则普遍以一种媒介（金钱）作贸易平等代换。金钱及非实体金钱大大简化和促进了贸易，两个贸易者之间的贸易称为双边贸易，多于两个贸易者的则称为多边贸易。

顺德与吉安就有了无限机会的贸易往来。

第十章　青原稻米保障顺德吃饭

民以食为天，食以安为先；端牢中国饭碗，建设农业强国。粮食安全在每年中央一号文件中都会被放在突出位置。

近年来，国家在粮食安全战略上的重大转变是：从主要满足"量"的需求，向追求绿色生态可持续、更加注重满足"质"的需求转变。而且，在"质"方面，特别是农产品产出结构上，保证粮食品种结构、品质安全将成为今后一段时间内实施粮食安全战略的重点，这也是实施农业供给侧结构性改革的主要内容。

作为制造、智造大区的顺德，是典型的粮食纯销区和大销区。顺德常住人口超过320万人，年口粮需求量达100多万吨，每年从港口、公路运进粮食超过350万吨，产需缺口大，粮食供应几乎100%依靠国内产区和国外进口输入，对外依存度高。

面对"口粮需求和转化用粮大，但自给率几乎为零"的实际情况，顺德的做法除了按质按量完成储备任务外，还把更多的精力放在粮食质量管控上，例如：提升绿色科学储粮技术应用水平，通过信息化、物联网、大数据等手段试点建设具有顺

吉安市青原区富田镇湖圳自然村的稻田。

德特色的智能化粮库等。

每年的6月，顺德区发展规划和统计局就会同区储备粮管理总公司相关负责人及业务骨干组成调研组，前往江西省吉安市等粮食主产区开展粮食工作调研，他们走田头、访企业，既为增强产销合作实效，也为汲取粮食仓储项目建设和管理经验。同时，聪明的顺德人知道，亚热带季风湿润气候以及适宜水稻生长的耕地使粮食生产成为吉安的一大优势。

第1节

粤盐赣销赣粮粤卖

2017年，广东省河源市新发现一条通往江西的古道。这段粤赣古驿道主要分布于河源市和平县、连平县和东源县境内，沿途经过浰源、热水、青州、绣缎、大湖、三角、高莞、忠信、顺天、涧头、双江等镇，总体呈南北走向，并有多条主支线。现已勘测清楚的线路长262.6千米。据当地文物部门介绍，粤赣古驿道是一条"起于民间、兴于商贸"的民间商贸通道。

据史料记载，数百年来粤东客家地区一直是盐丰粮缺，而江西则是多粮少盐。粤赣两省大山横亘、水路不通，两省通商多走山路。其时客家地区悄然涌现挑盐大军，有专职挑担者，也有农闲挑担者。"挑盐担上江西"成为很多客家人最大的副业，挑担之艰辛换来的是"粤盐赣销，赣粮粤卖"，从而催生了粤赣盐商古道。河源境内的盐商古道从海陆丰到紫金县，经黄塘、康禾仙坑，然后到东源蓝口，再经水路到和平林寨、龙川，最后到赣南地区。当年，这条古道上活跃着成千上万的挑夫，他们成群结队地搬运食盐，古道的繁盛景象可想而知。

粤东与江西、福建交汇处的梅州平远，也有一条著名的梅州古盐道。这条盐商古道的起点也是在潮汕地区，当地海盐走水路逆韩江而上，运至大埔三河坝后转从梅江而上，至梅县东山码头后，改为陆路由挑夫肩挑北上，从玉水村经梅县大坪、平远石正进入江西流车、寻乌，至江西筠门岭，然后以会昌县城为终点，全程约230千米。玉水古村位于梅县城东镇，客家挑盐客的运盐队伍多途径此地，当地至今还保留当年的古道。

据《明史》记载，赣州在明正德二年（1507）改行广东盐，可见粤赣间的盐道有超过500年的历史。中山大学历史学系教授黄国信在《区与界：清代湘粤赣界邻地区食盐专卖研究》中阐述了与平远相关的古盐道考证："筠门岭通嘉应和潮州，从赣州溯贡水而上至湘水，到达筠门镇后，或换小船至罗塘再挑越筠门岭，或直接挑越筠门岭，抵达镇平县新铺，然后船运通过石窟河经梅溪至嘉应州。"

1930年，毛泽东在江西省寻乌县开展了20多天的社会调查，对寻乌的政治区划、地理交通、商业活动、土地关系、土地斗争的状况，进行了全面而详尽的考察分析，后来整理成著名的《寻乌调查》。毛泽东在调查时，就对江西省赣州市会昌县筠门岭来往梅县的生意作了详细的记述。例如，"从石城、瑞金来的，米和豆子为大宗，值几十万元"，"石城、瑞金的米到门岭，大部分经罗塘、下坝（武平属，在三省交界处），新铺（蕉岭属，离梅县三十里）往梅县，每天约有三百担过"，"梅县与门岭不通车，大部分是肩挑"，"门岭去梅县，脚夫们一担货去，一担货回"，这充分证明了粤赣盐粮古道的重要历史作用。

很多人可能不知道，挑担卖粮卖盐的多为客家女性。深圳大学文化产业研究院研究员周俐表示，"女劳男逸"的客家社会，造就了客家妇女勤劳、坚韧的品格。一方面，客家地区重文教，男性多为读书人，少从事体力劳动；另一方面，梅州是侨乡，当时男性多结伴到南洋打工，只有妇女和老幼在家。为了维持生计，客家妇女就选择了挑盐这个副业。

然而，挑盐客的工作并非人人都能胜任，只有具备了一定的身体和心理素质才能担当这项任务，相较而言女性挑盐客就更加不易。周俐表示，首先，挑盐客要有过人的胆识和吃苦耐劳的精神。赣闽粤边区盗贼较多，往往需要应对突如其来的事件。其次，过重的货物是挑盐客所面临的大问题，每位挑盐客

吉安与顺德有着千丝万缕的山水印记。

至少要挑100斤盐。

据史料记载,抗战时期,梅县还活跃着一支妇女挑担大军。因日寇的严密封锁,粤赣及西南诸省的食盐曾一度依赖闽南沿海供给。内销的千百万斤盐大部分依靠粤赣边区客家妇女人力运输。从闽粤交界的韶安、黄岗、饶平、高陂,沿韩江、梅江而上,再经盐商古道进入江西,到达吉安。每天有成千上万的妇女,成群地搬运盐,一担一担越过高山峻岭,一站一站地接力运送。

周扶九(1831—1920),名鹃鹏,字泽鹏,号凌云,江西吉安庐陵县(今吉安县)高塘乡人,近代中国扬州最大盐商、金融家、实业家,上海滩地皮大王、黄金巨子,资产达5000万两白银,富可敌国,是二十世纪初期的中国首富。2017年12月江西人民出版社出版《吉安盐商旧闻》一书,详情介绍了江西吉安商人在扬州经营盐业的情况。不过,我研究发现,吉安人是将广东运过来的盐,源源不断地卖到了全国各地。

周扶九16岁由伯父举荐前往同村人在湖南湘潭开的绸布号

当学徒。这家绸布号生意涉及广东、安徽、浙江等省。周扶九在绸布号期间深受店主赏识,学徒未满,就让他联系业务、跑采购、催账收款。由于他吃苦肯干,人又机智,得到先生和老板的赏识。三年学徒期满,便当上了先生,22岁时又被店主派往距离顺德仅一河之隔的广州当庄客。周扶九在绸布号与广州当庄客时,店铺里买卖的丝绸都来自顺德。《广东省志·丝绸志》称:"嘉靖四十一年(1562)顺德县龙江已生产著名的丝织品——'玉阶''柳叶'和'丝绸',并被列为广东贡品。"这表明顺德丝绸产品质量上乘,想必也成为外贸的抢手货。彼时的顺德是广州府下辖的县,纵横交错的水道直通广州城,理当成为海上丝绸之路的重要货源地。

《广东省志·丝绸志》记载:"每年蚕丝上市的时候,由广州运往顺德各属的现银,平均每天达到30万元,全县每月有千万元的现款流动。"可以想象,顺德大小船只,载着满仓的蚕丝,从各地的埠头出发,沿着大小江河,奔向广州城——那是多么壮观的景象。这江河涌汊,就是海上丝绸之路的前沿。

正当周扶九扶摇直上之时,太平天国运动爆发,太平军直逼广东、湖南等地。店主要周扶九抓紧收回债款,有钱的收钱,无钱的用值钱的实物折抵。当时,食盐经营实行"票法",运销食盐均由官府发给税后盐票,盐商凭盐票运销,第票可运销食盐800斤至2000斤。盐商不仅可以凭票做食盐买卖,也可将盐票卖与他人经销食盐,因此,谁手中的盐票多就可发大财。但太平天国起事后,盐票大跌,每票只值20两银子,因此,周扶九在收债款时,曾收了25张盐票。岂料盐票一跌再跌，直到一文不值，成了废纸。店主却不认账，扣除他的薪水抵偿损失，25张盐票也归周扶九所有。1864年，太平天国运动失败后，复行票法，此时盐票也越来越值钱了。

周扶九回到吉安老家，以摆摊维持生计。这时，盐票一涨再涨，一票可值四五百两银子。一天，他在老婆的针线篓里发现了那25张盐票，原来他老婆打扫房间时发现床脚下的盐票，却又不知道是什么东西，便顺手放在针线篓里。周扶九喜出望外，将盐票出租给盐商，从此便财运亨通，生意越做越大。可谓是收盐票招祸，寻回盐票得福。因此，周扶九靠25张盐票致富发家。

说到这里，我不禁想到，我爷爷王俊伦在井冈山革命时期，就曾是邮务工，他也曾参与把广东盐运输到井冈山、瑞金等地。

第2节

赣中粮仓供应顺德粮食

江西这片红土地上的两条小道，都与粮食有关。一条在井冈山上，叫做朱毛红军"挑粮小道"，关乎红色政权的存亡；另外一条在南昌西郊的一间工厂，叫作"小平小道"，关乎世界六分之一人口的温饱。

雨季，走在我的家乡吉安井冈山五大哨口最险处黄洋界下的"挑粮小道"上，依然步履艰难。

双脚不知道多少次丈量过这条"挑粮小道"的吉安人，谈起"挑粮"话题时依旧满怀深情，吉安素来就是"赣中粮仓"，当年老区民众就是沿着这条小路，源源不断地往山上输送粮食。"挑粮小道"由此挑出了峥嵘岁月，挑出了新中国的28响礼炮。吉安老区对新中国的贡献不仅仅是牺牲了5万多位烈士、产生了147位开国将军，还有那扁担两端沉甸甸的粮筐。

素有鱼米之乡美誉的江西，是中国南方最重要的商品粮生产基地。而江西全省55个粮食主产县中，吉安就占了10个。至今，吉安人始终不忘吉安是农业大市、粮食主产区的责任与使命，始终坚守粮食生产，坚守耕地保护，始终肩负一种担当。2021年，为巩固脱贫攻坚成果和全面推动乡村振兴提供根本支撑，为稳经济、稳社会、稳全局奠定坚实物质基础，吉安市青原区持续推进粮食生产建设，积极落实"藏粮于地、藏粮于技"战略，扛稳粮食生产安全重任。青原区时刻紧绷粮食安

吉安市青原区的稻田是顺德人的口粮。

全这根弦，粮食播种面积稳定在31.5万亩以上，年粮食产量超12.6万吨。其中，水稻播种面积29.7万亩，总产量12.2万吨。

根据国家、省、市要求，青原区坚决遏制耕地"非农化"，防止耕地"非粮化"。2020年，该区狠抓耕地抛荒整治和粮食生产工作，通过高位推动和大力宣传耕地政策、鼓励大户流转土地、高标准农田建设和采取托管服务等有力措施，复耕整治抛荒面积2300余亩，确保全区粮食播种面积只增不减，为全面落实粮食生产工作打下坚实基础。2020年底，青原区累计建设集中连片、旱涝保收、高产稳产的高标准农田2.4万亩，极大改善了农田水利基础设施条件，建设完成的农田年均粮食产能提升每亩50公斤，每年粮食增收612.5万公斤。通过开展化肥农药减量增效、推广种植绿肥、农作物秸秆还田、酸化改良和水肥一体化等耕地质量保护与提升技术措施，进一步改善了全区土壤结构、培肥了地力、提高了作物单产。青原区耕地质量保护与提升技术推广面积40.19万亩。其中，秸秆还田面积30.7万亩，种植绿肥1.85万亩，酸化改良面积1.83万亩，推广应用商品有机肥面积4.76万亩，水肥一体化面积1.05万亩。

2020年，青原区为16.03万亩农田发放耕地地力补贴，补贴标准为112元每亩，补贴金额1795.22万元；稻谷补贴25.85万亩，补贴标准为33.5元每亩，补贴金额865.98万元。青原区发展农民专业合作社268家、家庭农场148家，其中粮食生产专业合作社52家，家庭农场43家，创建国家级示范社1家、省级示范社3家、市级示范社5家，创建省级示范家庭农场1家、市级示范家庭农场3家。罗昭明、陶金华和肖世坪三位种粮大户先后被评为省级种粮大户。

吉安种粮与顺德有何关系呢？

事实上，2012年在粮食产需缺口逐年加大的背景下，顺德区政府就与江西省吉安市青原区签署粮食产销合作协议，青原承诺优先向顺德供粮。当时，由顺德区副区长、发展规划和统计局局长杨小晶率团，组织区有关部门及粮食骨干企业与青原区签署两地政府间粮食产销合作协议。

当时的媒体是这样进行报道：江西省吉安市素有"赣中粮仓"的美称，是江西省粮食主产区，而青原区是"赣中粮仓"的重要组成部分，也是江西省重要粮食和优质稻生产基地，粮源充足，量大质优。顺德区发展规划和统计局工作人员表示，目前顺德与江西吉安建立了长期的、良好的产销合作关系和频繁的友好往来。"为进一步完善两地粮食产销合作机制，保障双方粮食供应市场稳定，决定在现有粮食产销合作基础上，着力建立两地产销合作平台，构建更紧密的产销合作关系，深入推进两地粮食产销合作发展，积极探索合作新途径，拓宽合作新渠道。"这次签约，本着"政府推动、部门协调、市场调节、企业运作、创新机制、丰歉保证"的原则围绕建立友好联系机制、加强粮企信息交流、促进产销对接、粮食优先购销、拓宽合作形式和增强服务意识等主题，构建两地粮食部门间长期、全面、稳定的合作伙伴关系，实现两地粮食资源与市场优势互补新格局。

一谷一粟，都是春夏秋冬劳作的成果；一米一豆，均是点滴汗水凝成的结晶。

105国道广东段的吉安饭店是往来顺德、吉安司机们的落脚点。

　　在与各大粮食主产区保持紧密合作、"开源"确保粮食储备任务按量完成的同时，顺德更是坚持把好"进粮关"。以目前区储备粮管理总公司的中心储备库和容奇粮库为例，所有来粮的车辆均须按国家标准抽样检验，质量合格的方允许入库，质量不合格的一律退货处理。库存储备粮食进行定期检测，稻谷、大米每月检测一次。针对重金属超标的情况，区储备粮管理总公司已于2013年配备了目前国内外同类设备中较先进的美国PE原子吸收光谱仪和北京吉天原子荧光光度计，设备采用全自动化进样检测，精确度和稳定性高，保证来粮卫生安全。

　　过了"进粮关"后，还必须对"储粮"和"保粮"技术进行全面提升。据悉，中心储备库应用电子测温、环流熏蒸、机械通风等新技术储粮。该储备库还全面实施充氮气调储粮技术，通过实施富氮低氧的储粮条件控制，并有效利用智能化监控系统，落实对仓内氮气浓度的及时调控，以达到彻底杀灭害虫、粮食保质保鲜的理想效果，同时有效避免对环境及粮食产生污染，实现绿色生态储粮。

如今，为给储备的粮食提供VIP级服务，同时满足顺德因地铁时代常住人口膨胀可能带来的粮食储备任务的增长需要，顺德正高标准、大手笔投资建设"粮食产业园项目"。除了高标准建设"新粮库"外，顺德还加大力度扶持辖区粮油加工企业做大做强。据区发展规划和统计局提供的资料显示，顺德已培育且拥有白燕粮油、东方面粉、金禾面粉、生鱼牌等在国内享有较高知名度的品牌，且在高端面粉市场有一定的话语权，全区粮食日加工能力超过3000吨。2016年至2017年，各家企业还加大基础设施建设的投入，白燕粮油和金禾面粉先后分别建成6万吨、3.2万吨粮食仓库，东方面粉目前在建2万吨粮食

吉安稻谷在顺德加工成大米的企业。（胡美玲 摄）

仓库；各企业积极探索，通过对生产线进行改造、提升生产效率、加大研发投入、创新销售平台等方式进行产业升级，如白燕粮油和金禾面粉启用机器人设备、白燕粮油试水电商平台进行销售。

与青原区一样，吉安市吉水县的粮食不仅产量多，而且品质好，生产出来的水稻颗粒饱满、色泽和口感好、营养丰富，加上工艺设备先进，加工出来的大米质量上乘，在市场上逐步成为抢手货。在顺德、广州、深圳、珠海等地不少粮食客商都打着"吉水优质大米"的牌子招徕顾客，可见吉水大米声誉之高。早在唐宋时期，吉水就是赣江流域的水稻主要产区，是封建王朝的"漕粮"产地。

顺德的伦教糕、陈村粉、双皮奶等美食都是用吉安稻米米浆做成的。

第3节

打造"井冈山"稻米品牌

2020年9月19日，83.56亿元的农业产业和农产品产销对接项目在深圳召开的2020江西吉安·粤港澳大湾区农特产品推广会上签约，吉安绿色农产品走出"家门"，拥抱大湾区市场。其中，有不少是顺德客商的贡献。

近年来，吉安积极对接粤港澳大湾区市场，先后与深圳、顺德等地开展了农产品产销对接、大健康产业推介等一系列交流合作，建立了良好的合作关系。吉安蔬菜每年销往广东约16万吨，生猪外调的70%销往广东，越来越多的吉安农产品正源源不断地装进粤港澳大湾区市民的"米袋子""菜篮子""果盘子"。

而在2019年12月，由江西省农业农村厅主办的2019江西"生态鄱阳湖·绿色农产品"（广东）展销会经过4天的展示展销，吉安市农业农村局通过组织农产品展示展销、贸易洽谈、宣传推介、签约仪式等系列活动，农产品现场交易额近200万元，签订意向销售订单约1800万元。吉安参加展销的12家绿色农产品企业获得了金奖，泰和、万安、吉水、安福、青原等县（区）参展企业进行了现场展示活动，深受消费者、客商青睐，吉安绿色农产品正叫响粤港澳大湾区。

吉安绿色农产品品牌以展销会为平台，近年来多次参加广州、深圳、东莞、佛山顺德等粤港澳大湾区江西绿色农产品展销推介会，积极融入粤港澳大湾区，架设吉安和粤港澳大湾区农业交流合作的桥梁，推进两地农产品市场深度融合，实现双方农业全方位的合作共赢。

进入新时代，吉安市委、市政府将绿色大米产业列入全市农业六大富民产业，以"井冈山"农产品区域公用品牌建设为契机，把"井冈山"牌稻米确定为吉安绿色大米的统一品牌，积极发展壮大"井冈虾稻""井冈红米""井冈软粘"三大系列稻米产品。

这将是顺德人选粮的又一品牌与保障。

顺来吉往 —— 顺德吉安关系简史

第4节
顺德旧粮仓今何在

中国粮油信息网2016年8月26日发表的《解码数十年中国粮仓的演进过程》一文，竟然是从顺德的粮仓与粮站说起。

顺德伦教三洲，旧时由大洲、大东、乌洲和大南四个管理区合并而成。在村民的记忆中，这里还未建成工厂和城轨枢纽站之前，是一望无际的稻田和鱼塘。2016年，64岁的地道三洲人郭桂鸿，在进工厂打工、当村干部之前，他全家都是地道的农民，种粮养鱼，粮食自给自足，"当时三洲都算是一个比较大的粮食产区"。在二十世纪五六十年代，粮食都是"统购统销"。郭桂鸿一家每到7月、10月就要按比例上缴一定的公粮。这时候，粮仓就发挥了中转储存的功能。在三洲何家涌一侧，被活化后的大洲粮仓作为一段历史的见证被保留了下来。

吉安运输司机们熟悉的顺德老粮仓。

何家涌宽不到15米，却是那些年运粮的交通要道。据郭桂鸿回忆，当年一到交粮的日子，农民就将晒好的稻谷打包放上6米长的艇仔，运至大洲粮仓的埠头交货，"一船成千斤，多的时候要运几次。"

有"入粮"当然就要"出粮"。由于当时物资比较短缺，公粮都是按分配提供的。通常农民自己分配，居民靠粮站分配。每到月头，人们就会拿着粮票到粮仓一旁的粮站籴米。一个人一个月23—26斤的口粮，每个月都要省着用。农民当时交完公粮之后还有余粮自给自足，居民就全凭分配的口粮过日子了。当时一名教师一个月最多可以分配到25斤米，而工人最多可以分配到27斤米。

粮站和粮仓属于同一个机构，都归粮管所领导。粮仓用来放谷、米、油，收了农民的稻谷进仓，然后把数据报上粮管所；需要出仓的时候，工作人员就会把粮仓里的稻谷拿出去，碾成糠和米，再运去粮站卖出去。鼎盛时期，顺德有10多个的粮管所，分布在各个镇街，各个粮所都配备有一定数量的粮仓。分散的粮仓大多数是瓦顶房和祠堂储粮，规模小，条件也比较差，堆放也没那么规范和统一；之后建设了一定数量的粮食仓库，但绝大多数是砖木结构的房式仓。如今，随着社会变化，众多的粮管所和粮站已经退出了历史的舞台。

随着人口的增加和粮食储备规模的扩大，零散的仓库已难以满足粮食储备的需求。为确保粮食安全，顺德也慢慢进入了建设大型统一粮库的时代。《广东粮食志》介绍，广东省粮仓，既装粮食，也装油料；既有收纳库、供应库，也有

顺来吉往 —— 顺德吉安关系简史

这里是吉安稻谷运到顺德后最早存放的地方。

中转库、储备库。而按照仓型分，则有苏式仓、房式仓、简易仓等等。早期顺德出现过"苏式仓"，即依照苏联的图纸而建设，它的特点是矮、瓦面、比较斜；中间由很多木头顶住，上面再做一个三脚架来支撑。进入新时代，现存建设最早的统一粮库，是位于德胜河畔的容奇粮库，至今仍在使用。容奇粮库于1989年投产使用。目前共有17个粮仓，其中10个储存大米，7个储存包装稻谷，总仓容量为4.2万吨。《广东粮食志》介绍，位于顺德容奇德胜开发区的这座粮库，所有的粮仓都是门式框架房式仓，其容量大，且有利于粮食通风散热和机械操作。这样的规格，在当时县级地方已经算是先进的了，仓房好，储存条件也好。沿着容奇粮库进门的主干道，17座粮仓分别矗立在两侧，井然有序。以前的粮食运输都是以水运为主，所以大多数粮仓都是沿着河边建设，方便粮食的装卸作业。

容奇粮库现在所储存的大米多来自国内和东南亚，稻谷的来源主要是国内粮食主产区。其中，大米的储存时限一般为6个月到一年，稻谷的储存时限一般为两到三年。储存到期后，这些粮食将会通过广东华南粮食交易中心进行公开竞价销售。为了更好地存储粮食，容奇粮库在五六年前就开始使用空调对粮仓进行控温。2009年的时候，仓库的门窗也更换成了粮仓专用保温密闭的门窗，大大提高了仓库的保温隔热能力和气密性。夏天时，高温潮湿的气候条件不利于粮食的储存和安全度夏，因此，大米仓库需要通过空调控温，将仓内温度控制在23摄氏度以下，稻谷仓库则利用仓顶喷淋装置，通过洒水进行降温，将仓内温度控制在30摄氏度以下。到了冬天则不需要使用空调，把粮堆外围的薄膜揭开进行自然通风，将粮食温度降低，更有利于粮食储存。

二十世纪八十年代以后，顺德水稻耕种面积逐渐减少，很多农民转而耕塘养鱼，到现在已基本不生产粮食，粮食缺口很大。随着人口的不断增加，粮食对外的依存度也越来越高，

吉安稻谷在顺德存放的粮仓。

原有的粮库仓容量已不足以保障粮食的安全。顺德区发展规划和统计局相关负责人介绍，储备粮主要用于调节社会粮食供求总量，以应对战争、重大自然灾害或者其他突发事件等，对保障粮食供应安全起到重要作用。2007年，顺德在伦教选址新建了一个中心储备库，即是现在顺德区储备粮管理总公司的所在地。中心储备库占地100亩，总仓容量为6.6万吨。中心储备库全部为高大平房仓，应用电子测温、环流熏蒸、机械通风等新技术。进入中心储备库库区，绕过正门前排的办公大楼，就可以看到后排的一栋简洁的建筑，门牌上写着的"检验室"三个字，显示着它的举足轻重。新的检验室于2013年改建启用，是每一车粮食入库之前的必经之所。在入粮的日子里，运送粮食的大货车就停在待检区，等待检验人员上前取样，然后带到检验室内进行质量检验。按照国家标准，每一车入库的稻谷都要检验出糙率、整精米率、杂质含量、水分含量、重金属等多项指标。所有的检验，都要保证入库稻谷质量指标全部符合国家相关质量标准要求，确保安全储存。水分、杂质含量太高等，都会影响粮食的储存安全。

根据《顺德区地方储备粮油管理办法》规定，入库的稻谷一般会储存2—3年，再通过广东华南粮食交易中心公开竞价销售。为了最大限度确保粮食安全，中心储备库于2013年就配备了目前国内外同类设备较先进的美国PE原子吸收光谱仪和北京吉天原子荧光光度计，用于检测铅、镉、砷、汞等重金属元素，设备采用全自动化进样检测，精确度和稳定性高，只有来粮各项重金属指标符合国家粮食质量标准，才可以入库，否土改时期，顺德一些乡镇学习吉安的文件。

则就全部退回。中心储备库另一个高标准建设项目，是同样于2013年投入使用的绿色充氮气调储粮智能控制管理系统。在一座座粮仓的一侧，制氮房内一整套制氮设备静静地向粮仓内输送源源不断的氮气。中心储备库已全面运用充氮气调储粮技术，通过实施富氮低氧的储粮条件控制，并有效利用智能化监控系统，落实对仓内氮气浓度的及时调控，达到彻底杀灭害虫、粮食保质保鲜的理想效果，同时能有效避免对环境及粮食产生污染，实现绿色生态储粮。

在中心储备库的粮仓内，6米高的堆粮线以下全部装满了稻谷，留有2米高的空间供仓管人员作业。在铺满稻谷的粮面上，工作人员用绿色的踏粮板如阡陌般铺就了一条过道。如今，顺德几乎没有粮食生产能力，而2015年顺德粮食需求总量达到250万吨。据预测，随着外来人口的增加和粮食加工企业、粮食转化企业的壮大，全区粮食产需缺口在2020年接近300万吨。为了保障辖区粮食安全，广东省政府于2015年向顺德区下达了29万吨原粮的储备任务。而目前顺德储备粮仓容仅有10多万吨。因此，务必加快顺德粮食产业园的建设。顺德粮食产业园选址于均安镇，规划占地282亩。一期建成后能够基本满足省政府下达的29万吨原粮的储备任务；二期完工则可满足顺德未来10年进入地铁时代、因为常住人口膨胀所带来的粮食储备任务的增长，确保地方粮食安全。与现有采取平房仓不同，新粮仓建设浅圆仓，属于筒仓类，同等占地面积情况下可以存储比平房仓更多的原粮。另外，浅圆仓还具备机械化程度高、密闭性能好、结构受力合理、抗震性能好等优点，"可以代替更多的人力"。除此之外，该仓型一般成组建造，可同时满足中转和储备的需要，并可存储多品种原粮，适应南方高温潮湿地区气候特点。

　　如何保障粮食安全？检验这一关最重要。以往，多数重金属检测项目要送到省内有资质的检验机构进行检测，周期较长，回馈较慢。自从2013年中心储备库改造了检验室之后，包括重金属在内的大多数入库粮食质量指标都可以自己检测，较大地提高了粮食入库速度和效率。中心储备库检验室是一个独立的建筑，设置了化学、物理、重金属检测等七个功能室。以稻谷为例，检验人员要完成稻谷所有质量检验项目，包括出糙率、整精米率、杂质、水分、黄粒米、脂肪酸值、重金属含量等国家规定的检测项目。由于检验项目要按照国家标准检验流程开展，入粮集中时基本上要从早忙到晚。

与所有检验一样,稻谷的检验也是先扦样再检验。准备入库的粮车先停放在待检区,检验人员上前扦样。扦样点布置对于结果影响非常大,理论上扦样的点越规范、越均匀就越好。检验人员一般会采用梅花点对角线扦样,一车的粮食一般扦取一公斤的样品。样品会先进入物理检验室,然后再充分混合均匀后分样,形成检验样品进行分析,再分别进行不同的检测项目。譬如,出糙率检测,检验人员会首先称取一定分量的检验样品,再通过感官区分出完善粒和不完善粒,分别称重,由此计算出稻谷的出糙率。按照国家标准,三级早籼稻谷的出糙率必须不低于75%。

除了整米检测,部分项目还先要通过粉碎机磨成粉状。检验员会称取3克样品放入快速水分检测仪上,通过该仪器大约11分钟的检测,就可以检测出稻谷的水分含量,如果超过13.5%,就不利于稻谷长期储存。其他一些粉状样品会被送入前处理室,对粉状样品进行消解。等完成消解的检测样品变成了液体,再送入重金属检测室,上机后经设备自动检测得出结果。整个重金属镉的检测过程大约需要三个半小时。该检测室还可以检测砷、汞和铅含量等项目。

在机械化程度不高的年代,工作人员甚至要人力扛包;日常情况下,仓管人员还要轮流24小时值班,以确保整个粮仓不出事故。除了对粮仓做好害虫防治、出入库、卫生保洁等工作,每个星期还会对仓内的粮食进行巡检,确定有没有变质或者生虫。在长期的工作中,老仓管员也创新了不少工作方式。顺德人发明的"简易多向管道通风降温法"至今还在顺德粮库系统使用。粮食的温度是仓管员的生命线。为了减轻劳力，仓管员将直径10厘米的水喉管制作成T字形，管身钻了密密麻麻的细孔，然后安插在谷堆中间，只留出一个口在外面，一旦发现粮堆有过热情况，就会用鼓风机向水喉管打风，风顺着管道和管孔进入到粮堆中间，就可以起到快速降温的作用。类似这样的创新，都是在工作中不断总结研究出来的。很多的粮库仓管员花费了大半生与万千的稻谷、大米打交道，严保粮仓的安全。

在大良南华区石洛路附近一带，当地很多的旧厂房都已经拆掉，留下一片废墟，沿河涌而建的民房也已老旧，一座被丢荒多年的粮仓就湮没在这片老房屋里。粮仓大门紧锁，门上依然写着"地方粮油仓库"的字样，而大门上方原本做招牌的地方已经掉落一半，剩下一个窟窿。这座粮仓距离我上班的单位走路在10分钟左右。该粮仓占地约500平方米。2016年，70多岁的退休工人梁砖好对我说，粮仓大概是1951年建成的，现在铁门锁着的地方是当时卖米的，而顺着过去一排的房子当时是用来储存稻谷的，再过去一点还有一块小地方是用来储存水泥的。这个粮仓已经丢空30多年了，屋顶的部分瓦片都已经脱落。由于以前运送粮食主要以水运为主，所以粮仓都会沿河而建。记者从河对岸望过去，一排房屋建筑里只有这一间有亲水阶梯。两条横着的杉木、几块竖着的木板把原本从阶梯往粮仓的入口封住。时间过了几十年，粮仓里靠河边的几棵树已经长得比粮仓还要高。

在多数粮仓已经被历史所淘汰的情况下，伦教三洲的大洲粮仓被幸运地保留至今，而且成为当地景点之一。2014年，伦教街道决定将大洲粮仓所在的老街打造成一条文化街，粮仓也借此完成华丽转身，成为展览及开展论坛的场所。保存下来的粮仓是几栋高不足3米的砖房，外墙裸露可以看到一块块红砖，显示着其历史感。在粮仓还是粮仓的年代，到了交公粮的时间，周边的农民都会扒着小艇从四面八方将粮食运过来。为了存粮更多，粮仓里会用竹子密密麻麻地编成一个圆形的硬围，农民爬到硬围的上面将粮食往里面倒。随着粮仓一旁有着150多年历史的御波桥升格为佛山市保护文物，粮仓的历史地位也逐渐升高。

第5节

江西大米"翻不过"南岭

2017年3月《瞭望》新闻周刊记者刘健、郭远明、郭强发表《赣米难"越"岭南之谜》一文说，地域相邻的江西和广东两省，一个是粮食主产区，一个是粮食主销区。历史上，江西稻米主要销区就是广东。然而，近年来，这一历史沿革的流通格局却被打破，江西销往广东的大米数量逐年下滑。面对这一困境，江西这一传统产粮大省，通过大米生产的供给侧改革，开始了自己的突围之路。

江西被誉为"鱼米之乡"，拥有鄱阳湖平原、赣抚平原、吉泰盆地等天然粮仓，在保障国家粮食安全中具有重要地位，是建国以来全国两个从未间断调出粮食的省份之一。数百年来，江西大米最重要的销售地就是与它一岭之隔的广东。改革开放后，尤其是二十世纪九十年代以来，大量务工人员涌入广东，江西大米销量随之加大，是广东主要的大米供应地。在江西与广东交界的南岭一带，每天成千上万辆装满江西大米的卡车越过南岭，进入广东。然而，时至今日，人们突然发现，赣米开始难"越"岭南，让一直以广东为主要市场的江西大米加工企业陷入"寒冬"。

在南昌县、高安市、青原区、吉水县、新干县等江西传统的产粮大县，广东销售市场萎缩成为众多加工企业共同面临的困局。冰冻三尺非一日之寒。近年来，随着越南等地低价进口米大量涌入，广东、浙江等销区粮食逆向流入产区、中低端大米消费群体转移等因素陆续出现，赣米难"越"岭南不可避免。如果说，低价进口米挤压市场让吉安等江西大米加工企业步入"寒冬"，那么从广东、浙江、福建等销区逆向流通来的大米则是让吉安等地的大米加工企业雪上加霜。

在国内外、产销区价格双重倒挂的背景下，粮食产销地出现逆向流通现象，即广东、浙江销区大米流入江西产区市场。2016年，江西一家公司从广东等沿海地区买过一万吨当地的地方储备轮换粮。同时，政府也在为粮食加工企业转型提供支撑。江西省粮食局副局长刘福元介绍，这几年，他们和农业部门每年都会遴选一批优质水稻主推品种，推动粮食品种优质化，为结构性改革提供粮源保障。仅仅如此还远远不够。为了推广优质品种，一些企业在经营模式上也进行了创新。江西吉水县金田米业有限公司负责人许凯敏介绍,为推广一个优质品种,他们特地引入订单农业模式,让周边农户来种,并按高于市场的价格回收。然而,如果农民在粮价高时把粮卖给别人,粮价低就丢给订单人,怎么办?对此,许凯敏认为,"不管农民把粮卖给谁,只要他们种了,我们即使不能100%回收,但回收到的一定是好品种。"他说,现在公司已敲定订单面积5000亩,后面还有一批农民陆续来签约。

大米精深加工也成为一些加工企业的新选择。吉安市新干县洋峰粮油食品有限公司从2015年开始转行做米粉。

第十一章　企业家润泽顺德与吉安

第1节

顺德制造中国骄傲

如果说江西、吉安盛产大米输送给广东顺德是满足百姓一日三餐、丰富了顺德人的餐桌，那顺德制造的家电、家具卖到吉安则是满足人民对美好生活的向往。

顺德工业发展馆位于德胜河南岸，与德胜河南岸河滨公园连为一体，外观呈现为飞机发动机的造型，寓意着顺德工业飞速发展。展馆共分六层，总建筑面积达6303平方米，以"顺德制造，中国骄傲"为主题，以时间、产业、城市、科普为主脉络，设置五大主题展区，共陈列布展近2000张图片资料、15个精彩视频、300多套工业展品，多角度、全景式描绘顺德工业从追赶、跨越到领先的奋进史。以时间为主线，这里是一幅呈现顺德工业发展的恢宏画卷。五大展区分为顺德工业荣耀展区、顺德工业发展历史展区、顺德现代工业目录展区、顺德工业高质量发展探索展区、顺德工业互动科普展区，系统记录顺德从传统农业县到现代工业县、从计划经济向社会主义市场经济的历史性跨越,并率先开启从高速增长到高质量发展的探索。

在顺德,平均每秒钟就有2个电饭锅下线,每分钟能生产100台微波炉,每小时能生产洗衣机273台,每天生产的冰箱超过2万台,拥有美的、格兰仕、海信科龙、万和等一大批知名品牌,产品销往全球各地。称之中国家电之都、中国家具商贸之都、中国涂料之乡……顺德培育了一批具有全国影响力的产业集群,铸就了"顺德制造,中国骄傲"的传奇。在历年的"全国综合实力百强区"榜单中,顺德一次次排名第一。雄厚的产业正是顺德的底气所在。"全球家电看中国,中国家电看广东,广东家电看顺德。"这是中国家用电器协会的表述。改革开放以来,顺德从一台电风扇起步,迅速成为全国最

吉安变电站源源不断地为顺德制造业输电。

大的空调、电冰箱、热水器、消毒碗柜生产基地,全球最大的压缩机、风扇、电饭煲和微波炉的供应地。截至2019年,全区规模以上家电企业产值达2946亿元,约占全国家电产业规模的15%。全国平均每三台微波炉、电热水器就有一台是顺德制造,顺德产的空调、微波炉、冰箱等产品遍及国内34个省份,远销6大洲近200个国家和地区,家电出口量约占全国家电出口总量的1/4。与此同时,以顺德为圆心,家电产业还不断向外扩张,实现全国布局。高明、中山、武汉、合肥、芜湖、苏州、邯郸,从华南到华中、华东、华北,全国家电主要产区都有顺德制造的身影。

一花不是春,独木难成林。在家电产业走向全国的同时,顺德还孕育了机械、家具、涂料等一批领跑全国的传统优势产业。2018年12月《南方日报》报道,作为广东先进装备制造业的重要产业基地,2018年顺德机械装备年产值超2300亿元,成为继家电产业后,第二个突破2000亿元级的产业。拥有企业3000多家,产值超十亿元企业8家,上市企业13家。在806平方公里的土地上,创造了综合实力亚洲第一、世界第二的陶瓷机械,以及全国最大的木工机械制造、销售基地之一,占了全国近1/3产值。顺德"两家一花"(家电、家具、花卉)闻名天下。以龙江镇和乐从镇为核心,顺德家具业占国内市场份额的约20%。其中,龙江专攻制造,是全国乃至亚洲最大的家具原材料集散中心,家具制造和材料交易的上下游产业链总产值和交易额超1000亿元;乐从偏重商贸,从改革开放之初鱼塘边搭棚的家具商场,渐渐发展成全球最大的家具采购集散地,每年都有成千上万的

顺德制造远播世界。

海内外客商到此采购，成为全球家具发展走势的重要风向标。

"顺德制造，中国骄傲！"这句在中国产业界广泛流传的口号，不仅表明了顺德制造在全国的巨大的生产力、集聚力和品牌力，更彰显了顺德作为中国县域经济领跑者的自信，成为一张闪耀中华的名片。回顾这40年来，顺德制造经历过两次大的飞跃：一次是在改革开放的前十年，物质较为短缺的时代，以美的、格兰仕、科龙等乡镇企业为代表，敏锐地抓住市场经济刚崛起的机遇，掀起了"广货北伐"风潮，凭借低价格、数量大快速抢占了全国市场，缔造了"可怕的顺德人"的传奇。第二次是自二十世纪九十年代起，在完成前一轮积累后，顺德制造的品牌开始风行全国。"万家乐、乐万家""容声容声，质量的保证"等一系列耳熟能详的广告语背后，是顺德制造闯荡市场的品质象征。

第2节
顺德家具影响了江西

"中国家具看广东,广东家具看顺德。"经过40多年的发展,顺德家具市场集群已成为全国乃至全球最大的家具制造及商贸专业市场之一。2018年,顺德家具占国内市场份额的21%左右,约占省内市场的四成。在新时代,顺德正走在从"家具特色经济"向"家居总部经济"升级的道路上。

"以前325国道道路两旁摆满了家具,我们就在路边销售,直接就装车;改革开放以后,慢慢地老外也会到这里进行采购。"在被誉为"中国家具商贸之都"的广东顺德乐从镇,从父辈手中接棒经营实木家具生意的黄永坚说的"这里",就是浓缩着顺德几十年来家具行业发展变化的十里长廊。

从最初的广湛公路,到后来的325国道、121省道、佛山大道南,"十里家具长廊"多次更名,道路两边的乐从家具市场也已经历了蜕变。从二十世纪八十年代的马路市场,发展成为拥有几十座现代化家具商城,汇聚国内外高中档家具品种5万多个,每年促成销售额超千亿元的家具产业核心区域。黄永坚说,顺德家具产业发展并非一帆风顺,转型升级中离不开政府深化行政体制改革和市场经济体制改革的探索,"比如价格战,还有假冒伪劣的产品,扰乱了我们的市场,我们的政府及时推出了'信用+'创新服务,还有打造的诚信顺德品牌,引入一些设计、研发、展览等上下游链条,把我们'家具之都'这张名片不断擦亮。"

在摸索前行的路上,顺德还创造性地提出设想:将旅游元素融入家居卖场。2012年,顺德罗浮宫国际家具博览中心成功获批国家4A级旅游景区,震动了整个行业,2016年,还成为首批国家工业旅游创新单位。乐从家具协会秘书长杨志华表示,随着"家具之都"的华丽转身,未来顺德将从"家具特色经济"向"家居总部经济"升级,"中国家具看广东,广东看顺德,广东生产占到了全国生产制造的一半,我们顺德板块占广东三分之一。我们一直在努力,在迎接市场的挑战,从上到下,无论政府行业,包括我们商家、消费者,都希望乐从有更新的姿态,去迎接商业模式的改变。"

顺德家具影响了江西,特别是赣州与吉安。"2021年,顺德不少家具企业都来南康投资。"南康经开区规划建设科科长邓涛告诉我。大自然家居高端智能制造(南康)基地项目,由赣州市大自然家居有限公司投资建设,项目位于粤港澳产业合作区南康片区,总投资超50亿元,其中一期投资16亿元,占地450亩,主要建设内容包括新建办公楼、宿舍楼、1-7号车间、纸箱车间、辅助用房以及其他配套设施、购置安装橦木门、衣柜、地板、纸箱4条生产线等。建成投产后,年纳税2亿元以上。我了解到,总部位于顺德的大自然家居2020年荣获亚洲品牌500强,品牌价值758.23亿元,位居地板行业第一,是国家实木地板行业标准主要起草单位。赣州项目将打造木地板、木门、橱衣柜和全屋定制智能家居四大板块，是大自然家居全国品类最齐全的生产基地，也是其首个全屋定制智能家居生产基地。该项目高度契合南康"泛家居"产业集群发展路径，将有力补短板、强弱项，推动南康家具产业全链条发展，加快实现南康家具"单核时代"迈向"家具+家电+家装"融合发展的"三核时代"，给南康补齐"家装智造"的短板。

为补齐南康家具产业研发设计和销售乏力的短板、助推南康家具产业转型升级、加快打造"世界木材、家具集散地"、建设"现代家居城"，南康区以全球视野，高起点规划、高标准打造了集生产、生活、生态"三生融合"，产业、文化、旅游"三位一体"的家居第一镇——南康家居小镇。南康家居小镇用地面积5平方公里，核心区2平方公里，目前已完成了核心功能区建设。小镇自启动运营以来，迅速聚集了国际一流的研发设计、跨境电商、智能智造、品牌运营的知名机构和高端人才，融合了教育、文化、旅游、金融和互联网等高端业态要素，成了高端要素的大超市、总部经济的俱乐部和业态集群的孵化器。据南康区委宣传部介绍，小镇以鲜明的家居文化、家居体验、新品业态等旅游特色，成为"人文高地、人才洼地、工业圣地"，并跻身"全国最美特色小镇"，获评国家4A旅游景区、"江西省工业旅游示范基地"，被列为江西省科普教育基地和井冈山干部学院教学实践点。

南康家居小镇内的家居会展中心是南康各类高端家居会展的主要举办场所，是中国（赣州）家具产业博览会的永久主会场，也是推动小镇"展会经济"的主引擎。会展中心展陈面

105国道大良新滘路口，是众多吉安人进入顺德的第一站。

积17000平方米，展位达120个，每年可承办各类展会达50余场次，可接待各类游客、采购商突破300万人次。这些展会，不仅是南康家具产业的盛会，同时也是广大市民旅游和采购的重要节日。目前，家居会展中心展示了以美克美家为代表的国内一线家具企业和以分寸制造所、华邦大艺、团团圆、文华家瑞等南康本地优质家具企业的精品家居，风格涵盖了中式、新中式、美式轻奢、现代简约以及儿童家居等。同时还规划了设计潮流展位，专门用于展示落户小镇的设计机构所设计的原创家具和潮流家具。同时，小镇内的家居博览中心是为体现南康"实木家具之都"良好形象而打造的高规格、多品类的专业级展馆，馆内设有红木展览馆、家具历史博物馆和椅子文化博物馆，是一座名副其实的家具历史文化宝库。

顺德与吉安来往的国道、高速都要经过南康，南康也与吉安交界，105国道就把吉安、南康、顺德联系在了一起。

第3节

顺德制造在吉安

美的、格兰仕、万家乐、万和、科龙、康宝、东菱、小熊、村田……即使吉安人没使用过这些品牌的电器，也会听说过它们，许多人熟知的家电、家具品牌都来自顺德。

顺德家具与家电曾经并称"两家"。每次回到老家跟人说到我在顺德工作，对方第一反应就是："乐从家具好，顺德家电多。"

"顺德家电"自建渠道的模式，避开了成熟的一二线市场，重点开拓空白的三四线城市市场，这种市场开拓模式在全国属首例。为帮助顺德企业开拓市场，加盟"顺德家电"连锁店的商家，每家可获得补贴，帮助商家对店面进行统一装修和宣传。

"顺德家具"由于品质出色、影响力大，国内一些地方的家具企业经常打着"顺德家具"的名义进行销售。

在吉安就有数不清、经验规模不一的"顺德家电""顺德家具"卖场、售后服务部。顺德制造的家电，比如空调、洗衣机、冰箱、小家电、厨卫电器、生活电器、环境电器等到处可见，尤其是电饭锅、燃气具。在吉安的美的电器网点、专卖店随处可见。吉安广华电器有限公司成立于2004年，主要经营代理批发洗衣机、冰箱、空调等全线产品，是美的集团打造江西

顺德制造在吉安随处可见。（何玉苹提供）

吉安区域最为专业的家电销售批发专营公司。

顺德是全国最大的空调器、电冰箱、热水器、消毒碗柜生产基地之一，是全球最大的电饭煲、微波炉供应基地，拥有"中国家电之都""中国燃气具之都""中国涂料之乡"等28个称号。涌现出家用电器、机械装备两大千亿级产业集群，崛起了美的、碧桂园2家世界500强企业。顺德制造的产品，除了家电、家具，涂料、五金、塑料管等在吉安卖得很是火爆，联塑集团在吉安的销售网点更是随处可见。

2019年9月25日，大比特商务网刊登的一则标题为《伊戈尔多条"战线"告捷　看顺德、吉安基地下半年表现》的文章说，伊戈尔子公司顺德伊戈尔，正在开展的新能源用高频变压器产业基地项目，以及伊戈尔研发中心项目……子公司吉安伊戈尔实施的LED照明电源生产项目于2018年6月开工……随着

吉安人在顺德、吉安两地分别开设的伊戈尔电气公司。

伊戈尔顺德基地、吉安基地下半年的产品输出以及海内外"战线"的全面铺开，伊戈尔下半年的业绩表现值得期待。

碧桂园正荣·庐陵府项目是在吉安市打造的高端社区，项目位于井冈山大道城市中轴线，引进了碧桂园全新4.0智慧社区规划，进入吉安市场重新定义人居新标准，社区WIFI覆盖、社区直饮水系统、车辆智能管理系统、速递易系统、24小时新风置换、24小时智能安防系统、智能家居系统，为城市精英带来全新智慧居住生活，开创吉安安居新时代。

顺德制造也带动了顺德人对吉安的关注，顺德信鸽协会于2021年10月24日在吉安举行了2021年2顺德秋季三关500千米吉安站活动，总共集鸽羽数228羽进行放飞，这些信鸽都从吉安飞回了顺德。

第4节
顺德制造的吉安人

半生柴米半生书，一路兵戎农商工。
苦难辉煌盛世迎，筚路蓝缕家国梦。
最是新厂数字化，夕照征程血样红。
神州遍开智能花，万绿丛里谢春风。

这首诗，是一位75岁的吉安老人对自己一生的概括。

这位老人名为杨义贵，出生于吉安安福县，1966年高中毕业，1968年他去当了5年的兵，1973年回到老家当了半年农民，之后他以吉安市第一的成绩，考上了华中工学院（现在的华中科技大学）的船体制造专业，同年，他加入了中国共产党。1976年大学毕业之后，他被分配到广东省船舶设计研究院工作。在业余时间，杨义贵还报名参加了日语培训班。学成之后，他利用节假日做

赛恩特实业有限公司董事长杨义贵是在顺德创业的吉安人。

翻译工作，成为东芝、三井物产、三菱商市等日企及办事机构的重要翻译人员和顾问，这为他以后创业打下了基础。

1989年，杨义贵远赴日本参加了为期一年的企业研修之旅，系统地学习了日本企业管理的理念和规范。有一次他的胃病犯了，但为了不耽误难得的学习机会，他一直强忍着胃疼，直到突然晕倒在地被送去医院ICU抢救。1993年，杨义贵被邀请到顺德北滘的威灵钢铁开料厂担任厂长，仅用一年的时间，他就将工厂的利润从72万元提升到282万元，增加了三倍，人均工资从1200元提升到2400元，增加了一倍。

2003年，"非典"肆虐的那一年，杨义贵原本还算平凡的人生轨迹，因为又一次的生命垂危而发生了改变。那一年，杨义贵因为糖尿病入院，由于医生误诊给他注射了葡萄糖，直接导致他再次进了ICU。也在那一年，他从广东省岭南工业总公司工程师的岗位退休，再次来到顺德北滘，创立了主营汽车配件生产的赛恩特实业有限公司。

初见杨义贵，他穿着工衣，这在我采访过的企业家中极为少见。他对我说，自己现在平平凡凡过每一天，但是琐琐碎碎的小事就是他的工作，"你们觉得这个就是日常工作的小事情，事实上也是，但是我不做好这些小事情，我这个企业就难以为继，就不能够发展。这些日常小事坚持几十年下来，就能成就一番大事业。"

在奥一网新闻记者卢若情、冯潇慧笔下，创业刚开始一两年，杨义贵的资金在筹建企业的过程中就被消耗得所剩无几，到2005年，账上只剩下5万元。如今，经过近20年的辛苦

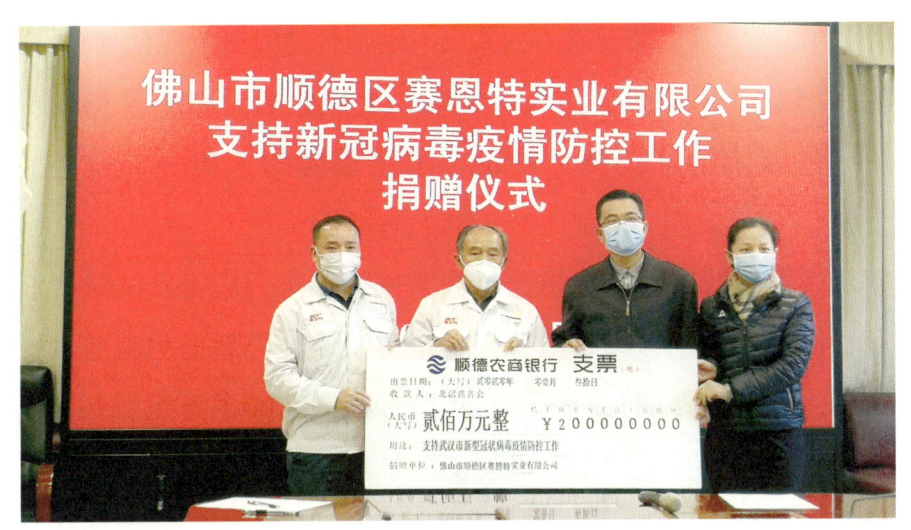

吉安籍顺德企业家杨义贵（左二）向北滘慈善会捐赠200万元，用于支持武汉抗击新型冠状病毒感染的肺炎疫情的防控工作。（《珠江商报》提供）

耕耘，杨义贵一手创立的赛恩特公司，由之前的一个小工厂，逐渐发展成3个大工厂；从20多名员工，增加到近500名员工。即使这两年的疫情严重影响，公司业绩仍然稳步增长。到2021年，营业收入达到了三个亿。这家专业从事汽车金属冲压、焊接零部件生产的民营企业，已经通过IATF16949和ISO14001管理体系认证，是广汽本田、一汽丰田、广汽本田、东风本田、广汽三菱等知名车企的二级供应商。

"顺德北滘从农村变成制造业高质量发展的强镇，我是见证者，也是参与者、奋斗者。"杨义贵自豪地说，1993年他停薪留职到北滘任厂长时，那里还是典型的桑基鱼塘的渔农水乡。如今，北滘镇已经成为制造业集中的工业强镇。都说吉安人读书厉害、吉安人爱读书，见面半个小时，我发现杨义贵酷爱看《史记》《孙子兵法》《左传》和唐诗宋词等传统文化经典读物。"半生柴米半生书",人生不仅只应有柴米油盐,还有理想情怀,多年的人生经历、文化修养,培养了杨义贵浓厚的家国情怀。杨义贵说,国家需要的,我一定会努力去做。

读书的背后,杨义贵面对数字化智能化已成为新的时代浪潮。作为一个工程师,虽然年届古稀,但他仍然奋勇向前争当数字化经济的弄潮儿。他2019年已经投入2000多万元引入工业机器人,进行智能化生产线改造。从2021年开始,杨义贵又开始打造一个现代化、机械化、自动化、智能化的标杆工厂,为此他再次投资8000万元,并租了16000多平方米的厂房,引进了更先进的自动化机器以及管理系统,让一条生产线原先需要150个工人,经过数字化改造之后,只需要50个工人。

走进赛恩特公司,可以看到政府部门颁发的"和谐劳动关系 先进企业"的牌匾,我深知吉安人在顺德创业的标准。

走出赛恩特公司,看到我曾工作6年的蚬华多媒体公司的招牌,我深知吉安人与顺德是多么有缘。

吉安人在顺德区北滘镇的企业获得肯定。

距离赛恩特公司几百米就是吉安人创办的伊戈尔公司,一家吉安人任厂长的锡山家具公司。

第5节

中国家电之都的吉安榜样

创意小家电第一股——小熊电器2019年8月成功在深交所上市的新闻,是我签发后在《珠江商报》登报的,那时我还不知道小熊电器创始人、董事长、总经理李一峰是吉安人,更没想到与他同为吉安永新人的郭利峰老师,是那么熟悉。郭利峰是我大女儿的小学数学老师,给予了孩子许许多多无私的帮助。

2022年6月,在第八届"顺德杯"中国工业题材短篇小说创作大赛启动仪式暨《中国工业题材短篇小说选》首发仪式上,初见小熊电器股份有限公司党总支书记郭礼龙,这位吉安

小熊电器股份有限公司董事长李一峰。

的乡里、前辈那么低调、谦虚、可敬，他带着顺德区作协会员参观了公司的党群服务中心和展厅，他还曾告诉我很多这名吉安小辈——小熊电器的成长历程。

李一峰在永新县出生、长大，高考考取哈尔滨工业大学，毕业后在家电行业摸爬滚打多年，不缺人脉、不缺经验，但缺钱。2006年，仅有20万元本金的李一峰和几位好友凑了55万元注册了小熊电器。他在郭利峰的引荐下，将创业地点选在了中国家电之都——顺德，美的、格兰仕、万家乐、新宝、万和等家电巨头均在顺德出生长大，顺德也是全国最大的家电制造基地，在制造业领域具备完整的产业链。

"我本科毕业于哈工大电器专业，毕业后也都是在电器行业从事技术开发工作，当时也没有考虑一定要在一个很热门、很新潮的领域去创业，选择家电也是因为所学专业以及在行业中积累下的经验和想法。"1970年出生、35岁创业的李一峰创业的第一款产品是酸奶机，一个在当时主要流通于礼品渠道、国民度较低的小众产品。

带着过往的设计经验，李一峰的初创团队在广州租的一套房子里完成图纸设计，但寻找厂房成为了难题，鲜有代工厂愿意承接一家刚成立企业的小订单。被逼无奈之下，公司最终在租下的这间办公室里完成了第一批2000台酸奶机的组装。

最初，这一批2000台酸奶机并未直接投放到商超渠道，而是选择与一家经营乳酸菌发酵剂的企业合作。对方的产品乳酸菌就是制作酸奶的原材料，但也需要像酸奶机这样的生产工具的配合。双方一拍即合，李一峰顺利拿下了第一笔合同。

没过多久，微波炉巨头、顺德家电企业——格兰仕看中了小熊的酸奶机，向公司下了10万台的订单。这份前所未有的大订单让公司为之一振，虽然产品采购单价很低，但也称得上是"第一桶金"。

格兰仕这笔订单主要考虑的也是礼品渠道需求，因为酸奶机在当时属于比较新鲜的小家电产品，非常适合作为大件商品的搭配赠品。但正因为是用作赠品，成本也被严格控制。几经思考，李一峰还是决定拿下这笔订单。在他看来，公司已经启动了小熊品牌，伴随着这10万台赠品的投入市场，小熊品牌也会自然而然地进入了许多家庭，"在当时企业规模还很小的时候，能够让这么多用户接触到小熊的品牌，也是一笔不可多得的收获。"

就这样，小熊电器不断研发推出新产品，煮蛋器、电蒸

吉安人在顺德开设的工厂——小熊电器自动化生产线运用工业机器人提升生产效率。

锅、电炖盅……更多的创意小家电走向市场。

此时，很多人发出感叹与疑问：顺德拥有完整的家电产业链，为什么小熊电器只生产小家电？

李一峰信心十足的回答：顺德有很多家电行业的大企业，小熊电器是"家电丛林"里的一个种草人。种树比较困难，但是种一棵草比较容易。因此，我们选择差异化策略，从一开始就抓住消费者新的细分需求，"我们坚持一棵草、一棵草地种，目前已经种了一片草，希望能长成一片产业草原。"

这也就让我理解为：因为顺德家电企业成就了李一峰，因而顺德成就了小熊电器。

创业之初，靠着酸奶机这款明星产品，小熊电器在市场上开始崭露头角。十几年来，小熊电器始终深耕创意小家电领域，不断丰富产品种类、提高品牌影响力。如今产品线已经发展到60多个产品品类、超过500款型号产品，涵盖厨房电器、生活电器、个人护理、婴童用品等，支撑起了公司数十亿元的营收规模。

小熊电器被认定为"中国驰名商标""广东省企业500强""佛山市标杆高新技术企业""佛山脊梁企业"等荣誉；李一峰也凭借着自己的能力完成了人生的逆袭：2020年以100亿的身家登上了胡润百富榜。

青年强，则国家强。当代中国青年生逢其时，施展才干的舞台无比广阔，实现梦想的前景无比光明。

年轻的小熊电器早就看中了青年消费群体，通过持续生产满足需求的创意小家电，努力给年轻消费主力带来轻松、温

小熊电器在深交所敲钟上市。（《珠江商报》提供）

暖、高品质的生活体验。

小熊电器已经将"年轻人喜欢的小家电"作为未来发展的核心定位。

对于这一定位，李一峰说："无论处在企业经营的哪个阶段，年轻人都是我们必须坚持去触达和服务的群体。将年轻和创造力结合，是小熊应对下一个发展阶段的必然选择。"

顺德与吉安有着千丝万缕的联系，企业家们正在润泽顺德与吉安等地的客户们，新时代的小熊电器就在这种人文关系中专注创造"小"的价值、服务年轻人，成为中国家电之都的榜样。

第十二章　吉安能品味顺德双皮奶

第1节

饭稻羹鱼

民以食为天。秦朝前，顺德先民南越人已擅渔业农耕，且"饭稻羹鱼"，还形成了杂食、生食的习惯。顺德人历代相沿的"暴腌鱼"（"暴"是短时间之意）就是先秦、秦代的"鲍鱼"。大良膏煎源于战国时期楚国的"粔籹"。至汉代，顺德已成为南越人之大本营。西汉初南越国名相吕嘉即为顺德人，他与首位南越王赵佗共同揭开了"汉越融合"的第一章，也揭开了粤菜历史的第一章。那时盛行的烤乳猪、炮禾花雀及烹制水产品等技术，经顺德人世代相传，至今仍流行于顺德大地。从南越王墓出土的南越式扁圆腹、平底的铜鼎盘口器内仍存有鱼、鸡等残骨，显然都是当年被用来煮鸡烹鱼。至今，顺德人仍把煮粥熬汤的瓦煲叫做"鼎"。南越国时用来摩擦生姜挤取姜汁的器具"姜礤"，与今天顺德民间仍使用的刨姜器具形态极其相似，从中可感知2000多年的文化传承。

顺德、吉安都是鱼米之乡。这是本书作者从顺德回到家乡吉安航拍的青原区富田镇湖坵村。

保存在顺德博物馆的文物中，从杏坛、勒流、陈村汉墓出土的文物就有陶罐、陶卮、陶簋、三足陶釜，还有一个汉代陶灶模型，这些都清晰表明顺德人的祖先已懂得如何利用空气对流原理来节能旺火，亦不难看出当时的烹饪技术已相当先进；另外，一块人工切割过的鳖骨，与离顺德不远处的一座东汉古墓陶灶锅里出土的一只水鱼（鳖）联系起来看，顺德人的祖先在东汉时已会烹制瓦罉焗水鱼。不仅如此，汉代珠三角制糖业已出现（见东汉杨孚《异物志》），顺德人的祖先已懂得用适量蔗糖调味，这是顺德饮食崇尚清甜鲜美的起源之一。

唐代，顺德已有人筑塘养鱼。唐代段公路《北户录》记载，当时南海郡（含今顺德地域）的农民把鲮鱼和鲤鱼"蓄于池塘间，一年可供口腹也"。唐代刘恂编纂的《岭表录异》中记载的关于岭南饭面鱼、烹蟹、烹蚝等的烹饪方法，至今还在顺德流传，且尤为水上人家所继承。该书记载的"虾生"食法经改进流传至今,顺德食法更被推为正宗。《岭表录异》所记岭南人的烹饪技艺已相当高明:煮、炙、炸、蒸、甑、炒、烧、煎、炖、拌等多种烹饪技法已大行其道。

明代,广州成为中国与东南亚及西洋的通商口岸,邻近广州的顺德已建制成县,且以发达的基塘生产一跃而成为珠江三角洲重要商品性农业区。据明万历《顺德县志》载,当时的顺德"膏壤沃野弥望""田有桑麻之业",人民富足。大良、陈村、龙山等成为广州附近充满经济实力的城镇,讲究饮食之风渐盛。顺德的凤城河塘鲜遂成为广东著名乡土美食,透薄雪白的牛乳饼、清甜爽韧的伦教糕、甘脆玲珑的龙江煎堆、晶莹剔透的凤城粉果等精致的风味小吃相继问世。乡镇名酒飘香岭南,明末清初屈大均《广东新语》记载:"今广州所(饮)用惟龙江烧。"又说:"市上所酤……其佳者曰'龙江烧'。"陈村酒在岭南也很有名。据说,顺德名菜酿鲮鱼也创于明代。

清代,特别是鸦片战争后,顺德加速了商品性农业和民族工业化进程,并因之出现了美食蓬勃发展的新时期。一方面,顺德人把古南越人杂食、生食之风发展到精致的程度,以奇特的"南烹"独树一帜,令外地来客停箸称奇。吴震方《岭南杂记》云:"鼠脯,顺德县佳品也……筵中无此,不为敬礼。"顺德人把腊田鼠奉为"腊味王",加以煎焗、油爆或饭面蒸,烹法多样。焗禾虫也是顺德人的拿手菜,有竹枝词云:"粤人生性嗜鱼生,作脍无劳刮镬鸣。此土向来多怪味,禾虫今亦列南烹。"另一方面,顺德众多圩镇纷纷推出地方原创性的名菜名点,皮脆焦香的羊额烧鹅在明末清初已扬名远近,浓香扑鼻

1957年的《顺德报》刊登了吉安的报道。

的均安鱼饼于清代同治年间问世，甘脆酥化的大良野鸡卷在光绪年间流行，香酥松化的大良蹦砂的前身——龙耳创于乾隆年间，香甜酥化的大良麻蓉酥糖创于咸丰三年……早在清代，就有人称道："顺德乳蜜之乡，言饮食，广州逊其精美。"（梁介香《凤城梦游录》）鸦片战争后，顺德菜已作为一个地方菜种进入广州城。

清末民初，顺德的缫丝大亨、银号老板成了先进生产力的杰出代表，他们务实干练，讲求效率，急需了解行情和资讯，经常参与社会交际和业务洽谈，出席各类宴饮活动。因为适应了这一新消费群体的需求，顺德酒楼业空前发展，"凤城炒卖"（即炒即卖）这一崭新的经营方式率先在顺德出现，凤城厨师研制出了灵活快捷、简单易制、镬气十足的"凤城小炒"

并传至岭南各地。顺德美食精彩迭出，凤城蜜软鸡、凤城脆皮鸡、顶骨大鳝、大内鸡球、大内田鸡、翡翠蚬蚧鸡、双皮奶、鱼皮角、烧笋尾、大良炒牛奶等都在这个时期纷纷涌现，并传至穗、港、澳等地。这些菜点精工细作，食味清鲜，风味绝佳，深受食客欢迎，并大多成为粤菜经典。

改革开放后，顺德美食更是迎来了灿烂辉煌的黄金时代。大良污糟鸡、穿心水鱼、锅贴牛奶、水鱼炖翅、煎焗鲗鱼、滴液熏香鸡、榴莲酥、雪山芋包等佳肴美点如姹紫嫣红装点着岭南美食的百花园。正因为顺德饮食文化源远流长，顺德名食流传广泛，顺德才被誉为"粤菜的发祥地之一""岭南美食的重要源头"。2014年12月1日，联合国教科文组织官网发布，顺德成功入围联合国教科文组织创意城市网络，并被授予"世界美食之都"称号，这是全球第六个批准入围创意城市网络的城市，也是继2010年成都成为"世界美食之都"之后、第二个获此殊荣的中国城市。顺德作为粤菜的发源地之一、中国厨师之乡，美食早已成为顺德名片中闪亮的招牌。顺德当选"世界美食之都"，不仅推动了顺德美食产业的升级发展，也将有利于提升顺德城市品牌、国际形象。顺德人对顺德美食文化、顺德人文精神的认同感和自豪感也将增强，它为顺德发展凝聚了人心、增添了动力。

2020年12月18日，"寻味顺德——世界美食之都顺德全国路演"首站活动在深圳举行，顺德通过城市推介活动和户外路演等方式，集中展示了顺德特色美食和文化、产业与经济。活动上，展区一边展示传统手工制作牛乳，另一边是千玺机器人全自动制作食品，充分体现了顺德既有对传统制作工艺的传承，也有现代工业技术的革新。接下来，顺德还将会展示出更多的用顺德厨电来烹饪世界美食的精彩内容，以美食带动顺德家电产业，以"烹饪家电"带动产业转型发展与升级。

近年来，深圳与顺德不断进行高频次的互动，从一次次的交流对接，不断转化为一个个落地的项目，深圳宝能、华为等企业接连落地顺德，深圳与顺德之间产生越来越多共同的印记。顺德把"寻味顺德——世界美食之都顺德全国路演"首站活动设在深圳，以此作为拥抱深圳的一个重要举措。除了产业方面的对接外，两地之间文化、美食等资源要素的流动也是拉近双方距离的重要方式。

第2节

小巷深处

在吉安，美食是这个城市的名片，是这个城市的另一种打开方式。无论是喧闹的市区街头，或是幽静的小巷深处，都有着让人念念不忘的美味。

清炖武山鸡是江西传统的汉族名菜之一，武山鸡又称泰和鸡，丝毛乌骨，是泰和县的特产，其药用价值很高。成菜汤清味鲜，鸡肉酥烂入味，有较强的滋补功效。据传，清代江西官员涂文轩进京，常带武山鸡进贡，皇帝品尝后亦大加赞赏，乾隆年间被列为"贡鸡"。在峡江，店头丝糖是一种非常有名的特色小吃，有着600多年的历史。店头糖丝细如发丝，松脆滑润，香甜可口，入口即溶，深受当地人们喜爱。解缙豆花，是吉水县的特色小吃，以鲜、柔、白、细而著称，因解缙而得名。相传，有一次解缙盼咐御厨，以磨完豆腐剩下的豆渣为原料，按照吉水地道的做法，做了一道豆花请永乐皇帝品尝，永乐皇帝尝后感叹道"白如雪、细如纱、柔如棉、鲜甜可口，此乃人间极品"。

薄酥饼制作技艺起源于元代末年。相传每逢农历八月十五，庐陵糕点师们在祭祀庐陵糕点鼻祖"弥公"时，薄酥饼便为祀品，它也是敬献皇帝的贡品。制作薄酥饼，选料及配料极为关键，选用精面粉、猪油、白糖、白芝麻、花椒、五

2018年顺德《珠江商报》刊登了两则吉安春节民俗。

香粉、香葱、细盐等原料，经过32道工序才能做出来。薄酥饼具有香、甜、薄、酥四大特点，甜而不腻，酥而不散，闻名遐迩。

从千里赣江——万安水库的鳙鱼取下的鱼头，为万安特产之一。该鱼具有独特的透明胖头，尤其是鱼脑与众不同，比一般的鱼脑大而肥厚。万安鱼头蛋白质含量为21%–27%，因水质好、无污染，蛋白质含量比其他地方的鳙鱼高3%，脂肪含量为1.7%–5.7%适中。鱼脑肌肉中含18种氨基酸总量为320.72毫克，比其他鱼类高25%—55%，并富含谷氨酸（鲜味氨基酸），因而肉质鲜美。万安鱼头不仅营养价值高，而且头、脑鲜肥嫩，特别爽口。吉安县有道名菜叫"全副銮驾"，此菜选用吉安本地鸡，去毛掏尽内脏后，加姜、料酒等腌渍半小时，然后抹上糖色，入宽油锅中炸制上色，再加糖、醋、酱油、香料等，焖制酥烂，然后拆开，用鸡肉拼成銮驾状即成。将鸡和熟猪油、干红椒等一起红焖，色泽红亮，味道香浓，口感酥嫩。

第3节

味道的极致

2016年中央电视台《寻味顺德》节目中说道"哪里有顺德人，哪里就有最好的味道"，顺德人孜孜不倦地追求着味道的极致，小到一份双皮奶，大到整份蒸猪，都是耗上数载钻研出的美味。

其中，伦教糕是一款由籼米粉、西谷米等原料制成的糕点，起源于伦教，是岭南地区的一种传统糕点小吃，属于粤菜系。伦教糕由于品质、风味特殊，特别在夏天为广大消费者所喜爱，生产已很普遍。伦教糕是由籼米粉用酵母发酵，使淀粉质转变为淀粉和糊精的混合体，再蒸制成型，其透明程度较高。软韧性则近似糯米制品，味甜冽而清香。2021年5月24日，国家知识产权局批准产品为"伦教糕"地理标志保护产品。

伦教糕用吉安等地的大米浆经发酵蒸制而成，其糕体晶莹雪白，表层油润光洁；内层小眼横竖相连，均匀有序；质爽软而润滑，味甜冽而清香。此品因首创于顺德县的伦教镇而得名，已有数百年的历史。清咸丰年间成书的《顺德县志》载："伦教糕，前明士大夫每不远百里，泊舟就之。其实，当时驰名者不止一家，在华丰圩桥旁，河底有石，沁出清泉，其家适设石上，取以洗糖，澄清去浊，非他人所用。"但后人采用在煮糖时加鸡蛋清去浊之法而一直传下来，并跟随着华侨的足迹而传至东南亚各地。

伦教糕主要原料籼米粉含有蛋白质、碳水化合物、维生素b1、铁、磷、钾等营养元素，易于消化和吸收，具有补中益气、健脾养胃的功效。与一般用大米和白糖制作的松糕、马拉糕不同，伦教糕以晶莹洁白而著称。据说优质的伦教糕，光洁如镜，雪白晶莹；糕身横竖小水泡似的孔眼，均匀有序；质地爽软、滑润而富有韧性，折时不留折纹；味道清甜、爽滑。据方志所载，伦教糕驰名者原先只有伦教镇上一家，是用当地

新粮库建设八年梦圆
智能化粮库全省试点

进粮、储粮、保粮、爱粮，顺德谱写粮食事业发展新篇章

文/珠江商报记者黄秀娴
图/区发规统局提供

一谷一粟，都是春夏秋冬劳作的成果；一米一豆，均是点滴汗水凝成的结晶。

10月16日就是第37个世界粮食日，今年的主题是"改变移民未来——投资粮食安全，促进农村发展"；全国爱粮节粮宣传周的主题则是"爱粮节粮保安全，优粮优价促增收"。

粮食日的到来让节粮爱粮、杯粮食的话题再度被点燃。而作为粮食纯销区和大销区的"守粮人"——顺德区发规统局，也直需承着"宁虑千漏汗，不洒一粒粮"的优良传统，不断完善、优化和改革粮食工作。这一年来，他们时刻做好粮食市场运行监测，确保粮食市场运行稳定；这一年来，他们迈走了各大粮食主产区和名粮库，促进粮合作的同时充为科学储粮政经济打造；这一年来，他们还走过了多地的顺德粮食产业园项目有着实实在在的建设进展、技术、模式可以借鉴……

大块头有大智慧：
顺德粮安战略刮起"智能+"风潮

民以食为天，食以安为先。粮食安全在今年中央一号文件中两次被放在了突出位置。

值得关注的是，国家在粮食安全战略上的重大转变是，从主要满足"量"的需求，向追求绿色生态可持续，更加注重满足"质"的需求转变。因此，在"质"方面，特别是农产品产出结构上，保证粮食品种结构、品质安全将成为今后一段时期内实施粮食安全战略的重点，这也是实施我业供给侧结构性改革的重要内容。

回到顺德本土，作为制造、消费大市的我们，是典型的粮食纯销区和大销区。常住人口超过254万人，年口粮需求量达100万吨，每年从成都口、公路运送粮食超过350万吨，产粮融口大，粮食供应几乎100%依靠国内区外和国外进口输入，对外依存度高。

面对"口粮研究和转化用粮食大，但自给率几乎为零"的实际情况，顺德的做法除了按需数量完成储备任务外，还把更多的精力放在粮食质量管控上，例如：提升绿色科学储粮技术应用水平、通过信息化、物联网、大数据等手段试点建设具有顺德特色的智能化粮库等。

今年6月，区发规统局会同顺德区粮食储备总公司相关负责人及业务骨干组成调研组，前往江西省吉安市、湛江雷州市等粮食主产区开展粮食产业调研，走访稻谷、大米每月检测一次。针对重金属超标的情况，区储备粮管理总公司已于2013年配备了目前国内外同类设备中较先进的美国PE原子吸收光谱仪和土京古天原子荧光分光仪，可在4个工作日内自动检测，精确度和稳定性商，保证米粒卫生安全。

过了"进仓关"后，还必须对"储粮"和"保粮"技术进行全面推广。据悉，中心储备库应用电子票据、环境温、机械通风等新技术储粮。该储备库还全面实施充氮气调储粮技术，通过实施富氮低氧的储粮条件控制，有效利用智能化监控系统，确定对仓内氮气浓度的及时调整，达到抑虫杀菌的效果，有利于粮食保质的质粒放果，同时能有效避免对环境及粮食产生污染，实现绿色生态储粮。

工作再紧，安全不忘。从业者安全储粮意识的提高至关重要，区发规统局一方面加强对储备粮库储存应和代管企业的安全知识培训、常规检查；另一方面则是打破以往传统的检查方式，创新性地引入第三方安全企业机构机械辅助开隔离热排查，确保储粮"零事故"。

新目标启大梦想：
顺德粮新库，给粮食"科研一个"五星级的家"

不得不感叹的是，为给储备的粮食提供VIP级服务，让目前坐落在顺德今后因地铁时代带来人口膨胀可能带来的粮库储存任务的粮长需要，顺德汇集粮库、大手笔投资建设"粮食产业园项目"。项目选址位于杏西路(G105国道）北侧湖西路以西，华安路以南地块，占地约282亩，一期规划用地130亩，地方建设为储备粮库22.4万吨，地方业务管理局、辅助生产设施等配套工程，建筑面积约为37000平方米，项目计划2017年11月全面动工，2019年5月正式营运。待一期建成后将能够满足省政府下达的顺德区29万吨原粮的储备任务。

顾惠，现有采取平房仓不同，新粮库栋建设流混仓，属于圆仓类，浅圆仓仓身的装配高度直径之比小于1.5，具备机械化程度高，占地面积小、合内有效容积大、密闭性较好，结构受力合理、抗震性能好等优点。该仓型一般成批建造，可同时满足中转和储备的需求，并可存储多品种原粮，适合南方高温高湿地区使用。

而为了让这个顺德新粮库顺利落地建设，区发规统局从筹协调征地系列节开始，历经16个月，合续400余天日同，有长型的合议研就召开了开36次，最终确保了项目用地顺利公开竞拍。可以说，凝聚了几代粮食人的心血、八年的粮食梦终于在2017年9月下旬圆梦，背后储粮工作者多少个日日夜夜的连续作战和艰苦奋斗。

除了"新粮库"的高标准建设外，顺德同时加大力度扶持辖区粮油加工企业扩大做强，据区发规统局提供的资料显示，顺德目前已培育引进有白燕粮油、东方面粉、金禾面粉、生鱼粮等在国内享有较高知名度的品牌，且在高端面粉市场有一定的话语权，全区粮食加工能力超过3000吨，2016年至2017年期间，各家企业追加大基础建设施建设的投入，白燕粮抽和金禾面粉先后分别增资6万吨、3.2万吨粮食产能，东方面粉目前在建2万吨面粉生产线；各企业积极探索通，通过生产线进行改造，提升生产效率，加大研发投入，创新粮食研发与专业方式进行产业升级，白燕粮和金禾面粉目前机器人设备、白燕粮油试水电商平台进行销售。

据悉，根据行业发展趋势和企业实际情况，区发规统局将调整粮食产业扶持政策，发挥资金杠杆作用，做好企业服务工作，重点引导企业在信息化建设、仓储设施建设、自动化装卸设备和质量检测等方面应用技术投入，并给予适当的资金补贴；同时，推大招探索国有仓储设施与民营企业合作的"混合储备"和"公益民用"顺德粮食产业园平台，能顺粮食产业园平台，进一步壮大粮食储备能力；建设新区的仓储设施，为本地企业提供高质量的仓储储备服务，从而构建符合顺德实际的地区粮食安全大格局。

顺德粮食部门前往河北、北京、辽宁、深圳等地，对当地粮食简仓、浅圆仓建设项目开展实地考察调研。

检验室配备重金属检测仪器等先进设备，粮油质量检测工作水平不断提升。

区发规统局相关工作人员到基层宣传做工作。

顺德新粮库"长"这样子，图为顺德粮食产业园鸟瞰图。

2017年顺德《珠江商报》报道了顺德与吉安的粮食贸易。

所特有的泉水制作，后来，清泉被淤塞，别具风味的伦教糕就难以制作了。由于伦教糕的清爽特别合乎岭南人的口味，且又已出名，于是，人们摸索了鸡蛋白澄清去浊法，使一般的水可替代清泉，伦教糕得以流传于省内外，以至名扬东南亚。鲁迅在《弄堂生意古今谈》就提到"糖玫瑰伦教糕"。水质是伦教糕制作的关键，但米质同样重要。伦教糕的制作，须用上乘的隔造米，米质优而胶质大小适宜，能保证制出的糕爽滑。伦教糕的制作技术，有相当难度，从磨米浆到制干浆，再到滤糖水、回锅糖水、冲干浆、加糕种，最后入蒸笼，以中火蒸熟，每一道工序都十分讲究。一种小点心，尚且如此之精工细作，可见"食在顺德"自有其独到之处。伦教糕要用上等大米、白糖、蛋白等精料，制作方法需经磨粉、和粉、发酵、蒸糕、出笼冷却等几道工序，简单一点说，就是把大米细细地磨成浆，再装进布袋隔去水分，然后把适量的砂糖以清水煮成糖浆，加入蛋白。滤去杂质，回锅煮沸，然后倒入干米浆内，拌匀，待冷却后，加入糕种（发酵粉），盖好并放置10个小时，上蒸笼，中火蒸30分钟，出笼冷却就可以吃了。为什么要冷却呢？因为它是岭南夏天消暑的食品。顺德传统名菜伦教糕始制于明代伦教镇石桥头一家梁姓的粥品店。糕体色泽雪白晶莹，横竖小眼相连，均匀有序，质地爽软滑润而有弹性，不易断裂，食味清甜透凉，齿颊留香。

鲁迅经常工作到深夜，养成了喜欢吃点心的习惯。1935年4月，他在上海写下《弄堂生意古今谈》，文中便提到了一种糕点：玫瑰白糖伦教糕。玫瑰白糖伦教糕，最早出现于广东顺德的伦教镇，因此而得名。伦教镇人巧用当地特有的清泉水制作糕点：用清泉水浸泡吉安大米3个多小时以后，磨成米浆，再压成干粉。清泉水加砂糖，在锅里煮沸。然后将糖水冲入米粉内，冷却后加入糕种，放置7个多小时，再经发酵等精细加工之后，制好的玫瑰白糖伦教糕，晶莹洁白，糕身横竖相间的孔眼，均匀有序，软滑爽润，清甜微酸。玫瑰白糖伦教糕问世于明代，鲁迅很喜欢这种传统美食。

"文天祥—吉州庐陵今江西吉安人，南宋大臣。"这段话就出自鲁迅先生的文集《花边文学》中的《序言》。美食与人，在鲁迅先生笔下却是把顺德与吉安关联在了一块。

第4节

广府粤菜

陈村粉是陈村镇的一道传统名菜,属广府粤菜。其特点是薄、爽、滑、软,可以与多种食材结合,烹制不同的菜式,食用后回味无穷。

陈村粉已经有百年的历史。大约在清末民初,顺德陈村人黄但创制出一种以薄、软、滑、爽为特色的米粉,声名鹊起,当地人称之为"粉旦(但)"。此后,因这种米粉出自陈村镇,大家便以"陈村粉"名之。由于制作精细,陈村粉产量不高,一天只能产粉几百斤,因而显得格外"矜贵",加上陈村粉新鲜烹制才好吃,所以难以运送到更远的地方,外地人不易享此口福。为了确保陈村粉的正宗风味,第二代传人黄铨辉和黄志均两兄弟均恪守"寄赖糕香合客喉,但求粉滑宜君口"的祖训,坚持传统制法和家传工艺,分别经营着"黄但记"和"黄均记"不同铺头店面,如今"黄但记"已经由黄铨辉的儿子黄汉标接手经营,"黄均记"由黄志均的儿子黄柏恒传承,在乐从开起了"黄均记"分店。在粉店里,没有机械的隆隆声,那青石磨仍在悠悠运转,吉安等地的大米米浆仍在顺着磨槽汩汩而下。做出来的陈村粉,像缎子一样亮丽、纯白,没有任何化学成分,只有天然纯正的米香味,且"更薄更爽"。跟随时代的发展,经不断创新,陈村粉的烹制方法已由传统的几

顺来吉往——顺德吉安关系简史

吉安种植的稻米成了顺德美食的一部分。

种，激增至近70种，而且风味各异。蒸着吃糯、炒着吃爽、滚着吃韧，据食客反映，以凉拌粉、捞粉、蒸粉最佳。"花乡"陈村镇为了扩大影响，还举办过"陈村粉美食节"，使陈村粉与陈村花卉交相辉映。

双皮奶是顺德的一道美味，属于粤菜系，是中华名小吃。做法是先将鲜牛奶炖滚，趁热倒在碗里，热气会使牛奶表层结出奶皮；待牛奶完全冷却后，让奶皮留在碗底，将牛奶倒出，加白糖、蛋清均匀搅散后，再倒回刚刚有奶皮的碗里，使碗底的奶皮浮起；然后将其放到火上继续炖蒸，适时起锅、冷却，新的奶皮生成，是为双皮奶。这个过程看似简单，其实其中暗藏许多玄机。如原料牛奶的选择非常重要，成品既有奶香，又有蛋味，甜而不腻；蒸炖的火候和时间也很重要，多一分则嫌老，少一分则嫌嫩，最好是细腻柔滑，入口即化。只要掌握了基础的双皮奶做法，它的衍生品姜汁撞奶和非常多的水果双皮奶都不成问题。

顺德双皮奶据传始创于清朝末期,是顺德当地一位农民在清晨烹制早餐的时候,不小心在水牛奶里翻了个花样,无意中调出民间美食"双皮奶",并流传至今。

而关于顺德双皮奶的故事典故就有好几个。故事一:旧时,有一人将头天卖剩的奶搁置一旁,摊冻后发现面上结了一层奶皮,他觉得有趣,第二天在上面倒上一层奶,就这样"双皮奶"出世了。故事二:当年顺德一位叫何十三的农家子弟,在清晨烹制早餐的时候,不小心在水牛奶里翻了个花样,不久有个识货的老朋友买去了配方,开了间食档,顺德双皮奶便吃成了传统,而双皮奶也便由清末流传至今。故事三:仁信双皮奶的创始人董某与其父在顺德大良白石村以养牛为生,并跟着父亲做牛乳。大良附近多土阜山丘,水草茂盛,所养的本地水牛产奶虽少,但水分少,油脂大,特别香浓,故大良水牛奶很受欢迎,水牛养殖业一直十分繁荣。当时没有电冰箱,董父常为牛奶保存绞尽脑汁。有一次,董父试着将牛奶煮沸后保存,却意外地发现牛奶冷却后表面会结成一层薄衣,尝一口,居然无比软滑甘香,一试再试,就制成了最初的双皮奶。

如今,在吉安有一家吉水县双皮奶制品加工店,地址位于文峰镇文明南路。

如今,在吉安的商业街、商业广场、美食街、小巷里,包括双皮奶在内的顺德美食随处可见。

如今,在顺德容桂、龙江、乐从、伦教、大良,也有着一批吉安人开办的赣菜馆,其中吉安米粉犹如伦教糕、陈村粉、双皮奶一样深受食客喜欢,它们都离不开吉安大米。

第十三章　顺德江西商会小熊乐星

第1节

顺德江西商会促进粤赣交流

佛山市顺德区江西商会成立于2013年4月，是顺德地区首批注册的异地商会。会员为江西籍的自然人或法人在顺德投资兴办企业，持有顺德区工商行政管理部门核发的法人营业执照的商人。

2023年的春天，顺德江西商会部分领导在一起合影留念。
第一排（左起）周康怡　胡秋雷　李一峰　陈伍华　曾小京　李晨　聂织锦
第二排（左起）吴福清　高广亮　黄苏凤　李粹银　李国春　王晓俊

顺德江西商会成立至今，努力为会员提供综合平台，实现资讯与资源共享；协调企业与企业之间、行业与行业之间的关系，促进彼此交流和合作，发挥会员企业的整体优势。

一直以来，顺德江西商会积极参与政府号召的各项活动，促进顺德和江西两地文化与经济交流，促进资源整合、优势互补、互通有无。

第2节

收获亿万年轻用户的青睐

小熊电器股份有限公司是一家专注于创意小家电研发、设计、生产和销售的企业。多年来，凭借创新多元的产品、专业的智能制造基地及卓越的营销模式，小熊电器实现快速、稳健发展，2019年正式在深交所挂牌上市，2023年公司市值超百亿

小熊电器总部。

元。目前，小熊电器全面实施高品质精品战略，从用户体验、设计、研发、测试、制造等多个维度夯实运营根基，实现卓越运营，获得"中国驰名商标""行业发展突出贡献""国家级工业设计中心"等多项荣誉，收获亿万年轻用户的青睐，成为年轻人喜欢的小家电品牌。

第3节

制造年轻人喜欢的小家电

专注实业建设，牢筑企业根基。小熊电器股份有限公司董事长、总经理李一峰认为，做实业更有利于企业的长远发展。

小熊电器制造基地版图。

2019年小熊电器在深交所上市。

2022年小熊电器品牌升级发布会。

从2014年开始,小熊电器坚持工厂建设,从原先800平方米的小厂房,升级为如今总计占地面积约30万平方米的制造基地,并构建专业的三级研发体系。以制造夯实企业根基,以创新驱动企业高质量发展。

登陆资本市场,迎接新挑战。2019年8月23日,小熊电器正式登陆A股市场，在深交所挂牌上市，成为"创意小家电第一股"，正式踏上企业发展新征程。

加速品牌建设，助力企业发展。小熊电器坚持自主品牌建设，逐步建立及巩固用户认知，2022年全面升级品牌战略，确立"年轻人喜欢的小家电"新定位，并从产品、营销、研发、设计等方面落地精品化，与年轻人同频交流，共同成长，为小熊电器长期稳定发展筑牢根基。

第4节

粤赣模具业的骄傲

佛山市顺德乐星汽车科技有限公司创立于2001年，专注于汽车转向器、减震器、排气系统、变速箱等相关零配件生产

佛山市顺德乐星汽车科技有限公司。

乐星汽车科技数字化车间。

制作。目前乐星约有200名员工，产品覆盖本田、丰田、比亚迪、长城等主机厂，服务上述企业在中国、美国、墨西哥、印度、泰国等国的生产基地。

乐星汽车科技在自动化方面，持续投入共计24套数控车床机械手臂、9套六轴关节机器人、5套直臂机械手、2套智能超声波清洗车间。公司始终坚持以"用制度和过程控制确保产品质量，靠技术创新和优良服务赢得客户满意"为经营理念，建立了一套以人为本，以治为纲的完善精要、行之有效的科学的管理体制，塑造了拼博、进取、诚信、奉献的企业精神。

乐星汽车科技自2001年来，先后导入ISO9001质量认证体系和IATF16949质量管理体系，以此提升更为符合市场需求的综合管理运营能力，为中国蓬勃发展的汽车制造业提供优质的产品和服务。公司于2011年获得广东省高新技术企业证书，为了更好的创新以及保持开放的学习心态，组织并参与多项行业协会，成为广东省模具与锻压学会副理事长单位、江西省模具

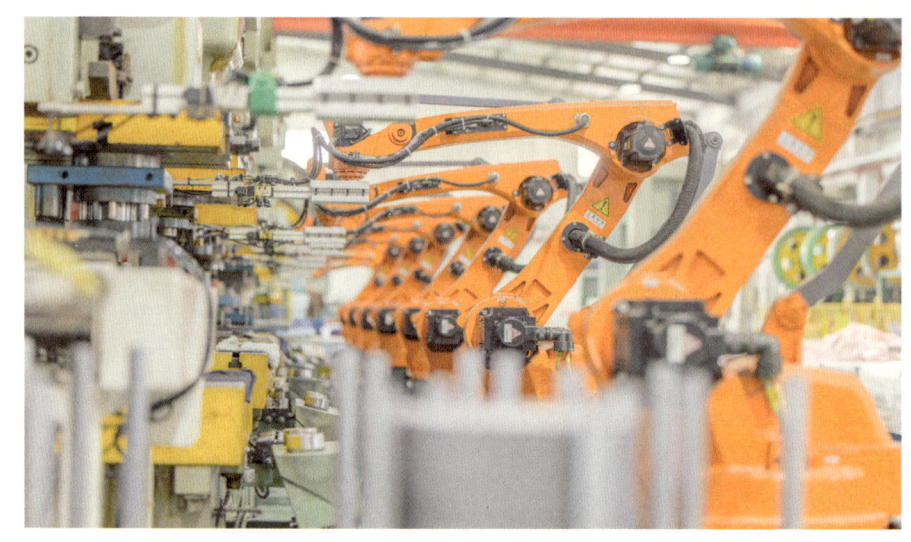

乐星汽车科技智能制造设备。

协会副理事长单位和佛山市汽车配件行业协会理事单位。在面对全球化的经济发展趋势以及中国提出"一带一路"倡议的背景下，积极开展海外业务。

面向未来的可持续发展，乐星汽车科技将进一步在研发与应用创新领域加大投资，努力探索新技术的边界，以愿景和假设为牵引，与各协作公司开放合作，持续探索新技术与新方案。

公司董事长陈伍华表示，乐星公司只有将组织变成真正的学习型组织，将我们的工厂转型升级成为智慧型的工厂，保持队伍和思想的年轻化，才能在国内市场的竞争中脱颖而出，从而真正实现高质量发展，为开展国际化业务打下坚实基础。在乐星汽车科技未来的三年规划中，公司将保持在智能化示范车间、数字化系统、柔性装备等方面的持续投入，尽快突破成长期，缩短"质的突破"酝酿期，以高质量发展更好地服务大局、应对变局、开创新局。

后记一

书写顺德的吉安人

"它背靠一条黄河，脚踏一个宋代，像一位已不显赫的贵族，眉眼间仍然器宇非凡。"余秋雨先生在散文《开封》中看似随意的一笔，凝练概括汴梁古城千年风貌的同时，也为出生于吉安的我对所生活的顺德的理解留下了无限遐想，比如顺德区北滘镇碧江村的那座"念宋亭"足以成文成书。

认识顺德

1998年8月来顺德蚬华多媒体公司报到前，我就知道河北省邢台市在元明清时的旧称叫顺德府，1925年还设立了顺德市；我老家江西吉安有座罗姓的祠堂叫顺德堂，我母亲罗群秀就是罗氏，只是她不知道广东还有个叫顺德的地方。

我在顺德吃的第一餐饭是饭堂免费提供的两菜一汤，两菜是一荤一素，荤菜有排骨、鱼、牛肉、五花肉。当我看到排骨、鱼块是摆在不锈钢碗里带上姜丝，有些诧异时，打菜的师傅说:"今天蒸鱼好吃,可以试一试,看你也是新来的。"就这么一碟蒸鱼块,在吉安都是吃辣椒煎鱼的我,对顺德有了第一印象:吃得不一样,有鲜味,只是那碗汤却与吉安喝的汤是一模一样。

走进车间,我发现里面大都是顺德本地人的员工、领导,听着他们说着带地方口音的粤语,总感觉与吉安家乡说的吉安话加客家话有点像。闲暇之余,走出工厂,我像一头不怕累的小牛,骑着自行车或者打摩的,使劲在806平方公里的土地上跑,期待早日熟悉这个地方。

在工作中,我的同事梁翠月给了我很大启发,启发的不仅仅是工作,而是让我快速认识顺德。我是1976年出生在江西省吉安县,吉安是革命圣地,井冈山就在吉安。我自幼喜欢阅读,观看反映抗日战争的书籍、电视剧、电影,伟大的抗战精神早早就烙印在了我心底。梁翠月女士与北滘镇西海村村民、抗日战争英雄陈九、陈胜是亲戚关系,她知道我平日喜欢写东西、钻研顺德历史文化,就把她家珍藏的《珠江纵队第二支队史》一书送给了我。通过阅读《珠江纵队第二支队史》,我就经常骑自行车去北滘镇的西海村、广教村、林头村倾听关于烽火年代的故事。从书中我发现在顺德指挥抗战的军事干部,是党中央从延安派来的,其中谢立全、谢斌两位少将和我都是江西人,谢斌少将与我还都是吉安县人,谢立全在兴国的家与谢斌在吉安县的家中间隔着的正好是我的家。那时起,我就格外留意顺德与吉安的联系。

在业余的交流中,时任北滘镇宣传文卫办主任洪浩鹏对我启发很大。有一天晚上，我去北滘文化广场闲逛，正巧遇到这里正在举行一场文化展演活动。尽管天气很热，我还是安静地坐下来欣赏。展演结束后，看到我带走凳子上的节目单，一名年轻的男子走了过来问："看样子你挺关注文化方面？"这名男子就是洪浩鹏。当他知道我的业余爱好时，他直接跟我说："老表，下个星期六晚上，还是在这里，有一场团委的工作成果展，你来参加一下，帮忙拍摄一下现场。"顺德是一个包容、开放的地方，那时我从洪浩鹏先生的言行中对顺德有了进一步认识，他对我在顺德的发展影响深远。而洪浩鹏的同事黄师挺、潘玉桢对我的关心，也让我看到了顺德人的不一样。

从那碟蒸鱼，到两名顺德人对我的启发，我就决定了一定要通过努力在这块热土安居乐业。

工作中，我结识了顺德乡贤、我的老板翁祐先生，他对顺德家电产业的影响力、带动力以及对顺德慈善事业的贡献、影响，均是巨大的。可以这样说"没有蚬华，顺德家电就没有今天的成就""没有翁祐，顺德慈善就没有今天的成果"。工作中，我发挥自己的家用电器专业优势，努力为"顺德制造"添加动能，我设计、改良的电话机、烤炉、验钞机、发射器、接收器、播放器、VCD等产品，让"顺德家电"种类更齐全，让"顺德制造"走得更远。

生活中，我结识了广教村的房东，与他们互相帮助、互相体谅、互相交流。他家的电器坏了我来维修，电视信号天线出了问题我来检修，他的孙子不会写作文，我来辅导，我吃冷饭伤了胃就到他家搭餐吃热的，我经济困难的时候他延迟收租

吉安人在顺德小熊电器走访。

或减租甚至免租，一直到现在依然是过节过年必来往的"亲戚"。每次前去探望老房东，我的妻子都会带上一些礼物，顺德人与吉安人其乐融融。当然，与房东相处的6年里，我对广教村的人也一样，尽力对他们的所需给予帮助。

业余中，我喜欢走街串巷，先走北滘的村庄，再去陈村、大良等地，观察记录。从2001年1月到2004年8月，作为一名文学爱好者，我在《南方日报》《羊城晚报》《广州日报》《佛山日报》《顺德报》以及顺德电台发表或播报的作品大多与顺德有关。

也就是因为有了这样的积累，2004年，作为一名在顺德打工的吉安人竟然在北滘镇获得了佛山市优秀义务工作者、顺德区优秀义务工作者、北滘镇十佳优秀外来务工青年称号，还成了共青团北滘镇第十三次代表大会代表。这些业绩分别被佛山电视台、北滘广播站制作成5分钟与9分钟的专题片进行播送；这些业绩还被《顺德报》、佛山电视台刊播，写入《北滘镇志》。

这让我在认识顺德中也收获了自我，更让我获得了顺德的肯定。后来，我成了顺德报社的通讯员，让我有了更广的施展舞台与认识顺德的机会。

报道顺德

2004年8月4日，因为北滘、顺德给了我这么多荣誉，我被珠江时报社录取为记者。报社领导当时对我说："能获得北滘镇十佳优秀外来务工青年称号，不简单，相信你能成为一名好记者，报社将派你去顺德记者站驻点，全方位报道顺德。"当我把这一消息兴奋地告诉洪浩鹏先生时，他又给我很多鼓励："老表，你可以的，要继续为我们北滘增光。"

我就职的《珠江时报》是由《佛山晚报》《南海日报》合并而成的，也有《三水报》《高明报》和《佛山侨报》的成分，但报道顺德很少。我于2004年11月1日正式派驻顺德创办顺德记者站，站点设在距离清晖园三分钟路程的德富大厦。站点人数最多的时候有6个，包含摄影、发行等部门。经过努力，我们把报纸在顺德的发行量由几百份提高到近万份，超越了很多驻点在顺德的媒体，且每天都有发生在顺德的独家新闻见报。记得有一天，我采写的顺德110、119、120"三网合一"的独家新闻见报后，才发现顺德本地的媒体都没有采访到这条民生新闻。

很多媒体都说"顺德是新闻的富矿"。确实如此，一份定位在南海区的报纸，几乎每天都刊登2至8条顺德新闻，这是很少见的。这也让南海区的干部直接说道:"有了《珠江时报》的顺德新闻,我们都不用去顺德学习了。"是啊,从2004年8月4日入职珠江时报社,直到2012年11月30日调离,我确保了每天都有顺德新闻见报,确保了每周都有独家顺德新闻见报,365天从不间断。在珠江时报社的9年里,除了前三个月,我每个月的发稿量都是全报社第一名,且第二名距离我的稿件数量都是相差数十条。

正是因为我深深地喜欢、爱上顺德,才会这么热情地发掘顺德新闻。2004年12月至2007年2月间,我在顺德派出了1.4万张名片,收到了5000多张名片一直保留至今。这让我的线人、朋友遍布顺德206个村居的每个角落。除了时政新闻,我尽量地选择民生新闻去帮助所需要帮助的顺德人。当然,做记者以来,我采访过许多人,写过许多稿件,遇到过许多困难,也感受过许多关怀。难忘的是有一次我住院后,我的线人和很多公务员朋友下班后都来看望我。这些人是我在顺德10个镇街发展起来的线人、交的朋友,有的人还因为带了两只活鸡被阻在医院外面不能进,这让我非常感动。

报道顺德中有几件事情非常值得回忆,当年还被QQ新闻弹幕出来,引起了无数人的关注,比如《顺德被省委点名到深圳参加经济特区工作会议》《顺德慈善万人行获得捐款1.5亿元》《顺德78岁老妇每天扭一扭》《美的产值突破1000亿元》等。

如今,我家里还保存着《珠江时报》2004年至2012年的报纸,这些报纸都有顺德新闻,这些新闻大部分是报道顺德人的

2017年顺德《珠江商报》春节期间刊登本书作者有关吉安习俗的报道。

故事，小部分也有报道吉安人在顺德的故事，也有顺德与吉安人来往的故事。2013年12月，结束在广东东菱集团（新宝电器）的挂职后，我到了《珠江商报》工作，这更促进我不断去挖掘好人好事来传递正能量，以实现自己心中的"顺德梦"，这个梦就是"喜欢，就从不伤害你——爱你，顺德"。为此，我把2013年到2021年之间在顺德工作的亮点，写成了一本书《践行四力——一名中国县域记者新时代传播案例》，并由中国传媒大学出版社出版发行。

在报道顺德的过程中,我独立报道的《捐出自己 重病少年的生死决定》《顺德公交设"扶人奖"》《羊肉私宰点 暗藏别墅旁》《她让五人重获光明》等作品于2005年—2011年获中国地市新闻奖一等奖、二等奖、三等奖多次,获"佛山民生新闻奖一等奖""佛山人大新闻奖"多次;独立作品《带着坚强返川》于2009年获"中华慈善新闻奖";第一作者作品《全国首所大学开学》、第二作者作品《人人免费上"大学"》分别于2016年、2017年获广东省新闻奖二等奖、三等奖;第一作者作品《新时代江村调查》获2021年广东新闻奖三等奖;独立作品《光明使者送光明》2005年广东华侨新闻奖;第一作者作品《壮阔东方潮奋进新时代——庆祝改革开放40周年顺德镇街出新出彩系列报道》获中国县市报庆祝改革开放40周年新闻报道一等奖;2004年至2015年,七次获"顺德区优秀新闻工作者"称号;2021年获"顺德区最美逆行者"称号。

我想,这些都是我这名吉安人报道顺德的动力。

传颂顺德

在报道顺德的同时,我挖掘出很多"顺德好人"。肖莉——顺德勒流的一名老师,她是佛山"第一位"器官捐献者。我将她的事迹公之于众,报道她时我经常流泪,她是一名坚强的女子,一名把自己器官捐献给他人的顺德好人。不过,关于她的报道,我也收到了人生的第一张法院传票,有人把我告上了法院，说肖莉不是佛山"第一名"捐献者，要赔1元钱、登报道歉。那场官司并没有让我放弃对好人的报道。从2005年开始我在顺德不断挖掘"顺德好人"。2013年之前，十个顺德好人有五六个是我第一个采写出来的，而这些顺德好人很多都成了佛山好人、广东好人、中国好人，为佛山创建全国文明城市贡献了顺德传媒人的力量。

除了在顺德本土挖掘好人，我也走出去挖掘更多的"顺德好人"。2008年，上海世博会举行期间，佛山的媒体在报道佛山与世博会的关联时都是停留在"佛山制造"方面，而我在世博会上，看到数万的志愿者在辛勤地服务世博会，我就开始在园区寻找顺德志愿者身影。每见到一名志愿者，我就会问他是否认识会讲粤语或者来自广东的志愿者，经过三天的寻找，我起码问了很多志愿者，得到的都是得到"帮忙找找"的回答。第四天，我在茫茫人海中，终于找到了2名顺德籍志愿者，于是我说服来自陈村、容桂的世博会"小白菜"欧泳森、冯欣瑜，跟随她们在园区里采访，为此我写出了顺德人在上海世博会上贡献与付出的报道。

在纪念抗战胜利60周年、70周年的时间点，作为一名记者，我发掘出很多抗日战争时期，顺德人参与抗日战争鲜为人知的历史故事，以及顺德人在14年抗日战争里的经历。其中，飞虎队队员龙启明的故事就是我联合上海、重庆的媒体一起报道出来的。到2020年，分布在北京、重庆、香港以及国外的龙启明家族与顺德保持着15年的互动，并在我的推动下把岭南四大名园之一的清晖园的地契交给了顺德区政府。

2007年至2010年,我曾经4次前往顺德人围垦的珠海中心沟进行采访记录,中心沟内的河涌、河堤、水库、鱼塘,无不使人振奋。50年前,3500多名顺德人响应政府号召,在珠海大小横琴岛之间围海开垦,造出了14平方千米的良田——中心沟。2010年后,顺德为配合横琴岛全新的发展蓝图,中心沟的管辖权正式移交给珠海。

我作为"顺德好人""顺德龙舟""多彩容桂""魅力北滘""龙眼点睛""设计顺德""顺德民俗""顺德好村居""家在乐从"等品牌的创建与推动者之一,有超过190项文旅策划、新闻策划案例在顺德大地落地生根;作为佛山市青年讲师团、顺德区青年讲师团、顺德守规矩宣讲团成员和西南大学佛山研究院文化顾问,我为美的集团、中国电信、科达集团、东菱集团、顺德职业技术学院、顺德妇幼保健院等企事业单位,以及重庆市,佛山市南海区、禅城区、顺德区,深圳市罗湖区、深汕合作区等地政府机关单位进行各类讲座120多场次。每次讲座我都是结合顺德实际来宣讲顺德的好,传颂顺德的美。

在传颂顺德的过程中,我推出了《多彩容桂》《智慧龙江》《匠心勒流》《绿色陈村》《容桂力量》《宜居伦教》《品质大良》《家在乐从》《水乡杏坛》《顺德高新区》《顺德设计》《中德工业服务区》《广州大学城卫星城》《慈善顺德》《工友文艺》等专栏。从2015年开始,每年七一建党节前后,我都会出版一本党建特刊,到2022年已经出版7本,版面超过150个。比如2015年的《党建促发展　顺德来先行》、

2016年的《光辉——建党95周年，顺德在奋进》、2017年的《砥砺前行》、2018年的《干，顺德范》、2019年的《不忘初心 顺德铁军》、2020年的《党旗飘扬》、2021年的《奋斗百年路 启航新征程——顺德镇街庆祝中国共产党成立100周年大型报道》以及2022年的《喜迎二十大 建功新时代——庆祝中国共产党成立101周年特别报道》等。

同时，我每年都会策划出版一本扶贫特刊，记录过去一年扶贫干部的付出与收获，也认识了一批扶贫干部的读者与朋友。比如，2014年的《顺德扶贫"双到"风采》、2016年的《精准——新时期扶贫脱贫，顺德在攻坚》、2017年的《精准扶贫 善在顺德》、2018年的《善·扶有我》、2019年的《精准扶贫的顺德优势》、2020年的《脱贫攻坚 决胜小康》等。每年顺德两会召开期间，我都会策划出版一本《平安顺德》特刊。我就是要这样来强化平安顺德的宣传效果，营造有利于全民参与创建平安顺德的良好氛围。

总之，我会抓住一切机会来宣传顺德。

为新顺德出力

当年在工厂打工期间，在原本是小桥流水人家的广教村暂住时，我目睹村子填埋河涌、拆掉古桥、砍掉大树的情况，就此我也跟村委会干部理论争取过，但我一个异地务工青年无能为力，还被治安队以查暂住证为由暂扣过。虽然如此，经过我的努力，与广教村同为北滘镇的碧江村，最后保留了几段河涌，其中德云居饭店门口那段小涌就是佐证。而让我欣慰的就是，夹在碧江村与广教村之间的林头村，因为我的介入而没有填河涌、拆小桥。如今，在顺德以水兴城战略下，我在推动碧江村进行复涌行动，要求将以前用水泥板覆盖的河涌全部打开来恢复水乡风貌。

做记者期间，我参与保护了勒良路龙眼村到勒流消防中队路段700多棵水杉。原本这些种植在河涌里的水杉要被砍伐，要腾出河涌来打混泥土、扩宽勒良路。有一天，我看到有工人在砍树时就上前制止，并向有关部门求助才得以保留那些有着30多年树龄的水杉。如今，你走在勒良路上，可以看到一些水杉长在水里，一些长在水泥路上，一些一半在水里一半在岸上，这些都是在那次保护留下的印记。现在回想，不管它们长在哪里，总比砍掉要好。另外，佛山地铁三号线修建到顺德区大良钟楼公园时，我想方设法保留了一棵承载着顺德人春节记忆的大榕树，虽说这棵老树不是古树，但它能在地铁口被保护与保留，我很是感激那些支持我的人与单位。

做记者期间，我还就道路、餐饮、洗涤、安全生产、学校管理等方面进行了大篇幅报道，促进了很多规章制度的出台。这是我为更动顺德出力的成绩，看到这些变化，心里很是安慰与高兴。

顺德是著名的龙舟之乡，明清以来扒龙舟之风日盛，扒龙舟整套仪式包括起龙、点睛、采青、赛龙、藏龙和散龙等环节。"龙眼点睛"已经有600多年历史，是一项远近闻名、广受欢迎的民俗文化活动。2014年3月，我绘制勒流街道办龙眼村手绘地图后,对"龙眼点睛"的民俗进行了包装宣传。3年后,在我的宣传、策划等推动下,"龙眼点睛"成为广东省非物质文化遗产。2017年起,我参与策划、推动了容桂多彩龙舟文化节的持续开展。其中,以水、灯光和音乐相结合的夜龙汇游,创新了龙舟竞美的形式。灯光展示是新加入的元素,传统与现代元素的有机结合,能让市民感受到传统文化的另一番味道。这两项龙舟活动,均获得了中宣部、中央电视台的肯定与关注。这是我作为一名记者的骄傲。

乐从龙舟战鼓擂,水花飞处箭弓开。2021年10月22日,顺德龙舟俱乐部乐从训练基地、乐从龙狮公园启用仪式暨2021年乐从镇政村企龙舟友谊赛在沙良河畔举行。这个基地的文化提升就是我策展的。我把这里策划打造成区域代表性龙狮文化

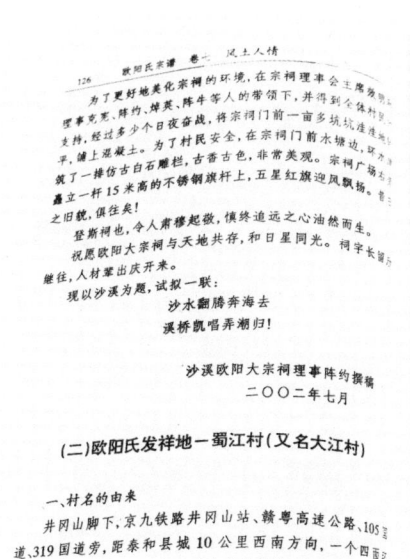

顺德人保存着与吉安有关的书籍。

旅游体验点，集龙舟文化、岭南狮文化、龙舟训练竞赛、交流展示、旅游体验为一体的群众性社区体育公园和龙舟文化示范基地。

看到由于自己的付出，一个地方面貌有所改变，真的很兴奋。这些成效一直激励着我，要做一名对顺德对老百姓有抱负的记者。比如，面对水乡顺德的渡口一个个逐渐关闭，我联合勒流稔海村委会，把已经停运的稔海渡口旧址原原本本保留了下来，这为今后建成顺德渡口文化展示馆打下了坚实的基础。

2020年，面对突如其来的新冠疫情，我除了深入一线采访，还开展了抗疫档案收集工作，有序收集各个基层、部门等的抗疫资料，通过与顺德区档案馆紧密联系，收集了大量一线抗疫的特写图片。后来，我参与策展的"感动·星河"——佛山市顺德区抗击新冠肺炎疫情图片档案选展，从2020年8月至今都在顺德区档案馆展出。

如今，走到顺德各地都有我的作品，都有自己奋斗的身影，我很开心与自豪，比如设计顺德展示馆、稔海村史馆、南区村史馆、乐从历史文化展览中心、乐从龙舟竞渡展示馆等。

留痕顺德

我在顺德工作、生活了20多年，对这里的历史文化也关注、研究20多年。我的目的与初衷就是坚定文化自信，延续这座岭南水乡的文脉，挖掘文化资源，彰显文化魅力，引导全社会关心、了解顺德历史文化，让文化更加深入人心，增强人民群众的文化认同感和归属感,激发人民同心、干事创业的精气神,让优秀传统文化成为顺德践行新发展理念、高质量发展的强大支撑。

1999年10月至2004年7月,我任北滘文学会理事,一直在研究北滘古桥、古祠堂文化,还成了《北滘镇志》的作者之一;2011年至今,在顺德村居开展文化保育专题讲座82场,成为德胜文化保育基金评委。2005年至今,我兼任顺德区作家协会副主席、佛山新城文化促进会副会长,对促进顺德村居文化保育起到了直接作用,尤其是杏坛镇青田村的2000万元乡村振兴专款,就与我的作品直接相关。

城市IP的内容传播需要通过叙事、讲故事的方式,把城市IP的精神观念、性格特征传递给大众。通过IP蕴含的价值和思想,连接与城市、受众之间的关系,并且在互动中不断调整和充实新的内容体系,以达到更好的传播效果。我从2012年开始,就计划用20年时间打造"顺德的"系列城市宣传IP。5年

作者一家人在《顺德的桥》一书首发式现场。(杜青亮 摄)

后的2017年3月，我的第一本新书《顺德的桥》一书，由广东经济出版社出版。中国工程院院士、深圳建筑设计研究总院院长孟建民，时任广东省委宣传部常务副部长郑雁雄，广东工业大学副校长陈为民，顺德区委、区政府、区人大、区政协等几套班子领导参加了该书于2017年3月19日在杏坛镇青田村举行的首发仪式。后来，通过该书内容，佛山市主要领导到青田村视察，并拨款2000万元支持该村乡村振兴建设。此书还作为世界顺德联谊总会恳亲大会用书，在全球五大洲发行。

2017年9月，我的新书《佛山古今桥梁掠影》一书，由广东人民出版社出版，时任佛山市委书记鲁毅同志作序，纳入《佛山历史文化丛书》，并进入北京王府井大街书店出售，同时在欧洲书展、德国书展进行宣传。两年后的2019年9月10日，我的著作《顺德的山和树》一书，由广东人民出版社出版，时任佛山市委常委、顺德区委书记郭文海同志作序，该书纳入《顺德历史文化丛书》，有效地促进了顺德对古树的保护。

2020年9月3日，我书写顺德扶贫攻坚的新书《播洒爱心的顺德三捐》由广东经济出版社出版。清华大学博士生导师、清华大学慈善研究院院长王名教授作序，于10月17日在顺德文学馆首发，原顺德区委常委、宣传部部长梁惠英出席。后该书送至四川和重庆、北京、香港、深圳、上海、广州等地以及海外推广。当年的记者节，我与中央广播电视总台记者王雪薇、南方日报记者王基国三人在"记者眼中的顺德——2020年记者节"表彰活动同台演讲，讲述其在抗击新冠肺炎疫情的经历。

2021年3月30日，我的第五本著作《乐从记忆：一座古建

多少桥事在其中
——读本报记者王茂浪新书《顺德的桥》

他构筑了一座《顺德的桥》
吴国霖

阿浪印象
朱文彬

我生命中的那些桥
王茂浪

金鳌桥

睿里树秀桥

顺德铁路桥

顺德《珠江商报》刊登本书作者书写顺德的报道。

筑轻触的历史》一书由广东旅游出版社出版，并于4月30日在乐从镇沙滘村陈家祠举行了盛大的首发仪式。6个月后，我的第六本著作《顺德的水》一书由广东人民出版社出版，由顺德县委原书记、广州市原市长黎子流作序，佛山市委常委、顺德区委书记刘智勇担任此书编委会主任，为《顺德历史文化丛书》第二辑八本书之一。

我国发生新冠肺炎疫情后，我深入陈村镇大都村药店、顺德疾控中心核酸检测检验室、桂州医院发热门诊部、大良近良居家隔离点、大良社区卫生服务中心、顺德集中隔离点、佛山一环防控点，以及杏坛、陈村的村居、企业进行蹲点采访新冠肺炎疫情防控情况，并荣获"顺德最美逆行者"称号。据此，我的第七本著作《践行四力——一名中国县域记者新时代传播案例》由中国传媒大学出版社出版，此书是对我2013年12月进入珠江商报社，至2021年7月所做工作的小结，这一时期包含了"新中国成立70周年、改革开放40周年、中国共产党成立100周年、脱贫攻坚战、全面建成小康社会、党的十九大召开"，我忠诚地贯彻习近平总书记关于"新闻工作者要不忘初心、牢记使命，践行脚力、眼力、脑力、笔力"的指示，尤其是面对2020年新冠肺炎疫情暴发以来，作为一名记者的所作所为所获。这本书于2022年上半年纳入了中国传媒大学出版社对外征订目录。

2022年8月26日下午，"书香政协"读书沙龙活动（德胜读书会第101期）在顺德区文筑社企书店举行。活动特邀我与委员们一起分享顺德"水"的那些事，区政协副主席廖流波、刘国兴，秘书长唐天培，专职常委周新年等领导出席沙龙。区政协委员刘昕昕把《顺德的水》比作是了解顺德水的工具书。区政协常委罗永东表示，对《顺德的水》中描述的水乡顺德感到很亲切，尤其是书中写到的"守水"的故事。区政协委员陈荣驹表示，通过阅读《顺德的水》，对"以水兴城"战略更为期待，希望顺德优美水乡重现，更希望子孙后代继续讲好顺德"水"的故事。区政协委员周志锋表示，参加完《顺德的水》阅读沙龙，盼望碧江复涌可以早日实现，可以亲身走访顺德更多的亲水平台。刘国兴对我用心用情记录顺德"水"表示感谢，认为我"比顺德人还顺德人"，《顺德的水》也勾起了他对顺德"水"的种种回忆，童年出游、成长求学、工作等每个人生阶段的经历都与水息息相关，密不可分。

　　机会总是给有准备的人。2021年，在顺德以水兴城、以水美城的战略实施中，我的新书《顺德的水》一书出版发行后，在一场与水有关的摄影作品展当中，我熟悉的张信流先生提议我写一本纪念乐从钢铁市场建立四十周年的书，我立即欣喜答

顺德故事由吉安人传承。

应了。2022年三月开始，五月完成采访，七月写完初稿，八月第一轮修正，适逢中秋节、教师节双节之日收笔；就业与创业，个人与集体，父母与儿女，兄弟与姐妹，前辈与新生，收获与失利，成功与教训，积累与奉献，爱情与生活，信仰与追求；八章、五十六节、十二万多字、八十多幅照片，记载着横跨一个多世纪的乐商故事、乐从圩发展脉络、40年的乐从钢铁市场蝶变、乐从钢贸人进取前行……这就是我的第八本著作《千锤百炼——乐从钢铁40年》，此书于2023年2月由广东经济出版社出版。

写作中，我得到著名出版家、散文家、广东出版界元老岑桑先生的无私教导与帮助。认识岑老是2005年的冬天，是在庆祝岑桑同志从事出版工作五十年座谈会上，听到主持人说"岑桑是《失败是个未知数》《画杨桃》的作者"，29岁的我惊呆了，我不敢相信自己竟然有机会目睹学生时代学习过课文作者的风采。会后，我拿着《鱼脊骨》一书很是紧张地来到岑老身边说："请您帮我签个名。"岑老翻看扉页写上"岑桑"两字后，看了看我说："这本书是一个月前出版的，我快79岁了，你多大呀，看上去我应该大你半个世纪，你擅长写哪类文章？"

得知我是1976年出生，刚好比他小50岁，业余写点纪实文章，喜欢研究顺德历史，岑老笑着说："你叫茂浪，我们交个朋友吧，一是你一个吉安人喜欢研究我的家乡，我是乐从镇葛岸村人；二是你的名字，我1940年定名、主笔的第一张墙报取名《白浪》，现在历经65年的一浪又一浪风雨，我从'白浪'

遇到'茂浪',我的生活也从解放前白色恐怖的环境到了今天蔓蔓日茂的气氛,不然我八十的老人哪里还有机会工作;三是我这个顺德人曾经写过吉安人、长征干部谢斌将军在顺德奋斗的经历,现在你这个吉安老表书写我的故乡,真是缘分。"

那次机缘,我有了岑老的手机号码、电子邮箱、家庭住址;之后,我就经常拿着书稿往他家跑,直到他离开人世的2022年春天。

岑老在我的新书《血火凤江红:抗战中的顺德》序中写道:"茂浪正值盛年,已有不短的写作经历和不少成果,尤其可贵的是他对文学的高度热爱。这部作品应该说是他的成熟之作。但愿他继续坚持自己体现于这部新作的写作态度,对写作的坚持不懈,断有新的成果面世。"

这是一名顺德长者、前辈与吉安后生、晚辈的交往故事。

……

感激顺德、感恩顺德,2021年5月27日,我把自己用脚力、眼力、脑力、笔力得来的顺德的水闸、牌坊、炮楼、山、树、桥、河堤、岛屿、学校、书塾

吉安与顺德古往今来记录在书上。

顺德有着太多的吉安印记。

等占内存2T的照片全部捐赠给顺德区档案馆。目前，我正在就顺德的书院、顺德的牌坊、顺德的塔、顺德的炮楼、顺德的会馆、顺德的纪念碑、顺德的鱼、顺德的地名以及顺德的作家、记者、龙舟等文化现象进行不懈的钻研，我要写更多属于"顺德的"系列文化作品，让后人知道顺德的过去，建设好顺德的未来。

　　对于这些，很多顺德人都说："你是一名书写顺德的吉安人，你是一个比顺德人还了解顺德的吉安人，顺德人会记住你。"

　　对此，我总是笑着回答："这是因为我喜欢顺德。"
　　是的，我喜欢顺德。
　　今后，我依然怀揣梦想，愿意用自己的双手去努力、去奋斗，为顺德的美好贡献自己的力量。

王茂浪

2022年冬天于鄱赣山岭"美化心玲"书屋

后记二

顺来吉往的背后

决定研究顺德与吉安古往今来的关联,是2005年重阳节那天。看到顺德均安欧阳姓氏租赁近百辆大巴,从顺德沿着105国道出发,浩浩荡荡地前往吉安市泰和县祭祖,我很是感慨:"欧阳询、欧阳修的后人如此注重家风,这是庐陵文化的根。"

后来,在工作中我接触到我们吉安人文天祥、胡铨的后代在顺德发展、繁衍、创业的故事,我同样很有感触:"他们就是吉安人的模样,我从故乡来到了故乡。"

再后来,我在研究中,发现抗日战争期间党中央从延安派来顺德的军事干部竟然是吉安人,联想起我舅舅常年从吉安送粮食来顺德,又把顺德制造的产品运回吉安;众多吉安人在顺德创业、就业,还有吉安籍的企业家在顺德、吉安两地开办企业,更有顺德籍企业家到吉安投资兴业,我一次次的感叹:"难怪105国道是从吉安通往顺德。"

决定写这本书是在2017年的立夏。

那天，我到顺德的一些村居走访，竟然发现乐从的刘姓、曾姓的祖辈都是从吉安迁来顺德的，我想："就凭我们吉安人文天祥、欧阳修、胡铨这三位赫赫有名的历史人物有后代在顺德蓬勃发展这一点，我足以写一本顺德与吉安相关联的书籍。"

等风来，不如追风去；追风去，不如主动成为那股"千里快哉风"，决定了就写！

整理过去多年的研究、采访笔记，列出再次走访地点、采访名单，我一次次前往顺德的容桂街道办、均安镇、乐从镇、杏坛镇、龙江镇、北滘镇进行采访，也一次次前往吉安与顺德之间的赣州、河源、广州、清远、韶关、梅州进行走访，更是一次次到广东、江西的各级各类档案、图书等机构查走资料。每次从顺德回到吉安，我总会带着妻子、孩子寻找文天祥、胡铨、欧阳修以及谢斌将军的故事；每次回到吉安，我总会带着问题与思考，寻找一些顺德与吉安相关的话题以及有关联的人

本书作者记录吉安一座古桥。（胡美玲 摄）

和事进行了解。

在这漫长的研究、查找资料、写作、核实的过程中，我得到了项兆伦、丘洪松、刘智勇、肖居孝、招汝基、陈伍华、胡秋根、陈慧群、谢汉仁、钱传彪、谭五昌、刘奎、聂作平、邓圩、李永杰、丘展文、曾焕阳、张由琼、张迪、何春荣、李珍珍、吕纯敏、陈仰天、吴更生、谢根秀、郭必林、李小军、谢清科、欧阳和德、胡传淮、曹炜明、凌丽、冯添业、唐蕾、宋馥李、卢凯阳、岑龙基、刘健、郭远明、郭强、何伟奇、刘兴洲、刘青林、吕子远、肖文平、汪泉、王茂湃、何玉苹、梅师遥、匡水秀、卢若情、冯潇慧、何劲和、刘平发、曾志军、曾根英、梁志伟、吕旭茂、曹海兵、欧阳兆荣、欧阳星安、周振青、钟德慰、黄志华、胡棱标、周焯杰、何洪生、陈家好、伍少敏、何文俊、何降嫦、何明锋等各级领导、亲朋好友、媒体同行同仁、热心人士以及我的妻子胡美玲，女儿王哲靖、王冠靖的鼓励、支持和帮助，在次深表谢意，我向你们致敬。

在此书的出版过程中，经过我的学习榜样、佛山市委党校原副校长何劲和推荐以及我的老伙伴、知己谢汉仁先生牵线，顺德老领导招汝基先生答应为此书作序，这让我非常感动。早在1999年，我就开始仰仗这位学识深厚的长者，他是顺德几代人追随的文化名家，他是《顺德县志》《顺德历史文化丛书》的主编。至今，我坚信招汝基先生为此书作序是最适宜的：第一他是顺德文化的标志性代表人物，第二他是长期主管顺德教育的党委、政府领导，这与繁荣的吉安文化相符，何况顺德建县后的第一任教谕刘景福就是吉安人。

在此书的出版过程中，经过同龄的同乡老友丘展文先生的引荐，广东省人民政府地方志办公室副主任丘洪松先生，给予我很多顺德与吉安古往今来历史资料，极大充实了本书的内容，提升了本书的历史价值。同时，我的弟弟王茂湃、弟媳何玉苹不辞辛苦长时间在吉安的吉州城区、值夏镇、富田镇、青原城区、永丰县帮助我拍摄相关图片、寻找到有关老照片，付出了很多时间与劳动；我的亲戚曾根英冒着7月酷暑前往吉安县天祥路进行取景、拍摄。欧阳氏后人欧阳兆荣、欧阳星安专门给我发来很多他们从顺德回到吉安寻根问祖的老照片，胡铨后人胡棱标送我一本族谱，这些让我很是感激与感动。另外，本书的创作还吸纳和参阅了很多媒体同行的作品，以及一些单位的内部资料，在此向同行记者与原作者表示最诚挚的感谢。

我们吉安市吉水县人、在顺德区第一人民医院工作的胡秋根兄长，与我一见如故。虽然我们只是见面三两回，相识不到一年，他却为此书的出版给予了我很多帮助，功不可没，让我感动不已。如果没有胡秋根兄长的忙前跑后对我的支持、帮助，这本书就不可能这么快与读者见面，也就没有我对顺德与吉安古往今来历史研究成果的及时展示。在胡秋根兄长牵线下，在陈伍华会长、刘奎先生、何洪生兄长的帮助下，顺德江西商会、小熊电器股份有限公司、佛山市顺德乐星汽车科技有限公司对这本书出版提供了赞助，在此向他们致敬，向支持组织、企业致敬。同时，我向陈伍华、李一峰、何洪生、刘奎、钱传彪、李珍珍、何春荣、吕纯敏等支持、关注这本书出版的热心人士致敬；向关心我成长的项兆伦、刘智勇、刘海、

本书作者用脚力书写顺德与吉安的古往今来。(胡美玲 摄)

王名、谭五昌等领导、教授致敬。

广东人民出版社汪泉先生知识渊博,他对这本书的出版由始至终付诸了无法统计的智慧与劳动,尤其是他建议将此书原名《顺德与吉安古往今来研究》更改为《顺来吉往——顺德吉安关系简史》让我非常钦佩,不但提高了这本书对外的吸引力,更是把这本书的高度从文化研究提升到了历史考究的高度。同时,河源市企业家周振青给予我很多采访机会与帮助。

我与吉安、顺德是息息相关的。对于我出生长大的吉安,我有16年的年少记忆,度过了我最清纯的年华。47岁的年龄,我在顺德整整生活了25年。在顺德,我是两个孩子的爸爸;我在顺德家电企业开发产品、服务"顺德制造"6年;我提笔书写了顺德的桥、顺德的山和树、顺德的大爱、乐从的记忆、顺德的水、北滘的志,还有一众顺德的人和事20多年。

吉安是我的第一故乡,顺德不但成了我的第二故乡,更是我生命中灿烂的朝霞。从1998年一路走来，有艰辛、有失落，有拼搏、有闯关、有感悟，更有收获。我的文化生涯有了更坚定的方向和目标。未来的路还很长，我将努力创作更多好作品奉献给包容我的顺德、喜欢我的读者。这包括在顺德的吉安人、在吉安的顺德人以及关注吉安与顺德的人。

  由于我的水平、能力局限，特别是对在顺德的很多吉安人不够了解，对很多在吉安的顺德人不认识，此书内容肯定还有很多不足、不妥之处，也有更多顺德与吉安古往今来的人和事没有呈现，希望并恳请经历者、读者一起给予我批评指正，以便据以修改。

王茂浪

2023年春天于南粤水乡中悦花园

【襄助单】

• 个人 •

项兆伦	郑雁雄	丘洪松	陈为民	肖居孝	刘智勇
王　名	谭五昌	黎子流	岑　桑	孟建民	招汝基
刘　海	陈海烈	陈伍华	李一峰	胡秋根	钟德慰
刘　奎	刘丽华	何洪生	谢汉仁	丘展文	胡美玲
钱传彪	区淑玲	苏嘉荣	曾祥明	苏耀江	龙家燊
邓良传	马锡强	黄　云	杨厚基	何元法	许进昌
周振青	朱文彬	叶鑫荣	刘思田	罗坚略	曾富喜
肖文平	吴国霖	陈南先	饶林海	张　鹏	汪　泉
张信流	洪浩鹏	梁翠月			

• 单位 •

中国非物质文化遗产保护协会	广东省人民政府地方志办公室
广东省非物质文化遗产保护中心	江西"美化心玲"书屋
佛山市顺德区委区政府办公室	佛山市顺德区委宣传部
佛山市顺德区档案馆	顺德江西商会

小熊电器股份有限公司	佛山市顺德乐星汽车科技有限公司
广东人民出版社	江西高校出版社
吉安湖圫小学	吉安王田小学
吉安江背小学	吉安新安中学
江西渝州电子工业学院	惠州市博罗县杨村华侨柑桔场生活服务公司
香港创力仕实业（深圳）有限公司	深圳市宝狄电子厂
香港蚬壳电器工业集团	深圳市龙益电子制品厂
顺德蚬华多媒体制品公司	珠江时报社
珠江商报社	顺德融媒体中心
清华大学公共管理学院	佛山市文学艺术界联合会
佛山市作家协会	顺德区榕树头村居保育公益基金会
广东省德胜社区慈善基金会	顺德区文学艺术界联合会
顺德区作家协会	顺德小小说学会
北滘文化站	北滘文学会
佛山市文化广电旅游体育局	顺德区文化广电旅游体育局
顺德区慈善会	顺德区慈善组织联合会
南开大学继续教育学院	顺德职业技术学院